Filosofia e Direito Privado

Filosofia e Direito Privado

A FUNDAMENTAÇÃO DA RESPONSABILIDADE CIVIL CONTEMPORÂNEA A PARTIR DA OBRA DE ERNEST WEINRIB

2019

Catarina Helena Cortada Barbieri

FILOSOFIA E DIREITO PRIVADO
A FUNDAMENTAÇÃO DA RESPONSABILIDADE CIVIL
CONTEMPORÂNEA A PARTIR DA OBRA DE ERNEST WEINRIB

AUTOR: Catarina Helena Cortada Barbieri
DIAGRAMAÇÃO: Almedina
DESIGN DE CAPA: Roberta Bassanetto
REVISOR: Daniel Rodrigues Aurélio
ISBN: 978-85-8493-440-9

Dados Internacionais de Catalogação na Publicação (CIP)
(Câmara Brasileira do Livro, SP, Brasil)

Barbieri, Catarina Helena Cortada
Filosofia e direito privado : a fundamentação da responsabilidade civil contemporânea a partir da obra de Ernest Weinrib / Catarina Helena Cortada Barbieri. -- São Paulo : Almedina, 2019.

Bibliografia.
ISBN 978-85-8493-440-9

1. Direito - Filosofia 2. Direito privado
3. Formalismo jurídico 4. Responsabilidade civil
5. Weinrib, Ernest J. I. Título.

18-19614 CDU-347:340.12

Índices para catálogo sistemático:
1. Direito privado: Filosofia 347:340.12
Cibele Maria Dias - Bibliotecária - CRB-8/9427

Este livro segue as regras do novo Acordo Ortográfico da Língua Portuguesa (1990).

Fevereiro, 2019

EDITORA: Almedina Brasil
Rua José Maria Lisboa, 860, Conj.131 e 132, Jardim Paulista | 01423-001 São Paulo | Brasil
editora@almedina.com.br
www.almedina.com.br

AGRADECIMENTOS

Este livro é o resultado da tese de doutorado que defendi no departamento de Filosofia e Teoria Geral do Direito da Faculdade de Direito da Universidade de São Paulo em junho de 2012. No entanto, ele é produto de uma longa reflexão que começou bem antes do início do doutorado, em 2005, quando fui apresentada pela primeira vez à obra *The idea of private law*, do filósofo canadense Ernest Weinrib. Devo essa apresentação ao professor Ronaldo Porto Macedo Junior, meu orientador tanto no mestrado quanto no doutorado, e maior incentivador dos meus estudos no campo da filosofia do direito privado. Foram sete anos de orientação atenta e interessada que resultaram determinantes para o meu desenvolvimento intelectual e profissional. Ao professor Ronaldo, agradeço pelo constante incentivo e pelas muitas oportunidades de aprendizado que me proporcionou nos últimos anos.

Aos professores Alberto do Amaral Júnior, José Reinaldo de Lima Lopes, Luis Fernando Barzotto e Noel Struchiner, membros da banca de defesa, pelas críticas e sugestões feitas ao trabalho que, na medida do possível, tentei incorporar nesta versão.

Ao *Fox International Fellowship Program*, nas pessoas de Joseph Carrère Fox (*in memoriam*) e Alison Barbour Fox, pela bolsa de estudos que me permitiu permanecer na *Yale University* como pesquisadora visitante entre agosto de 2010 e junho de 2011. Esse programa cumpre integralmente com seu objetivo de propiciar uma experiência acadêmica e de vida absolutamente única. Os primeiros capítulos deste livro foram escritos nas muitas horas que passei nas excelentes bibliotecas do campus de Yale. Aos meus queridos amigos do *Fox Program* e da *Yale Law School*, com quem dividi os melhores momentos do meu ano em New Haven, Auriane Guilbaud, Andrés Hincapié, Carmit Valensi, Diego Arguelhes, Eduardo Jordão, Natasha Caccia, William Atwell, Thomaz Pereira e Tarsila Reis (*yalie* honorária), o meu muito obrigada.

À professora Mariana Mota Prado, por ter-me aberto as portas da *Toronto University Faculty of Law* e atuado como minha tutora durante o período em que lá estive como pesquisadora visitante em outubro de 2011. Ao professor Ernest Weinrib, pela amabilidade com que me recebeu e abriu sua agenda para uma maratona de reuniões nas quatro semanas que lá passei. A disposição que demonstrou em discutir comigo suas ideias, os objetivos da tese e muitos outros temas, como o futuro da educação e do ensino jurídico no Brasil e no Canadá, foi tanto valiosa quanto inspiradora. Embora curto, esse período em Toronto foi fundamental para que os capítulos em que trato do formalismo jurídico weinribiano ganhassem consistência e precisão.

Aos colegas e amigos da Escola de Direito de São Paulo (FGV DIREITO SP), na pessoa de seu diretor Oscar Vilhena Vieira, agradeço pelo generoso ambiente de compartilhamento de ideias sobre ensino e pesquisa em direito, fundamental nos meus anos formativos da pós-graduação e atualmente nas minhas atividades profissionais como docente e pesquisadora. Agradeço ainda à Escola pela oportunidade que a parceria com a Editora Almedina me abriu de publicar esta obra.

Aos queridos amigos de dentro e de fora da academia, meus companheiros durante a redação da tese, que leram versões preliminares do texto e posteriormente me incentivaram a publicar este trabalho e com quem tenho compartilhado ideias e valores ao longo desta caminhada. Caroline Ranzani, Cecília Asperti, Cristina Emy, Daniel Arbix, Daniela Gabbay, Eloisa Machado de Almeida, Emerson Ribeiro Fabiani, Evy Cynthia Marques, Flavia Foz Mange, Mariana Stelini, Mario Schapiro, Marina Feferbaum, Melissa Mestriner, Osny da Silva Filho, Rafael Maffei, Tathiane Piscitelli e Yonara Dantas, se esta caminhada tem sido mais leve é porque sei que tenho a amizade e o apoio de vocês.

Aos meus pais, Carmen e Nicolau, por sempre terem incentivado e apoiado meus projetos de vida e por terem me amparado nos momentos solitários e difíceis de redação da tese.

Ao meu querido irmão Henrique, que mesmo longe se faz presente.

Ao James Cameron, a quem dedico este livro, companheiro de vida e aventuras transatlânticas, me faltam palavras para agradecer.

PREFÁCIO

Ernest Weinrib e a filosofia do direito privado – um domínio ainda pouco conhecido entre nós

O número de escolas de direito no Brasil é superior a 1200 instituições. O mercado editorial de livros de dogmática jurídica que serve a este mercado movimenta milhões, enquanto as tiragens de manuais de livros de direito civil são impressionantes. Nas últimas décadas, até mesmo em áreas menos rentáveis deste mercado, como filosofia e teoria do direito, temos visto um rápido crescimento da oferta de livros e teses. Curiosamente, contudo, a maioria desses trabalhos teóricos ou filosóficos, que não se orientam para o mercado de cursos propedêuticos de graduação (basicamente cursos de Introdução ao Estudo do Direito ou Filosofia do Direito), tratam de temas relacionados ao direito constitucional, em especial, intepretação constitucional e direitos fundamentais. Pouco se tem visto, nas prateleiras das livrarias jurídicas nacionais, livros sobre a filosofia do direito privado. Os juristas interessados pelo direito privado nacional, de maneira geral, têm se orientado muito mais na direção da construção de uma doutrina (ou dogmática) do direito privado do que na direção de uma filosofia do direito privado. Isso significa que poucos são os livros que se preocupam em responder às perguntas acerca dos fundamentos do direito privado: por que devemos indenizar? Por que temos uma obrigação contratual? A grande maioria dos livros se dedica a expor como o direito positivo brasileiro regula a responsabilidade civil, contratual etc., mas pouco se dedica aos seus fundamentos filosóficos.

O livro de Catarina Barbieri vem, em boa hora, enriquecer o ambiente jurídico nacional com uma obra sobre um dos mais interessantes filósofos do direito privado contemporâneo. Este seria, desde logo, um grande mérito de seu livro. Mas esta é apenas a primeira de uma série de outras importantes qualidades que ele possui.

Quais seriam os debates relevantes sobre a filosofia do direito privado para os quais o leitor brasileiro deveria estar especialmente interessado? E por que seria isso especialmente importante? Em seu verbete sobre o tema para o *The Oxford handbook of jurisprudence and philosophy of law*, Benjamin C. Zipursky apresenta a sua visão sobre o campo desta disciplina:

> "Por que o direito privado responsabiliza aqueles que cometem ilícitos (*legal wrongs*)? Os teóricos do direito contemporâneo tendem a focar em um ou dois tipos de explicação. Teóricos do Desincentivo (*Deterrence Theorists*), particularmente proponentes do movimento da análise econômica do direito, enfatizam que, quando o direito impõe responsabilidade, ele envia um incentivo aos potenciais realizadores de ilícitos (*wrongdoers*), o que gera o efeito de diminuir o número de ações ilícitas (*wrongdoing*) – conduta socialmente danosa.[1] Teóricos da justiça corretiva[2] empregam um quadro conceitual que é deontológico, explicando que a imposição de responsabilidade é predicada no reconhecimento de que os réus que praticaram um ilícito (*wronged*) perante as vítimas devem ressarci-las completamente. O debate entre essas abordagens historicamente enraizadas continua dentro da academia jurídica e na filosofia dos dias de hoje".[3]

A observação de Zipurski é útil por indicar o lugar onde se localiza o trabalho de Ernest Weinrib. Este autor é um dos principais representantes da teoria da justiça corretiva, que se contrapõe às explicações da análise

[1] Por exemplo: William M. Landes e Richard A. Posner, *The economic structure of tort law* (1987); Guido Calabresi, *The costs of accidents* (1970); Steven Shavell, *Economic analysis of accident law* (1987); Guido Calabresi e Douglas Melamed, "Property rules, liability rules, and inalienability: one view of the cathedral", *Harvard Law Review*, 85 (1972), 1089; Ronald Coase, "The problem of social cost", *Journal of Law and Economics*, 3 (1960), 1.

[2] Por exemplo: Jules L. Coleman, *Risks and wrongs* (1992); Ernest J. Weinrib, *The idea of private law* (1995); Arthur Ripstein, *Equality, responsibility and the law* (1998); Richard A. Epstein, "A theory of strict liability", *Journal of Legal Studies*, 2 (1973), 151; George P. Fletcher, "Fairness and utility in tort theory", *Harvard Law Review*, 85 (1972), 537; Stephen R. Perry, "The moral foundations of tort law", *Iowa Law Review*, 77 (1992), 449.

[3] Verbete: Philosophy of private law, Benjamin C. Zipursky, *The oxford handbook of jurisprudence and philosophy of law*, p. 623-624, editado por Jules L. Coleman, Kenneth Einar Himma e Scott J. Shapiro, Oxford University Press, 2004.

econômica do direito e que com ela forma o núcleo central do debate contemporâneo sobre os fundamentos do direito privado. Aqui reside outro aspecto da maior relevância do trabalho de Catarina Barbieri. Em vez de explorar uma senda conhecida e que vem sendo explorada pelos estudiosos brasileiros – a vertente funcionalista em sua matriz desenvolvida pela análise econômica do direito –, a autora traz ao leitor brasileiro uma vertente ainda pouco conhecida entre nós, a despeito de sua centralidade no debate internacional. Ademais, ela o faz explorando com competência e zelo o pensamento de Ernest Weinrib, um dos mais importantes e provocativos representantes da teoria da justiça corretiva como fundamento do direito privado.

Mas quem é este autor, ainda pouco conhecido no Brasil? Ernest Weinrib é Cecil A. Wright Professor of Law na Universidade de Toronto (Canadá) desde 1999. Completou seu bacharelado (B.A.) na Universidade de Toronto em 1965, seguido de um doutorado em filosofia (Ph.D. – Classics) pela Universidade de Harvard (EUA) em 1968. Graduou-se em Direito (LL.B.) também pela Universidade de Toronto em 1972. Foi professor visitante por diversas vezes na Universidade de Tel Aviv (Israel) e, em 1984, na Universidade de Yale (Estados Unidos). O seu livro mais importante, *A ideia de direito privado*,[4] ainda não traduzido para o português, é um marco não apenas da reflexão sobre os fundamentos filosóficos da responsabilidade civil, mas, tal como o seu título promete, da própria ideia de direito privado. Nele, Weinrib desenvolve o seu conceito de Formalismo Jurídico (que muito se distingue da ideia de formalismo jurídico empregada pelos positivistas jurídicos[5]). Para ele, a forma do direito descreve prática moral autônoma e não instrumental, que possui a sua própria estrutura e racionalidade (ou forma). A forma do direito privado não é constituída por motivações políticas ou econômicas, mas antes pela razão pública que, quando compreendida em sua forma coerente, promove e elabora as normas implícitas nas interações entre as partes. Em outras palavras, a forma do direito está implícita na razão jurídica implícita no direito. Cumpre à teoria do direito explicitar a racionalidade (implícita) do direito privado. Para Weinrib esta baseia-se fundamentalmente num princípio de justiça corretiva e não na ideia de eficiência tal como defendida pelos expoentes

[4] Ernest J. Weinrib, *The idea of private law* (1995).
[5] Cf. Norberto Bobbio, *El problema del positivismo jurídico* (1999).

da análise econômica do direito. O direito privado, assim, tem a sua própria autonomia, racionalidade e também a sua moralidade interna, informada pela justiça corretiva. Essa sua natureza, quando compreendida pelos legisladores e tribunais, leva a consequências normativas importantes.

Apenas para destacar uma delas, tomemos como exemplo a "responsabilidade objetiva" do agente, expressamente acolhida pelo Código de Defesa do Consumidor (Responsabilidade Objetiva do Fornecedor, art. 12, 13 e 14 do CDC), e logo veremos as consequências normativas das ideias de Weinrib. Para ele, a imposição de uma responsabilidade destacada de um fundamento na forma da justiça corretiva é um contrassenso; a criação artificial, pela via legislativa, de uma obrigação jurídica de "indenizar objetivamente" seria uma combinação conceitual manifestamente incoerente e errada de duas racionalidades jurídicas incompatíveis. Este "erro jurídico" seria também uma "monstruosidade conceitual",[6] na medida em que colocaria, lado a lado, como se fossem formas de racionalidade reconciliáveis do direito privado, dois modelos de pensamento absolutamente incompatíveis: o distributivo e o corretivo.

O leitor apressado poderá rapidamente se antecipar a concluir que: "por pensar assim, este tal de Weinrib é um anacrônico que quando muito escreve uma 'história dos vencidos', visto que a responsabilidade objetiva é um fato na vida do direito privado nacional!". Num certo sentido, este leitor terá razão. A prática do direito brasileiro reconhece diariamente a responsabilidade civil objetiva. Sentenças e acórdãos a confirmam todos os dias. Que sentido haveria então em afirmar que isso seria um erro? Weinrib não nega esse fato do mundo. Não desconhece o que fazem os tribunais. Contudo, há outro sentido no qual ele insiste que ocorre um *erro*. O erro está na compreensão equivocada da racionalidade própria do direito privado. Para ele, a correta compreensão e a aplicação do direito privado não se limitam a observar o que a maioria simplesmente faz (seja no âmbito legislativo, seja no âmbito judicial ou em ambos combinados). É necessário compreender a coerência desta prática. Um bom sociólogo poderá talvez nos ajudar a compreender também as causas do desvio da racionalidade própria do direito privado. Todavia, compreender porque nos desviamos não transforma os motivos dos desvios em novos critérios de correção.

[6] Ernest J. Weinrib, *The idea of private law* (1995), p. 171.

Assim como compreender os motivos da criminalidade não modifica os critérios do que deve ser reconhecido como criminalmente lícito ou ilícito.

Novamente aqui o livro de Catarina Barbieri nos auxilia a entender a sutileza e a força dos complexos argumentos de Weinrib. Mas não pense o leitor que este é apenas um livro cuja leitura nos gratifica pelo seguro auxílio na compreensão deste importante debate e destes intrincados argumentos sobre o direito privado. Ao final, a zelosa reconstrução das ideias desta ampla discussão ainda pouco conhecida serve aos propósitos mais ambiciosos da autora. O livro pretende mostrar como – ainda que Weinrib tenha apresentado sólidos argumentos sobre a existência de uma racionalidade imanente baseada na justiça corretiva que permeia boa parte das práticas que denominamos de direito privado – os seus argumentos não foram igualmente convincentes para mostrar a *exclusividade* dessa racionalidade no âmbito destas práticas. Em outras palavras, se, por um lado, a leitura dos fundamentos do direito privado e das ideias de Weinrib, de maneira particular, nos são extremamente úteis, não apenas para compreender, mas para aplicar o direito privado, por outro, são questionáveis os argumentos que afirmam que o direito privado possuiria *uma e apena uma racionalidade*, a saber, a racionalidade da justiça corretiva. Este livro pioneiro sobre Ernest Weinrib vai além de introduzir este autor ao leitor brasileiro, pois apresenta as razões que o tornaram um autor central nos debates sobre filosofia do direito privado, ao mesmo tempo em que marca uma relevante participação brasileira neste solo ainda pouco explorado entre nós.

RONALDO PORTO MACEDO JÚNIOR
Professor Titular da Faculdade de Direito da Universidade de São Paulo e da FGV DIREITO SP

SUMÁRIO

1
Introdução

Este livro consiste em uma análise crítica da relação entre a teoria formalista do direito desenvolvida por Ernest Weinrib[7] e sua teoria de fundamentação da responsabilidade civil e em uma avaliação da capacidade dessa última de fornecer uma base teórica adequada aos diferentes tipos de conflitos jurídicos amparados pelas regras de responsabilidade civil – em especial, àqueles amparados pelas regras de responsabilidade objetiva. Isso porque Weinrib sustenta que a responsabilidade objetiva é incoerente com a racionalidade característica da responsabilidade civil, fundada na justiça corretiva. Portanto, conceitualmente, se trataria de um erro jurídico.

Meu objetivo é expor os limites da teoria formalista do direito em termos descritivos e prescritivos e verificar se as conclusões que Weinrib extrai em consequência da adoção do formalismo,[8] em particular acerca

[7] Ernest Weinrib é Cecil A. Wright Professor of Law na Universidade de Toronto (Canadá) desde 1999. Completou seu bacharelado (B.A.) na Universidade de Toronto em 1965, seguido de um doutorado em filosofia (Ph.D. – Classics) pela Universidade de Harvard (EUA) em 1968. Após, graduou-se em Direito (LL.B.) também pela Universidade de Toronto em 1972. Foi professor visitante por diversas vezes na Universidade de Tel Aviv (Israel) e, em 1984, na Universidade de Yale (Estados Unidos). Na Universidade de Toronto, instituição na qual é professor desde 1968, sua pesquisa e sua atividade docente se concentram nas áreas do direito privado, especialmente responsabilidade civil, e teoria do direito.

[8] O termo "formalismo jurídico" é usado para designar um conjunto bastante amplo de teorias jurídicas, geralmente atribuindo-lhes sentido desabonador, pejorativo ou caricatural (Dimoulis, 2011, p. 213; Stone, 2002, p. 166-204). Embora o objetivo do capítulo 2 seja apresentar detalhadamente o que Ernest Weinrib entende por formalismo jurídico, é importante fazer uma breve contextualização do uso dessa expressão para evitar possíveis

da suposta incoerência entre a responsabilidade objetiva e a fundamentação da responsabilidade civil que ele desenvolve e defende, estão corretas ou são necessárias.[9]

Todavia, o leitor pode se perguntar: por que um estudioso de filosofia do direito, teoria do direito ou de responsabilidade civil no Brasil ou em outro país do sistema de *civil law* deveria se preocupar com o que pensa um filósofo do direito escrevendo sobre responsabilidade civil (*torts*) no sistema do *common law?* Apresentarei na sequência as perguntas, objetivos e hipóteses que orientaram a pesquisa para este livro e as razões pelas quais entendo que tais questões são importantes para teóricos do direito

incompreensões ou preconcepções que afetem o entendimento do projeto weinribiano. Tradicionalmente, o termo "formalismo" é identificado com teorias jurídicas que sustentam a posição – vista por seus detratores como utópica – de que é possível a absoluta determinação do direito ou um elevado grau de determinação. A alcunha de formalista é atribuída a quem seja apegado a formalidades processuais, sustente uma posição mecanicista na aplicação do direito, evite questões substantivas e valorativas e, em geral, dê mais relevância para a ritualística envolvida na aplicação do direito do que para as questões de justiça envolvidas em sua aplicação (Dimoulis, 2011, p. 214). O termo também tem sido identificado com o projeto do positivismo jurídico quando a este é atribuída a posição de defesa do apego ao texto normativo no momento da interpretação e da aplicação (Struchiner, 2011, p. 123-124). Fato é que, com honrosas exceções, sendo Adrian Vermeule, Ernest Weinrib, Frederick Schauer e Robert Summers quatro delas, quase nenhum teórico se define como formalista, e os que assim se intitulam (i) partem de premissas e defendem posições bastante diferentes entre si, não sendo possível falar "no" formalismo jurídico e (ii) não defendem nenhuma das teses que lhes são atribuídas pelos críticos. Assim, quando se fala em formalismo jurídico, é importante buscar, como sugere Dimoulis (2011, p. 224-225), o formalismo real, desarmando os espíritos, evitando preconcepções negativas comumente atribuídas a essa posição e procurando visualizar teses efetivamente defendidas, não pelos formalistas imaginários dos parágrafos iniciais de livros e artigos, ditos antiformalistas, mas pelos formalistas reais, como Ernest Weinrib. Uma coletânea de artigos sobre o formalismo na teoria do direito anglo-saxã recentemente traduzidos para o português é apresentada em Rodriguez (2011). Por fim, para que não haja confusão terminológica, mas também para evitar repetições desnecessárias, esclareço que me referirei ao formalismo jurídico de Ernest Weinrib apenas pelo uso dos termos "formalismo jurídico" ou "teoria formalista do direito". Caso me refira a outras teorias formalistas, estas virão qualificadas, como em "o formalismo jurídico de Frederick Schauer".

[9] Neste trabalho utilizo o modelo autor-data, conforme ABNT NBR 10520, de agosto de 2002, com uma alteração: cito o autor, o ano da publicação e as páginas – exemplo: Weinrib, 1995, p. 5 – em todas as citações diretas e indiretas (paráfrases) que faço no corpo do texto e em notas de rodapé, com o objetivo de facilitar a conferência das informações por parte dos leitores. Cito apenas o autor e o ano da publicação – exemplo: Weinrib (2001a) – exclusivamente nas situações em que me refiro à ideia ou ao tema geral da obra.

e especialistas em responsabilidade civil, cuja pesquisa se desenvolve em sistemas jurídicos da tradição de *civil law*.

1.1. Questões, objetivos e hipóteses

Preliminarmente, este livro está orientado a responder à seguinte pergunta: que tipo de teoria do direito o formalismo jurídico pretender ser? Essa pergunta se desdobra em outras três: quais são as premissas do formalismo? Qual é seu objetivo? Qual seu âmbito de atuação? Responder a essas questões é importante para esclarecer quais fenômenos o formalismo explícita ou implicitamente pretende explicar e como pretender fazê-lo.

Esse passo é importante pois é comum que teorias formalistas sejam fortemente criticadas por posições que, algumas vezes, elas nem sequer defendem. Para que o mesmo não ocorra com o formalismo weinribiano, é preciso dar um passo atrás antes de discutir a teoria em detalhes ou de criticá-la.

Assim, para definir o escopo da teoria formalista de Weinrib, além de apresentar suas principais teses, é necessário responder ao seguinte questionamento: sendo uma teoria que procura separar o direito da política e isolar o que há de especificamente jurídico, é possível afirmar que se trata de uma teoria geral do direito ou seria apenas uma teoria aplicável ao direito privado?

A pergunta se justifica pois a quase totalidade dos escritos de Ernest Weinrib centram-se na relação entre formalismo e direito privado. Isso pode ser encarado como mera predileção do autor, mas, na impossibilidade de o formalismo explicar outros ramos do direito, como o direito público, isso poderá ser interpretado como um indício de erro ou falta de sustentabilidade de todo o projeto teórico weinribiano, inclusive no que se refere à tentativa de explicar unicamente a parte do direito que mais lhe interessa, que é o direito privado.

Ademais, este livro pretende determinar o modo como o formalismo se insere no debate metodológico contemporâneo, ou seja, onde ele se localiza em termos da tradicional dicotomia entre teorias jurídicas descritivas ou prescritivas (teorias sobre o ser ou sobre o dever ser). Definir se o formalismo é uma teoria geral do direito e também se se trata de uma teoria com pretensões descritivas ou prescritivas são mais dois passos na determinação dos objetivos gerais.[10]

[10] Um autor que aborda essa dicotomia é Bix (2006). Já uma análise e uma crítica às teorias normativas, especialmente a desenvolvida por Ronald Dworkin, podem ser encontradas em

Na sequência, definido o tipo de teoria que o formalismo pretende ser, o livro se concentra na análise crítica propriamente dita e busca apresentar os acertos e os erros da teoria formalista do direito de Ernest Weinrib quanto aos seguintes pontos: (i) a crítica que o formalismo elabora às concepções instrumentalistas do direito e a defesa da possibilidade de uma compreensão não instrumental do direito;[11] (ii) a defesa da tese de que o

Coleman (2002). Uma contestação da utilidade de se analisar teorias com base na distinção entre teorias descritivas e prescritivas, chamadas também de teorias sobre o ser ou sobre o dever ser, é apresentada por Dickson (2001).

[11] Como exporei no capítulo 2, Weinrib considera instrumentalistas ou funcionalistas todas as concepções que atribuem ao direito privado uma finalidade externa a ele próprio. A definição weinribiana de instrumentalismo ou funcionalismo é a mais ampla possível. Ele usa os dois termos indistintamente para designar qualquer teoria jurídica que atribua ao direito um fim ou um objetivo externo a ele, o que, na linguagem weinribiana, equivale a qualquer consequência externa que seja sustentada por alguma razão externa ao direito – por exemplo, ser moralmente válida ou socialmente desejada – e adote a posição de que somente é possível compreender o direito na medida em que se compreenda essa finalidade ou esse objetivo. Um exemplo recorrente na obra de Weinrib é o objetivo da maximização do bem-estar dos indivíduos. Segundo Weinrib, esse objetivo é socialmente desejado independentemente de o direito persegui-lo ou não. Uma teoria que considere que o direito deve ser um instrumento na persecução desse fim – e que, portanto, pretenda compreender o direito na medida em que ele efetivamente persiga esse fim – será instrumentalista ou funcionalista. Isso leva Weinrib a concluir que tanto um teórico do direito filiado à corrente da análise econômica do direito, como Richard Posner, que atribui ao direito a função de promover a eficiência econômica, quanto um filósofo do direito natural, como John Finnis, para quem o objetivo do direito seria promover aspectos básicos de bem (*basic aspects of the good*) pertencem a essa categoria. A esse respeito, Weinrib afirma que: "A eficiência econômica é meramente um dos objetivos que a [...] academia tem proposto. Esses objetivos aparecem em muitas variedades, do geral, como a promoção de responsabilidade comunal ou dos aspectos básicos de bem, até o mais específico, como a mitigação do ônus gerado pelo dano. O apelo de todos esses objetivos baseia-se em alguma concepção de bem-estar humano que é considerada desejável independentemente do direito e que, portanto, o direito deve se esforçar para fomentar." (Weinrib, 2007, p. 411, tradução minha). No original: "Economic efficiency is merely one of the goals that [...] scholarship has proposed. These goals come in many varieties, ranging from the general, such as promoting communal responsibility or basic aspects of the good to the more specific, such as alleviating injury. All such goals base their appeal on some conception of human welfare that is considered desirable independently of the law and that the law should therefore strive to forward." Como exporei no Capítulo 2, o formalismo se concentra em compreender quais são as estruturas justificatórias implícitas no direito que permitem enxergá-lo como um fenômeno normativo internamente coerente. As preocupações em torno do modo como o direito pode ou não fomentar o bem-estar humano estão além do escopo de análise do formalista. Assim, Weinrib usa os termos "interno" e "externo" para estabelecer a diferença entre o formalismo – que se concentra em tentar entender o direito por meio de

direito é um *lócus* de racionalidade moral imanente e que só é corretamente compreendido não instrumentalmente por meio de sua intelecção formal (pela determinação de sua forma) e imanente (interna), por meio das categorias que ele nomeia de "formas" da justiça corretiva e da justiça distributiva, vistas como as estruturas de avaliação e justificação mais gerais e abstratas às quais o direito deve se conformar se pretender ser um fenômeno internamente coerente; (iii) a adoção de uma noção estrita de coerência como critério de verdade para a inteligibilidade do direito, vista como um mínimo de racionalidade necessário para a operação justa de todo o direito; e (iv) a consequente vedação ao hibridismo entre critérios de inteligibilidade e justificação coerente do direito, ou seja, a proibição da combinação entre as formas da justiça corretiva e distributiva em um mesmo arranjo legal.

Para isso, destacarei um problema específico gerado pela a adesão às teses weinribianas: a necessidade de afirmar que a responsabilidade objetiva é incoerente com a fundamentação na justiça corretiva, por incorporar elementos de justiça distributiva e, portanto, combinar incoerentemente as duas formas da justiça, e qualificá-la como "erro jurídico" e "monstruosidade conceitual"[12] (Weinrib, 1985, p. 681; 1988, p. 969; 1989b, p. 519; 1995, p. 171).

seus elementos estruturais fundamentais e, portanto, internamente ao próprio direito – e as demais abordagens – que defendem que só se conhece o direito pela compreensão dos objetivos a que ele serve. Em duas frases que geraram grande polêmica, Weinrib afirmou que "[...] o objetivo do direito privado é ser direito privado." (Wenrib, 1995, p. 5, tradução minha) e que "Explicar o amor em termos de fins externos é necessariamente um erro [...] o direito privado é como o amor." (Weinrib, 1995, p. 6, tradução minha). No original, respectivamente: "[...] the purpose of private law is to be private law" e "[...] Explaining love in terms of extrinsic ends in necessarily a mistake, [...] private law is just like love." Essas frases procuram chamar a atenção para o que ele considera a melhor forma de conhecer o direito: olhar para dentro do direito (para o interno) e identificar que algumas coisas, o direito, entre elas, não podem ser verdadeiramente conhecidas instrumentalmente (pelo olhar externo). Essas ideias deixam transparecer o caráter essencialista da teoria formalista. Ainda que Weinrib tente se esquivar dessas críticas, defendo que ele não é bem-sucedido em fazê-lo. Tratarei desse ponto nos capítulos 2 e 5 deste livro.

[12] Seria possível escolher ainda outros pontos em que a teoria de Weinrib parece frágil. Por exemplo, ele pouco trata de danos punitivos, doutrina que parece pouco defensável, à luz de sua concepção normativa de correlação entre ganhos e perdas, o que me leva a crer que também seria considerado um "erro jurídico". Todavia, diante da importância da responsabilidade objetiva no direito contemporâneo, tanto no *common law* quanto no *civil law*, e de sua ampla

Tanto nos países da tradição do *common law* quanto nos da tradição do *civil law*, como o Brasil, ao lado da responsabilidade baseada na culpa, a responsabilidade objetiva é uma realidade. Apesar de não negar os fatos e de reconhecer o funcionamento da responsabilidade objetiva tal como ocorre na prática, Weinrib entende que, de um ponto de vista exclusivamente conceitual, a responsabilidade objetiva é um erro jurídico. Neste trabalho pretendo apontar as razões que levam Weinrib a afirmar que, do ponto de vista do formalismo, a responsabilidade objetiva é um erro jurídico e as implicações teóricas e práticas, se houver, da defesa dessa posição.

Ademais, o livro buscará apontar o que se ganha em termos descritivos ao se afirmar que a responsabilidade objetiva é um erro e o que isso nos diz sobre o tipo de teoria do direito que o formalismo pretende ser, nos termos da terceira hipótese apresentada a seguir.[13]

Tais questões serão respondidas ao longo da obra, explorando-se as seguintes hipóteses. A primeira hipótese é que o formalismo jurídico weinribiano pode ser considerado uma teoria geral do direito, pois, embora Weinrib escolha centrar seus esforços teóricos sobretudo na fundamenta-

aceitação como parte do direito privado entre doutrinadores, juízes e legisladores, a argumentação de que a responsabilidade objetiva não se encaixa conceitualmente no esquema proposto por Weinrib para a responsabilidade civil (subsunção à forma da justiça corretiva) impõe um pesado ônus argumentativo para o formalismo, tornando a escolha da responsabilidade objetiva propícia para analisar os limites descritivos e prescritivos da teoria formalista. Como mostrarei, especialmente nos capítulos 2 e 4, um dos problemas da responsabilidade objetiva é a combinação entre elementos corretivos e distributivos, o que é vedado pelo formalismo por gerar uma incoerência entre estruturas de justificação que são incomunicáveis. O ônus dessa posição é que, se a tese da incomunicabilidade entre justiça corretiva e distributiva não se sustentar, todo o seu edifício teórico entra em colapso.

[13] Embora esteja fora do escopo deste livro, vale a reflexão sobre o seguinte ponto: se, ao analisar o sistema de *common law*, como exporei detalhadamente no capítulo 4, Weinrib conclui que a responsabilidade objetiva é um erro porque é conceitualmente incoerente com a racionalidade interna do direito privado, a qual é dada pela forma da justiça corretiva, o mesmo problema ocorreria entre a responsabilidade com culpa (aquiliana) e a responsabilidade objetiva no Brasil? Pressupondo-se que a moldura teórica formalista nos ajude a visualizar as estruturas organizadoras do direito privado brasileiro, a pergunta seria: a responsabilidade objetiva representa ou pode representar a característica organizadora (estrutura) da responsabilidade civil brasileira? Em caso afirmativo ou negativo, seria necessário indagar também de que maneira a responsabilidade objetiva se harmoniza com a responsabilidade com culpa ou se a conclusão para o caso brasileiro seria similar à conclusão para o caso de *common law*. Independentemente da resposta, considero que as premissas epistemológicas formalistas, se corretas, poderiam ser utilizadas também para analisar o caso brasileiro.

ção do direito privado pela categoria formal de justiça corretiva, ilustrando essa tese principalmente com questões de responsabilidade civil, há elementos para considerar a teoria formalista do direito como uma teoria que pretende estender seu escopo explicativo sobre todo o direito, ao oferecer subsídios para explicar todas as áreas do direito, seja por meio da forma da justiça corretiva,[14] seja, como no caso do direito público, por meio da forma da justiça distributiva. Isto é, embora Weinrib tenha uma predileção pelo tema do direito privado e, especificamente, pela responsabilidade civil, privilegiando-a em seus exemplos, ele elabora a teoria formalista como um esforço para explicar o fenômeno jurídico como um todo.

A segunda hipótese a ser explorada diz respeito aos objetivos mais amplos da teoria formalista e a seu lugar no debate contemporâneo sobre metodologia em teoria do direito. Este trabalho pretende apontar razões pelas quais se deve concluir que o formalismo jurídico não é uma teoria meramente descritiva, mas também não é apenas uma teoria jurídica prescritiva. Sendo uma espécie de teoria de descrição da normatividade do direito, o livro expõe outra maneira de classificar metodologicamente o formalismo jurídico, diferente da tradicional dicotomia entre teorias descritivas e prescritivas, com o intuito de esclarecer detalhes das premissas metodológicas formalistas que essa dicotomia não é capaz de mostrar.[15]

Feitas a apresentação e a análise do formalismo como teoria geral do direito, o livro avançará para estabelecer a relação entre o formalismo e a teoria weinribiana da responsabilidade civil. Acerca dessa relação, dis-

[14] Weinrib faz poucas referências a outros ramos do direito. Ele discute brevemente o direito penal como enquadrado sob a forma da justiça corretiva (Weinrib, 1988, p. 982). Num esforço de interpretação e aplicação das teses formalistas seria possível pensar no direito comercial, se coerente, igualmente sob a forma da justiça corretiva e diversos ramos do direito público decididamente como subsumíveis à forma da justiça distributiva. Dúvidas surgem, no entanto, no que se refere ao *status* que Weinrib atribuiria ao direito constitucional. Há um curto parágrafo em *The idea of private law* (Weinrib, 1995, p. 211) com base no qual é possível argumentar que se trata do ramo do direito que institui os esquemas distributivos mais básicos para a estruturação da sociedade tal como a entendemos. Voltarei a essa questão no capítulo 2 deste trabalho.

[15] Essa proposta é retirada de *Evaluation and legal theory*, de Julie Dickson (2001), que sugere o abandono da caracterização de teorias do direito por meio da dicotomia descrição/prescrição e sua substituição por uma investigação do papel que a avaliação desempenha nessas teorias. A pergunta básica que ela propõe é esta: é necessário que um teórico do direito empreenda julgamentos de valor (avaliação moral ou política) do fenômeno jurídico a fim de construir uma teoria do direito bem-sucedida? (Dickson, 2001, p. 3).

cuto a terceira hipótese: a de que o principal acerto da teoria formalista do direito de Ernest Weinrib é desenvolver uma teoria normativa do direito que apresenta esse campo do conhecimento como fenômeno dotado de uma racionalidade própria e, tendo a responsabilidade civil como exemplo privilegiado, expor as razões pelas quais concepções instrumentalistas ou funcionalistas do direito não apenas não são bem-sucedidas em explicar a natureza da relação entre as partes na responsabilidade civil, como por vezes também confundem as racionalidades em jogo no arcabouço institucional, no direito positivo e nas doutrinas jurídicas, enquanto as formas da justiça corretiva e distributiva se mostram úteis para elucidar essas racionalidades.

No que diz respeito à responsabilidade objetiva, apresento uma quarta hipótese: a de que o rótulo que o formalismo atribui a ela encobre posições distintas sustentadas pelo formalismo e diretamente ligadas ao caráter prescritivo da teoria. Em um nível teórico mais geral, Weinrib sustentará que a responsabilidade objetiva não pode ser o critério organizador da responsabilidade civil. Isto é, na medida em que a forma da justiça corretiva é a estrutura justificatória implícita na correta compreensão da responsabilidade civil, Weinrib defenderá que essa não pode ser concretizada corretamente na prática jurídica por um modelo que desconsidera o elemento da culpa. Em um nível teórico mais específico, relativo à direção que o direito deve seguir se quiser ser coerente (inclusive no que concerne às decisões judiciais em casos concretos), Weinrib sustentará que, no limite, por incorporar elementos de justiça distributiva e, consequentemente, ser incoerente com a forma da justiça corretiva, a responsabilidade objetiva deve ser eliminada do âmbito do direito privado.

Apesar de o formalismo jurídico ser uma teoria que traz conceitos relevantes para a compreensão da racionalidade do direito e de suas eventuais incoerências, isto é, é uma teoria útil para descrever essas racionalidades em jogo, e de, para esse fim, explicitar a maneira como as categorias da justiça corretiva e da justiça distributiva podem estar implícitas no direito, isso não significa que o lado "prescritivo" do formalismo não padeça de graves defeitos.

Um dos problemas de se adotar a dimensão prescritiva do formalismo começa pela adoção da "relação jurídica" como sua unidade básica de análise. Como esclarecerei no capítulo 2, o formalismo é uma teoria circular: parte da análise do material jurídico (*juridical materials*) – composto pela reconstrução racional do direito positivo, da jurisprudência dos tribunais, de opiniões da doutrina e dos comentadores e até mesmo da percepção daqueles envolvidos com a prática do direito (juízes, advogados etc.) – para, quando alcançados, por um processo puramente mental, os conceitos mais abstratos e gerais que organizam (estruturam) esse sistema, fechar o círculo avaliando o direito positivo e a prática dos tribunais à luz dessas estruturas gerais que ele nomeia de "forma da justiça corretiva" e "forma da justiça distributiva".

Embora nessa breve reconstituição não seja possível explicar todas as nuances do formalismo, uma coisa deve ficar clara desde logo. Os materiais jurídicos (*juridical materials*) passam por um primeiro filtro logo no início da análise. Estes somente são considerados por uma única faceta: a da relação jurídica – e no direito privado especificamente, pela faceta da relação jurídica que se forma entre autor e réu.

Assim, sustento, como quinta hipótese, que o formalismo não apresenta boas razões para esse corte na realidade do direito. O formalismo deixa de fora, por exemplo, a consideração da face criadora do direito, como nas regras que facultam poderes aos indivíduos para escolher como conduzir suas vidas. Para ficar nos exemplos mais óbvios, o formalismo não dá importância para as regras jurídicas que permitem firmar contratos, realizar casamentos e elaborar testamentos.

O caso do contrato ilustra esse ponto. Um contrato somente entrará na órbita de preocupações da teoria formalista sob o prisma da responsabilização, ou seja, quando, em função de seu descumprimento, uma parte processar a outra, passando, então, a serem elas autor e réu ligados por um mesmo fato, discutido judicialmente. Analiso a hipótese de que, juntamente com as premissas da inteligibilidade imanente e da coerência, enunciadas na sequência, a eleição da relação jurídica como unidade básica de análise enfraquece tanto a dimensão descritiva quanto a prescritiva do formalismo jurídico. Isso porque, em termos hartianos, ignora a dimensão das regras secundárias, isto é, regras que "atribuem poder aos indivíduos para alterar as suas posições iniciais sob o domínio das regras primárias [regras de obrigação]" e que tornam possíveis atos como fazer um contrato, testar ou transferir uma propriedade. (Hart, 2005, p. 106).

Assim, a sexta hipótese é que um dos problemas do formalismo é sustentar um critério de coerência tão estrito que leva à equivocada tese da incomunicabilidade entre as formas da justiça corretiva e distributiva.

Argumento que, embora as categorias da justiça corretiva e da justiça distributiva sejam úteis para entender as racionalidades em conflito no âmbito da responsabilidade civil, as consequências normativas impostas pelo formalismo são demasiadamente rígidas.

A tese da coerência e a vedação ao hibridismo ou à combinação de racionalidades levam o formalismo a qualificar a responsabilidade objetiva de monstruosidade conceitual. Se a única manifestação coerente da estrutura imanente da responsabilidade civil é a responsabilidade baseada na culpa, o que se observa é uma segregação da responsabilidade objetiva; ela não é, propriamente falando, responsabilidade civil, mas também não é direito público, pois, como um híbrido, não se encaixa perfeitamente em nenhuma estrutura.

O problema de construir uma teoria que gera esse tipo de estratégia de segregação é que: (i) se for possível argumentar que há semelhanças relevantes entre responsabilidade baseada na culpa e responsabilidade objetiva para serem ambas consideradas ramos da responsabilidade civil, então o formalismo será uma teoria cujo poder explicativo é muito limitado e cujas consequências normativas são pouco úteis; (ii) por outro lado, se for possível argumentar que é possível abrir mão desse conceito estrito de coerência, então o formalismo será uma teoria inferior a outras teorias de fundamentação da responsabilidade civil que consigam defender um outro critério de coerência que, sem segregar partes relevantes da prática, expliquem as normatividades em jogo na responsabilidade civil e, assim, gerem consequências normativas mais frutíferas.

Por fim, a sétima hipótese a ser discutida no livro é que a causa desse equívoco (critério de coerência que leva à tese da incomunicabilidade) remonta às premissas epistemológicas assumidas pelo formalismo – especificamente, à tese da inteligibilidade imanente como um paradigma para a compreensão do direito e, assim, não apenas como a melhor maneira de compreendê-lo, mas como a única que garante um efetivo contato com o objeto jurídico e, portanto, a única apta a identificar as características que permitem enxergar o direito como uma esfera de racionalidade autônoma.

O formalismo jurídico propõe o que Stone (2002, p. 181) chama de um estudo formal do direito, ou seja, um estudo do direito que é independente de especificidades culturais (*culture-independent*) que o circundam. Apesar dos protestos de Weinrib, a base é uma premissa essencialista acerca da maneira de conceber e organizar o conhecimento sobre o direito. Trata-se de uma teoria pré-virada linguística que procura encontrar nos conceitos jurídicos uma racionalidade dada de antemão, imutável e que permite o desenvolvimento de uma teoria que ignora o enraizamento social das práticas jurídicas que pretende explicar.

A inteligibilidade imanente, aliada ao critério de coerência, torna impossível enxergar as semelhanças entre responsabilidade civil baseada na culpa e responsabilidade objetiva; o que o formalista vê, sob o restritivo prisma da relação jurídica, que ele elege como a unidade básica de análise, são práticas que não se encaixam nas racionalidades preconcebidas pelo formalismo.

1.2. Por que estudar o pensamento jurídico de Ernest Weinrib?

Este livro fala a dois públicos principais. De um lado, livro traz discussões que são do interesse de teóricos do direito inseridos nos debates internacionais sobre epistemologia jurídica, interessados no chamado debate metodológico, nas disputas entre teorias descritivas e prescritivas e no papel da coerência para as teorias jurídicas contemporâneas.[16] De outro lado, estudiosos da responsabilidade civil também poderão encontrar no livro um mapa das questões teóricas e conceituais que explicam algumas das disputas mais acirradas no âmbito da dogmática jurídica e da interpretação da lei, especialmente no que concerne ao aparente e inexorável deslocamento do paradigma da responsabilidade civil com culpa do centro para a periferia da responsabilidade civil contemporânea.[17]

Embora ainda pouco conhecido no Brasil, Ernest Weinrib é um autor que traz contribuições tanto no âmbito da teoria do direito quanto da filosofia do direito privado. No mundo anglo-saxão, é um dos expoentes da chamada "filosofia do direito privado" e um dos teóricos que apresenta uma das mais inovadoras abordagens da racionalidade jurídica na teoria do direito contemporânea. Poucos são os teóricos que têm uma contribuição relevante acerca da forma como concebemos a racionalidade jurídica. Como pontua Stick (1992, p. 773), no último século no mundo anglo-saxão apenas H. L. A. Hart, Ronald Dworkin e Joseph Raz fizeram tanto para

[16] Para um panorama destas questões em reflexões produzidas por teóricos brasileiros, ver Macedo (2017).

[17] No direito brasileiro, alguns exemplos dessas preocupações podem ser encontrados em Schreiber (2013) e Rosenvald e Milagres (2016).

expandir o repertório de ideias acerca da racionalidade jurídica. Nesse contexto, Weinrib é considerado um teórico que traz uma contribuição nova (embora amparado por ideias clássicas na filosofia), procurando harmonizar elementos que normalmente são vistos como opostos, pois ele é, a um só tempo, um teórico formalista e um teórico coerentista. Essa união cria um modelo novo de racionalidade jurídica cujo valor, como seus comentadores sugerem, não pode ser negligenciado. Assim, ainda que sujeito a críticas, o formalismo weinribiano é visto como uma grande contribuição para a teoria do direito contemporânea (Stick, 1992, p. 773-803; Patterson, 1991, p. 741-743; 1993, p. 579; 1995, p. 916, 1996, p. 22-23).

Patterson afirma que se trata da "[...] mais sofisticada articulação de uma explicação filosófica da racionalidade jurídica elaborada em tempos recentes".[18] Segundo ele, Weinrib defende uma forma de se fazer teoria do direito que, até então, era considerada superada e fora de moda.[19,20]

[18] No original: "Ernest Weinrib's defense of legal formalism is the most sophisticated articulation of a philosophical account of legal rationality in recent memory." (Patterson, 1991, p. 741).

[19] É preciso levar em consideração que o formalismo é normalmente associado à ideia de uma teoria da interpretação jurídica que propõe que o raciocínio jurídico deve se desenvolver privilegiando o texto normativo em detrimento de princípios e valores, enfatizando, portanto, a descoberta do direito, e não a criação de direito novo, favorecendo, em tese, a autonomia do direito em relação a outras esferas. Embora essa seja quase uma caricatura e o próprio formalismo se divida em várias correntes, ela é importante para que seja possível perceber, desde logo, que, embora Weinrib se proponha a abordar as questões do raciocínio jurídico e da autonomia do direito, diferentemente dessa visão "tradicional" do formalismo, ele não o faz tendo o texto normativo como principal elemento de análise. É preciso extremo cuidado para não confundir o formalismo weinribiano com essa versão mais restrita do formalismo como teoria da interpretação que privilegia o texto normativo. Uma boa visão das diferentes correntes do formalismo na tradição de *common law*, inclusive do formalismo weinribiano, pode ser encontrada na coletânea de artigos organizada por Rodriguez (2011). Importante notar que, com relação a essa visão "tradicional" do formalismo, o panorama é um pouco distinto no Brasil e nos países da tradição romano-germânica. Neles, afirma Rodriguez (2011, p. 8), o formalismo é a visão corrente sobre interpretação e raciocínio jurídico pelo menos no que se refere à maior parte dos campos dogmáticos (direito penal, tributário, civil, administrativo, comercial, processual etc.). Verifica-se um crescente antiformalismo em direito constitucional e no chamado "direito civil constitucional". No campo da teoria do direito, é possível afirmar que não há necessariamente uma preponderância de estudos e pesquisas formalistas.

[20] Essa percepção de Patterson, de que uma teoria jurídica como o formalismo weinribiano está, até certo ponto, fora de moda, é confirmada por textos que tratam do formalismo jurídico numa perspectiva histórica. É o que se observa na breve reconstrução da história do formalismo no direito apresentada por Duncan Kennedy (2011, p. 15-24) ou na crítica

Todavia, seus argumentos são tão bem estruturados que simplesmente não podem ser ignorados por quem pretenda dar explicações alternativas para o mesmo fenômeno. (PATTERSON, 1991, p. 741). E não apenas os resultados de sua teoria formalista são de grande interesse para quem pretende estudar os fundamentos teóricos da responsabilidade civil, mas a maneira como ele chega a esses resultados, o tipo de método filosófico que ele adota, é igualmente importante e merece a reflexão e a avaliação que este livro se propõe a fazer.

Ele considera a leitura de Weinrib fundamental para quem se interessa em fazer teoria do direito com base numa abordagem que recupere a ideia de autonomia do direito e que não o reduza ao discurso normativo de alguma outra disciplina, seja a economia, seja a política, seja a moral (PATTERSON, 1995, p. 917).

Patterson considera o formalismo weinribiano parcialmente bem-sucedido em suas pretensões na medida em que a distinção entre justiça corretiva e justiça distributiva limita o que pode ser inteligivelmente dito do ponto de vista exclusivamente jurídico. Todavia, considera insuficientes as razões apresentadas por Weinrib para sustentar a distinção entre as duas formas da justiça, o que chamo de "tese da incomunicabilidade", bem como a primazia da inteligibilidade imanente sobre outras formas de intelecção do fenômeno jurídico que levem em consideração interesses humanos que atuam na constituição do direito (PATTERSON, 1996, p. 42).

Weinrib afirma que a separação entre direito e política pode e deve ser defendida, pois dela depende a possibilidade de se compreender o direito como um lócus de racionalidade autônoma. Para ele, a autonomia do direito só pode ser mantida, ou mesmo só pode ser percebida e compreendida, se buscarmos entender o direito em seus próprios termos, isto é, por meio de uma metodologia que acesse e analise o material jurídico internamente. Para aqueles que rejeitam a ideia de que o direito é autônomo e dotado de uma racionalidade própria em relação a outros empreendimentos normativos, o formalismo weinribiano representa um desafio a ser superado.

de Brian Tamanaha (2011, p. 25-64) acerca da perda do sentido da ideia de um direito que possui integridade em prol de uma visão instrumentalista do direito que ameaça a própria concepção de Estado de Direito. Nem Kennedy, nem Tamanaha estão se referindo especificamente à teoria formalista elaborada por Ernest Weinrib, mas ambos identificam que esse tipo de concepção do direito perdeu terreno no século XX e que essa situação não parece estar sendo alterada no presente século.

Teóricos críticos, pragmáticos, realistas, interpretativistas e positivistas: para Weinrib, todos estão equivocados na forma como buscam compreender o direito, isto é, em suas bases epistemológicas. Segundo ele, o direito pode e deve ser entendido estritamente em seus próprios termos (internamente), e o fracasso em assumir a perspectiva formalista torna o direito ininteligível.[21]

Além disso, muito antes de articular uma completa teoria formalista do direito e se firmar como um relevante teorizador do tema da racionalidade jurídica, Weinrib já havia se estabelecido como um importante teórico da responsabilidade civil[22] dentro do ramo que, na tradição do *common law*, se convencionou chamar de "filosofia do direito privado".[23] Isso porque, dentro do movimento de reação à análise econômica do direito, iniciado em 1970, Weinrib despontou como uma das principais vozes a defender que a característica mais importante da responsabilidade civil, desconsiderada pela análise econômica do direito, é a particular relação que se estabelece entre ofensor e ofendido, ligados por um mesmo dano, um como o autor e o outro como a vítima, e que essa relação é explicada pela categoria da justiça corretiva.

Sua teoria também é uma reação a outro movimento importante nos Estados Unidos que, como uma alternativa à análise econômica do direito,

[21] O que Weinrib pretende expressar, quando afirma que, nesses casos, o direito é ininteligível, não é que o discurso não faz sentido para o receptor da mensagem, isto é, que se trata de um *nonsense* ou que falte alguma habilidade por parte do receptor – por exemplo, ser fluente na língua do emissor. Para Patterson, a afirmação de Weinrib é normativa, e não descritiva. Assim, os argumentos acerca da responsabilidade civil expostos por teóricos da análise econômica do direito são perfeitamente inteligíveis, no sentido anteriormente descrito; eles podem ser entendidos pelo receptor. Digamos que um teórico formalismo ou qualquer outra pessoa razoavelmente versada em direito e com um conhecimento básico de economia não encontrará grandes problemas em entender os enunciados do livro *Direito e economia*, de Cooter e Ulen (2010). A questão é que, dado que a análise econômica do direito se utiliza de argumentos externos ao direito para justificá-lo, estes deveriam ser considerados irrelevantes para a compreensão do direito, visto que incorretos (PATTERSON, 1996, p. 34).

[22] Em seus primeiros escritos, Weinrib apresenta os argumentos iniciais para a elaboração de uma fundamentação filosófica para a responsabilidade civil baseada no conceito de culpa do agente causador do dano (*negligence law*): a ideia de justiça corretiva e a tese da fundamentação da normatividade do direito no princípio kantiano de direito. Sobre esses primeiros escritos, ver especialmente Weinrib (1983, 1985).

[23] Para exemplos de obras de "filosofia do direito privado", ver Coleman (1994) e Lucy (2007). Especificamente acerca da filosofia da responsabilidade civil, ver Owen (1995).

procurava considerar a responsabilidade objetiva (*strict liability*) – e, portanto, arranjos distributivos – como a categoria de base para a organização de todo o sistema de responsabilidade civil, com o objetivo de torná-lo mais racional e justo.[24] A defesa de Weirnib de que a justiça corretiva é a categoria que dá sentido e racionalidade ao sistema de responsabilidade civil, visto que explica a sua estrutura, emerge como uma resposta a essas duas formulações teóricas distintas das alternativas da responsabilidade civil. Assim, sua centralidade e seu pioneirismo no estudo dos fundamentos teórico da responsabilidade civil já seriam razões suficientes para estudá-lo.

No entanto, essas não são as únicas razões a justificar a presente escolha. No final da década de 1980, Weinrib começa a elaborar sua teoria formalista do direito e a se debruçar sobre o tema da racionalidade jurídica mais diretamente, conectando-os a sua concepção de que não só a responsabilidade civil, mas todo o direito privado estaria fundamentado na forma da justiça corretiva e de que as demais áreas do direito seriam compreendidas com base na categoria da justiça distributiva. Se a elaboração da teoria de fundamentação da responsabilidade civil na justiça corretiva foi motivada, em parte, por uma reação à análise econômica do direito, que não via um conteúdo especificamente jurídico a ser atribuído aos conceitos jurídicos, mas enxergava a possibilidade de estruturar a prática a partir da racionalidade econômica, a teoria formalista do direito busca responder também ao desafio cético, especialmente na vertente dos estudos críticos do direito (*critical legal studies*).[25]

[24] Sobre o trabalho seminal no debate de *common law* em defesa de um sistema organizado em torno da responsabilidade objetiva, ver Epstein (1973).

[25] *Critical legal studies* (estudos críticos do direito) foi um movimento teórico que floresceu nas décadas de 1960 e 1970 nos Estados Unidos. Não se trata de um corpo totalmente definido de teses, mas possivelmente a principal delas seja a de que o direito é indeterminado. Para Roberto Mangabeira Unger, um dos principais nomes desse movimento, isso significa que a justificação jurídica é a expressão de posições políticas entrincheiradas e não explicitadas mas que estão presentes no direito. Sem uma teoria política que guie o direito, o raciocínio jurídico fica "[...] condenado a um jogo de analogias fáceis." (UNGER, 1983, p. 570, tradução minha). No original: "[...] condemned to a game of easy analogies." Da constatação de que a responsabilidade civil, especialmente o ramo dos acidentes pessoais (*accident law*), era uma prática que gerava incoerências vistas como insuperáveis ou de difícil superação, os *crits*, como também são chamados esses teóricos, formularam propostas de reforma do sistema de responsabilidade civil (*accident law*) e até de sua abolição completa e substituição por esquemas coletivos de seguro social. Nesse sentido, ver Sugarman (1985). Uma introdução o movimento dos estudos críticos do direito é apresentada por Godoy (2005).

Diante desse quadro, a obra de Weinrib apresenta uma concepção de racionalidade jurídica em conexão com uma fundamentação da responsabilidade civil que é algo pouco explorado no Brasil, apesar de nossa ampla e longa tradição de dogmática de direito privado.[26,27]

Como a articulação entre teoria do direito e fundamentação do direito privado – o que, na tradição de *common law*, se tem chamado de "filosofia do direito privado" – ainda é um campo a ser desbravado por pesquisadores brasileiros, considero que a obra de Weinrib, como pretendo mostrar ao longo deste trabalho, nos lega um conjunto relativamente reduzido de ideias importantes para se pensar a racionalidade da responsabilidade civil, especificamente as ideias da forma da justiça corretiva e da forma da justiça distributiva.

Ao mesmo tempo, este livro também tem por objetivo apontar alguns problemas nessa articulação. Tenho como hipótese que os principais problemas da teoria de fundamentação da responsabilidade civil estão diretamente ligados a erros e inconsistências da teoria formalista. Este é um alerta – quase um exercício pedagógico – para esclarecer as dificuldades e as implicações de se tentar transitar nesse campo – *jurisprudence* – que se afasta da dogmática jurídica tradicional, mas que, ao mesmo tempo que trabalha as grandes questões filosóficas gerais acerca do direito, como a questão da racionalidade, da autonomia e da relação com a política e a moral, tenta dar conta também de áreas mais restritas do direito, como direito privado, direito criminal etc.

Por fim, ainda que esse exercício intelectual pareça interessante, uma objeção possível à escolha do pensamento jurídico de Ernest Weinrib como

[26] Uma exceção é a investigação de Michelon Jr. (2006) sobre as fontes restituitórias no Código Civil de 2002, especialmente enriquecimento sem causa, pagamento indevido e gestão de negócios.

[27] Segundo Adams, o debate contemporâneo de teoria do direito está dominado por duas posições antagônicas: a dos céticos, que procura expor os compromissos conceituais e normativos de cada uma das subáreas do direito e questiona a integridade desses, procurando mostrar que são o resultado da incorporação de ideologias incoerentes e moralmente sem fundamentos, e a dos apologéticos, que contestam a afirmação de que o direito é incoerente e buscam resgatar o direito do ceticismo mostrando que o direito é um corpo autônomo e racional e total ou relativamente insulado do debate político (Adams, 1990, p. 69-70). Os céticos são representados pelo já citado movimento dos estudos críticos do direito (*critical legal studies*), enquanto os apologéticos são representados, dentre outros, por Ronald Dworkin, possivelmente o apologético mais ilustre da teoria do direito contemporânea, Owen Fiss, David Richards e Ernest Weinrib (Adams, 1990, p. 70).

objeto desta obra pode surgir do fato de se tratar de um filósofo do direito que escreve com base em uma tradição jurídica distinta da brasileira e, portanto, pouco útil para se compreender qualquer problema ou desafio especificamente brasileiro com relação ao direito e à responsabilidade civil. Embora, em seu conjunto, este livro seja um esforço para demonstrar que essa objeção não se sustenta, vale apresentar, nesta Introdução, ao menos um argumento indicativo do porquê.

Defendo que o fato de Weinrib escrever com base na tradição jurídica do *common law* – e, especialmente, com exemplos tirados do sistema de responsabilidade civil dos Estados Unidos, do Canadá e da Inglaterra – não torna seu argumento menos interessante para um país como Brasil, de tradição civilista e direito positivado, porque, como buscarei esclarecer, o formalismo pretende ser uma **teoria geral do direito** em dois sentidos relevantes.

Trata-se de uma teoria **do direito** porque, embora o autor se concentre no direito privado, pretendo mostrar que o formalismo, ao menos em tese, pode fornecer uma compreensão ampla do direito nos sistemas jurídicos contemporâneos, inclusive do direito público. Ademais, trata-se de uma teoria **geral** do direito, no sentido de ser uma teoria que pretende apresentar a melhor ferramenta[28] para se compreender o que o direito é. Na verdade, segundo Weinrib, o método filosófico formalista é a única forma correta de se compreender como o direito é, ou seja, de se chegar a um conhecimento seguro sobre o material jurídico, por se tratar da única maneira garantida de se entrar em contato com o objeto sob análise.

Assim, a questão relevante aqui é que, ao menos do ponto de vista teórico, a teoria formalista do direito pode servir como uma teoria analítica para entender qualquer ordenamento jurídico específico, inclusive o brasileiro. Ainda que este livro não se proponha a analisar a responsabilidade civil brasileira à luz da teoria formalista de Weinrib, a possível utilidade do formalismo como ferramenta analítica não pode ser perdida de vista.[29]

[28] Uso a palavra "ferramenta" em sentido vulgar apenas para reforçar a ideia de que, para Weinrib, o formalismo é uma teoria que envolve premissas epistemológicas e metafísicas, bem como um método que se aplica a diferentes contextos jurídicos.

[29] Falo em termos de possibilidade não porque, em termos práticos, algum estudioso não possa levar a cabo uma análise da responsabilidade civil, dos contratos ou de outro instituto jurídico do direito brasileiro à luz do formalismo; coloco em termos condicionais apenas para ressaltar que eventuais erros e inconsistências do formalismo que sejam investigados neste

Weinrib expressamente abre essa possibilidade quando conecta a ideia de "sistemas jurídicos sofisticados" com a de coerência interna, basilar para a epistemologia formalista. Ele afirma que os principais sistemas jurídicos observáveis na atualidade, tais como *common law, civil law,* sistema romano e lei talmúdica, podem ser definidos como "sistemas jurídicos sofisticados". Para ele, a marca da sofisticação de um sistema jurídico é a valorização da aspiração à coerência interna do sistema, ainda que essa ambição nunca se realize integralmente e definitivamente na realidade jurídica concreta de nenhum sistema jurídico particular (Weinrib, 1988, p. 966-977). Portanto, para ele, o sistema de *civil law* preenche esse requisito de sofisticação da mesma forma que o de *common law*, e não haveria nenhuma razão para que não fosse possível utilizar as bases epistemológicas e o método formalista para analisar o fenômeno jurídico em sistemas jurídicos de *civil law*. Em verdade, ele argumenta que nos países da tradição de *civil law* a pretensão de coerência esteve explícita no ideário das codificações, que ainda desempenha um papel relevante nessa tradição jurídica (Weinrib, 1988, p. 966).[30]

livro deverão ser levados em consideração caso outros estudiosos se proponham a realizar esse exercício. Um bom exemplo da possibilidade de se analisar questões relativas ao direito brasileiro à luz do formalismo proposto por Ernest Weinrib é o trabalho de Dresch (2005).

[30] Nesse ponto, defendo que se deve levar a sério a advertência de James Gordley na introdução de seu livro *Foundations of private law* (2006). Ele desenvolve um elaborado estudo sobre o direito privado fazendo uso de método comparado para fundamentar a tese de que o direito desenvolvido no Ocidente – portanto, tanto em *common law* como em *civil law* – é mais bem explicado com base nos princípios (os "fundamentos" a que o título faz referência) recebidos da tradição aristotélica. Ainda que seu percurso e seu método sejam completamente diferentes dos de Weinrib, ele faz a seguinte advertência, útil para os propósitos deste trabalho: "[...] sociedades semelhantes enfrentam problemas semelhantes. Ademais, a maioria dos países os está enfrentando com ferramentas comuns forjadas no Ocidente, primeiro pelos romanos e hoje em uso por todo o mundo. Assim, eles enfrentam problemas similares a respeito do modo de usar essas ferramentas [...] Acredito que [...] os juristas dos chamados 'sistemas' [jurídicos nacionais] estão lutando com problemas comuns, guiados por concepções similares vislumbradas de forma vaga, mas não expressadas claramente em seus sistemas jurídicos nacionais. **Se estiver certo, então, podemos aprender muito observando a maneira como outros enfrentaram problemas similares...Veremos que, às vezes, regras diferentes são meios diferentes para obter os mesmos resultados.**" (Gordley, 2006, p. 3, destaque e tradução meus). Observação semelhante é traçada por Rodriguez (2011) em coletânea de artigos do debate norte-americano sobre formalismo traduzidos para o português. Diz ele que não vale a pena colocar muita ênfase nas diferenças entre as famílias romano-germânica e de *common law* e, especialmente, que seria um equívoco não dialogar filosoficamente com uma tradição

Todavia, para que essa possibilidade teórica seja concretizada e seja útil, é necessário determinar se o formalismo é, de fato, uma maneira adequada de se entender o fenômeno jurídico. Mas, na medida em que a tese de Weinrib estiver correta, nada impede que os "materiais jurídicos" de outros sistemas jurídicos sofisticados sejam analisados e criticados nos mesmos moldes dos estudos desenvolvidos por Weinrib em relação aos sistemas jurídicos dos Estados Unidos, do Canadá e da Inglaterra.

Para que isso seja possível, este estudo está orientado para a investigação do que é fazer uma boa teoria do direito. Isto é, como a formação de um conceito de direito, com base em uma determinada teoria do direito, com determinadas premissas epistemológicas e metafísicas, explícitas ou não, afeta a maneira como concebemos e em que fundamentamos as grandes categorizações dentro do direito, como as divisões entre direito público e privado, a concepção de áreas específicas do direito, como direito penal e direito civil, ou suas subdivisões, como contratos, responsabilidade civil e outras tantas que possamos pensar.

Essa questão pode parecer banal, pois é evidente que existe uma conexão entre um determinado conceito de direito expresso por uma teoria geral do direito e concepções de ramos específicos do direito – por exemplo, no caso do objeto deste livro, um determinado conceito de responsabilidade civil objetiva. Todavia, normalmente não consideramos que diferentes teorias estejam igualmente autorizadas a explicar o que é o direito e a elaborar um conceito de direito. Qualificamos teorias como boas ou ruins, consistentes ou confusas, conforme confrontamos nossas concepções de direito com a teoria em análise. Alguns até desqualificam o próprio trabalho teórico e afirmam que tudo que importa é o direito tal como ocorre na prática.

Pois então, preliminarmente, devemos satisfazer uma condição para a análise de qualquer teoria do direito, incluindo o formalismo de Ernest Weinrib, que é apontar razões por que devemos elaborar e discutir teorias do direito. A ideia central que norteia esse trabalho preliminar é que teorias do direito importam para a elaboração de fundamentações de áreas

distinta da brasileira apenas com base nessa ideia de diferença entre tradições jurídicas, pois, "[...] a aproximação estrutural entre as famílias [...] favorece o desenvolvimento de um pensamento filosófico comum [...] afora talvez o estilo da escrita, os problemas enfrentados pelos textos são muito semelhantes aos nossos." (Rodriguez, 2011, p. 9).

específicas do direito, como direito tributário, administrativo, dos contratos, responsabilidade civil, penal etc.

É importante levar em consideração que poucas correntes teóricas foram tão criticadas ao longo da história do direito ocidental por serem consideradas mecanicistas, vazias ou conservadoras quanto o formalismo jurídico, em suas diferentes versões, incluindo a versão ora discutida. Assim, saber, em primeiro lugar, que tipo de teoria do direito o formalismo jurídico weinribiano pretende ser, quais as questões que pretende responder e quais problemas conscientemente pretende deixar de fora de sua análise é um passo necessário para acatarmos ou refutarmos essas duras opiniões normalmente dirigidas ao formalismo.

A teoria formalista do direito, portanto, pode ser utilizada como uma ferramenta crítica e avaliativa para analisar decisões, doutrinas e direito positivo brasileiro, desde que mantida sua orientação conceitual e abstrata. É importante deixar claro que se trata de uma teoria do direito e que, portanto, a preocupação de Weinrib não é dogmática, mas zetética (Ferraz Jr., 2003, p. 44-51). Seguindo a postura adotada por Weinrib, que entende que há uma racionalidade interna do direito que faz com que os conceitos e as regras jurídicas sejam dotados de significado especificamente jurídico, não faria sentido a utilização de "argumentos" formalistas da mesma maneira que são utilizados argumentos dogmáticos. Se colocados num arrazoado dirigido a um juiz, provavelmente esses "argumentos formalistas" poderiam colocar a parte numa situação de grande desvantagem, pois seriam estranhos ao linguajar dogmático e ao linguajar das próprias regras positivas e das decisões dos tribunais.

Dizer que um juiz não deve aplicar uma determinada regra de direito positivo porque ela é incoerente com a correta estrutura justificatória do direito privado baseado na forma da justiça corretiva está longe de ser um bom argumento a ser exposto numa peça processual, e esse tipo de "uso" do formalismo está longe de ser o que Ernest Weirnib propõe. Todavia, como pretendo esclarecer quando tratar das pretensões prescritivas do formalismo (no capítulo 3), isso não significa que o juiz que aplique determinada norma positivada de maneira incoerente com essa estrutura justificatória não esteja cometendo um erro jurídico quando tal decisão é analisada no nível mais abstrato e geral possível, que é o nível das formas da justiça, para além das regras positivas, dos conceitos e dos princípios gerais.

Como apresentarei em detalhe no capítulo 2, aquilo que é considerado direito não está restrito ao direito positivo. Weinrib utiliza a expressão "materiais jurídicos" (*juridical materials*) para abarcar todas as manifestações do fenômeno na prática, que são mais amplas do que o direito positivo, incluindo também o arcabouço jurídico-institucional e os conceitos e princípios doutrinários. Igualmente, esse nível geral e abstrato é, para Weinrib, parte integral do direito. Por essa razão, ele considera que qualificar um determinado ramo do direito ou decisão particular como "erro jurídico" é realizar uma crítica interna ao direito. A questão, para o formalismo, é que, especialmente legisladores e juízes, mas também doutrinadores que buscam dar sentido às regras de um sistema jurídico, devem ser coerentes, conforme o caso, com uma das duas formas da justiça: corretiva ou distributiva. Caso não sejam, as leis que aprovarem ou as sentenças que redigirem, ainda que válidas, serão erros especificamente jurídicos (internos ao direito). Essas afirmações só se sustentam, evidentemente, se as premissas da teoria formalista estiverem corretas. Voltarei a esse ponto ao longo de todo o livro, mas especialmente nos capítulos 2, 4 e 5.

Em face dessa exposição preliminar das questões a serem abordadas e das hipóteses que norteiam o livro, concluo esta introdução com um esclarecimento final. Não foi minha pretensão apresentar uma crítica definitiva ao formalismo jurídico weinribiano, pois se trata de uma teoria complexa e que inclui ideias que não são objetivo desse trabalho, visto não ter relação direta com a questão da fundamentação da responsabilidade civil. O que pretendi foi jogar luz sobre os pontos em que a teoria é capaz de auxiliar na compreensão das questões em jogo na fundamentação da responsabilidade civil e, ao identificar seus eventuais erros e suas inconsistências, buscar evidenciar os desafios que uma teoria alternativa precisa enfrentar. Como busquei mostrar, a teoria formalista do direito tem relevância para o debate contemporâneo de teoria do direito, assim como a fundamentação formalista da responsabilidade civil elaborada por Ernest Weinrib é importante na agenda de qualquer teórico que pesquise o tema da responsabilidade civil.

1.3. Estrutura do livro

Esta obra está dividida em quatro capítulos, além desta introdução e da conclusão. No capítulo 2, a seguir, apresento as principais teses que sustentam a teoria formalista. Esse capítulo está orientado a fundamentar a hipótese de que o formalismo jurídico é uma teoria geral do direito e não meramente uma teoria aplicável ao direito privado e à responsabilidade civil.

O objetivo geral do capítulo 3 é expor, do ponto de vista do debate metodológico contemporâneo, que tipo de teoria o formalismo pretende ser. Para isso, apresento um panorama do debate metodológico no mundo anglo-saxão, fazendo especial menção à consagrada divisão entre teorias jurídicas descritivas (sobre o "ser") e teorias jurídicas prescritivas ou normativas (sobre o "dever ser") para, na sequência, expor as razões para considerar o formalismo jurídico uma teoria de descrição da normatividade implícita no direito e, no que se refere aos objetivos de avaliação e justificação do formalismo, uma teoria com uma clara dimensão prescritiva.

Esse terceiro capítulo está articulado para responder às seguintes questões: (i) por que discutir teoria do direito é importante?; (ii) o que é fazer boa teoria do direito?; (iii) qual o significado da tradicional dicotomia entre teorias descritivas e prescritivas e onde o formalismo se localiza?; e (iv) se há uma alternativa a essa dicotomia e como ela auxilia na compreensão da metodologia formalista?

No capítulo 4, o objetivo é explicar a relação entre o formalismo jurídico weinribiano e sua teoria de fundamentação da responsabilidade civil sob dois aspectos principais. O primeiro é um aspecto positivo do formalismo: ele é capaz de explicar, com base na categoria da justiça corretiva, o tipo de ligação que se estabelece entre duas partes quando uma delas, por sua ação ou omissão, causa um dano a outra. Isto é, o formalismo weinribiano tem como mérito apresentar uma explicação mais plausível para o tipo de relação que se estabelece entre ofensor e ofendido na responsabilidade civil do que algumas abordagens instrumentalistas e funcionalistas, embora argumente que não do que todas elas, por meio da descrição da estrutura da relação entre as partes e da normatividade imanente a essa relação, pois, no formalismo, o direito é visto com um *lócus* de racionalidade imanente.

O segundo aspecto, no entanto, é negativo. O livro tratará de determinar os erros que fazem do formalismo weinribiano uma teoria do direito incapaz de gerar uma fundamentação satisfatória para o conjunto das práticas de responsabilidade civil. Essa incapacidade teórica será analisada com base no caso da responsabilidade objetiva, que Ernest Weinrib classifica como incoerente com a forma da justiça corretiva por incorporar elementos de justiça distributiva e, portanto, como um erro jurídico (ou "monstruosidade conceitual"[31]).

Diante disso, o quarto capítulo está orientado a responder às seguintes questões: (i) o que exatamente significa dizer que a responsabilidade objetiva é incoerente? e (ii) quais são as implicações dessa afirmação? Essas perguntas estão diretamente ligadas a uma das hipóteses do livro: de que o problema fundamental do formalismo weinribiano está na adoção de um critério estrito de coerência que gera a tese da incomunicabilidade entre as formas de justiça corretiva e distributiva.

Como, na visão formalista, os elementos fundamentais que compõem a concepção de responsabilidade objetiva não se encaixam perfeitamente em nenhuma das categorias abstratas e gerais que organizam o conhecimento (a intelecção) das relações jurídicas, para se manter fiel ao critério de coerência imposto pelo formalismo, Weinrib é levado a adotar uma estratégia de segregação: a responsabilidade objetiva é rotulada como um erro jurídico, já que não se encaixa na classificação canônica de responsabilidade civil que, conforme a argumentação formalista, é representada pela responsabilidade baseada na culpa (*negligence law*). Ademais, exporei as razões para ele rechaçar a possibilidade de substituir o atual critério organizador do sistema de responsabilidade civil – que, segundo ele, é o conceito de culpa – por um sistema integralmente organizado em torno da responsabilidade objetiva.

A conclusão de que a responsabilidade objetiva é um erro jurídico é uma consequência da tese da incomunicabilidade e o cerne da questão é determinar se a total vedação a qualquer combinação entre as racionalidades da justiça corretiva e da justiça distributiva é uma posição teoricamente defensável.

No capítulo 5, discuto se essa estratégia de segregação é a única possível. Isso porque o paradigma da inteligibilidade imanente, combinado com o critério estrito de coerência, gera essa vedação ao hibridismo (tese

[31] Nesse ponto, Weinrib segue o filósofo inglês Michael Oakeshott, para quem há dois sentidos diferentes de se conceber algo. O primeiro sentido diz respeito ao que pode, como uma questão meramente psicológica, ser imaginado pela mente humana. O segundo diz respeito ao que pode ser compreendido como uma unidade coerente. Uma monstruosidade conceitual, nesse sentido, é algo que é concebível no primeiro sentido, isto é, é algo que pode ser imaginado pela mente humana, mas ao qual o segundo sentido não se aplica (Oakeshott, 1933 apud Weinrib, 1988, p. 969-970).

da incomunicabilidade entre aspectos distributivos e corretivos). Sustento que Weinrib não demonstra por que essas premissas seriam necessárias. Ao contrário, defendo que sua adoção faz com que as consequências normativas da teoria sejam destituídas da vitalidade necessária para engajar teóricos e reformadores do direito, ainda que estes, corretamente, aceitem algumas outras postulações do formalismo e até mesmo utilizem as categorias formais sugeridas pela teoria formalista para, com proveito, compreender as racionalidades que podem estar subjacentes aos arranjos concretos de responsabilidade civil. Argumento, em conclusão, que as premissas da inteligibilidade imanente e da coerência (tese da incomunicabilidade) geram situações que, ao invés de permitirem a intelecção, como pretende o formalismo jurídico, se tornam impedimentos à boa intelecção de partes inteiras do direito, inclusive da responsabilidade objetiva.

2
O formalismo Jurídico de Ernest Weinrib

"Todos sabem que o formalismo jurídico postula a distinção entre direito e política."[32] (WEINRIB, 1988, p. 950, tradução minha).

Neste capítulo apresento as principais teses que compõem a teoria formalista do direito desenvolvida por Ernest Weinrib, dando especial destaque para as premissas metafísicas e epistemológicas adotadas por essa teoria e trazendo alguns exemplos de situações abarcadas pelas regras de responsabilidade civil para ilustrar como a concepção formalista pode impactar na formulação e na avaliação das possíveis respostas a problemas jurídicos concretos. O objetivo geral desse capítulo é responder à seguinte questão, que diz respeito à pergunta enunciada na introdução a este livro: o formalismo pode ser considerado uma teoria geral do direito?

Além da apresentação do formalismo em si, a intenção aqui é preparar o terreno para a discussão a ser entabulada no capítulo 3 sobre metodologia em teoria do direito e sobre o tipo de teoria jurídica que o formalismo pretende ser. Pretendo também fornecer elementos para afastar concepções caricatas do formalismo, recorrentemente identificado como uma teoria que defende uma aplicação mecânica de regras determinadas, as quais não guardam qualquer relação com as posições defendidas por Weinrib, bem como mostrar em que medida o formalismo weinribiano se diferencia de outras teorias também definidas como formalistas.

[32] No original: "Everyone knows that legal formalism asserts the distinction of law and politics."

Como se trata de preparar o terreno para os próximos capítulos, esta apresentação não exaurirá todos os pontos a serem abordados sobre o formalismo nesta obra, mas o que for tratado aqui permitirá encadear uma discussão detalhada acerca da metodologia formalista, que ocorrerá no capítulo 3, e também fornecer insumos para esclarecer a conexão entre a teoria formalista do direito e a maneira como Weinrib constrói sua teoria da responsabilidade civil, objetivo do capítulo 4.

2.1. O projeto formalista

Como diz a epígrafe deste capítulo, é sabido que o formalismo postula a distinção entre direito e política. Assim, o objetivo deste item é esclarecer o que é o formalismo jurídico weinribiano e, especificamente, como ele estabelece essa distinção.

Para Weinrib, quando bem entendido e diferenciado das caricaturas que seus detratores constroem, o formalismo incorpora uma verdade profunda e inescapável: que o direito é, por natureza, uma prática normativa coerente e inteligível internamente e, portanto, distinta e autônoma em relação à política (Weinrib, 1988, p. 950-951). Essa aspiração, como veremos, guia uma série de escolhas metodológicas fundamentais do formalismo. Ademais, a tradicional distinção formalista entre direito e política ganha, em Weinrib, contornos mais amplos, pois, como será exposto ainda, Weinrib constrói uma teoria formalista que distingue o direito de qualquer outra esfera de normatividade; não somente da esfera política, mas também, por exemplo, da esfera econômica.

Uma das questões que surgem é: como Weinrib compatibiliza o isolamento entre direito e política ou direito e economia, mas compatibiliza a relação entre direito e moral, já que ele afirma que o direito é um fenômeno dotado de racionalidade moral imanente? Defendo a leitura de que, embora o autor utilize o termo "moral", na verdade, os elementos da moral teriam uma tradução especificamente jurídica ao serem incorporados ao direito. Assim, apesar do uso do termo, seria possível isolar internamente (pelo próprio direito) esses elementos, sendo, portanto, propriamente elementos jurídicos que emprestam a terminologia e têm sua raiz na linguagem moral.[33,34]

[33] Weinrib afirma que disciplinas não jurídicas, como a economia, são relevantes para o direito na medida em que as compreensões que elas fornecem sejam assimiladas à estrutura interna

Diz Weinrib que "o formalismo postula que o direito é inteligível como um fenômeno internamente coerente"[35] (Weinrib, 1988, p. 951) ou que o direito é um *lócus* de "[...] racionalidade moral imanente."[36] (Weinrib, 1988, p. 957). Assim, o formalismo jurídico é a teoria apropriada para compreender o direito em sua dimensão interna, o que permite entendê-lo como possuidor desses elementos e dessas qualidades (Weinrib, 1995, p. 22). Ser um fenômeno normativo internamente coerente é uma aspiração do direito a qual o formalismo toma como um dado de sua natureza e que, portanto, deve ser levada em consideração caso queiramos explicar o direito corretamente.

Weinrib define o formalismo com base em quatro características. Em primeiro lugar, o formalismo defende a possibilidade de um método de justificação jurídica, em que o direito é visto como uma racionalidade distinta e autônoma, que, comparativamente, é mais determinada do que a racionalidade da política, que está em constante mutação em razão das disputas sobre a melhor maneira de organizar a vida social (Weinrib, 1988, p. 953). Formalismo é, assim, uma teoria de justificação jurídica que procura conhecer o direito por meio de uma metodologia fiel a sua aspiração fundamental de ser uma prática normativa inteligível internamente (Weinrib, 1988, p. 953; 1993a, p. 583; 1995, p. 18-19; 1996, p. 332).

Ser uma teoria de justificação jurídica significa, em primeiro lugar, que a ênfase no aspecto de justificação da teoria faz com que, para o teórico formalista, o direito seja mais do que um conjunto de normas positivadas ou do que a expressão do exercício do poder estatal. O direito é conside-

(racionalidade imanente) do direito. Para ele, "[...] conclusões de disciplinas estranhas [ao direito] entram no direito privado nos seus termos e não nos termas delas." (Weinrib, 1995, p. 214). Acredito que esta conclusão valha para o direito como um todo, tanto para o direito privado quanto para as demais áreas, como uma imposição da própria ideia de autonomia. E o exemplo da economia poderia ser estendido para a política e para a moral.

[34] Em uma linha semelhante de interpretação, Stick afirma que Weinrib não defende que o direito seja livre de valor (*value-free*), tampouco que o direito seja valorativamente neutro (*value neutral*), pois, como exporei no capítulo 3, o formalismo tem uma dimensão avaliativa e justificatória (i.e., prescritiva) e, assim, entende que o direito está orientado a um objetivo, ou *point*, mas argumenta que os valores intrínsecos ao argumento jurídico são próprios do direito, e não importados "de fora", isto é, de valores políticos ou morais (Stick, 1992, p. 774).

[35] No original: "Formalism postulates that law is intelligible as an internally coherent phenomenon."

[36] No original: "[...] immanent moral rationality."

rado uma prática social responsiva a um tipo de argumento moral que caracteriza e explica sua natureza. Como será exposto detalhadamente a seguir, o formalismo se fundamenta numa epistemologia que permite compreender o direito com base na ideia de relação entre forma e conteúdo e, assim, apresentar as formas dos argumentos morais apropriados para compreendê-lo. Em segundo lugar, como uma teoria especificamente jurídica de justificação, o formalismo escolhe dois fenômenos característicos a respeito da maneira como o direito impacta na vida de cada indivíduo que vive numa sociedade por ele governada, que são, a saber: (i) a interação entre partes externas uma à outra e dotadas com interesses distintos; e (ii) o papel dos tribunais na resolução de controvérsias que surjam dessa interação[37] (WEINRIB, 1993a, p. 583; 1996, p. 332).

Em segundo lugar, o formalismo considera que essa racionalidade distintiva é imanente ao material jurídico sobre o qual ela opera (WEINRIB, 1988, p. 953). Por isso, identificar essa racionalidade é olhar para dentro do direito, para o material que o constitui. Para o formalismo, só uma metodologia que olhe o direito "de dentro" dele poderá explicitar sua natureza particular. Weinrib admite que a imanência é a característica mais "misteriosa" proposta pelo formalismo. Ao afirmar que a racionalidade do direito está assentada numa ordem moral imanente ao material jurídico, o formalismo está defendendo que o conteúdo jurídico pode, de alguma forma, se sustentar "de dentro" (WEINRIB, 1988, p. 955). A plausibilidade dessa afirmação, como veremos, depende do sucesso da metodologia formalista em fornecer uma ferramenta para conhecer o direito por ele mesmo, bem como da demonstração da inferioridade das alternativas que ele denomina de "instrumentalistas" ou "funcionalistas".

Em terceiro lugar, o formalismo pressupõe que o conjunto de materiais legais dotados de autoridade (direito positivo e decisões judiciais) expressa, ainda que imperfeitamente, uma ordem moral inteligível. Weinrib afirma

[37] Weinrib explica que a menção às ideias de interações e de relações externas não diz respeito somente a um *lócus* de contato físico entre partes, mas também ao assunto, ou matéria, de que trata a relação ou à interação que é entendida sob o aspecto da mútua externalidade das partes. Um exemplo é o caso em que a separação dos interesses das partes é concebida como a característica definidora da relação entre eles. Um contraexemplo é o de uma ação virtuosa. Embora uma ação virtuosa afete externamente outras pessoas, a inteligibilidade da virtude se encontra no caráter do seu autor, numa característica subjetiva dele, e não na relação com o outro que é afetado por sua ação (WEINRIB, 1988, p. 977).

que o formalismo, apesar de se fiar numa certa visão sobre a associação humana que fornece uma teoria normativa que permite explicar a tradição que compõe o direito, ainda assim permite um olhar crítico sobre o direito e abre a possibilidade de se rejeitar, como erro, algumas partes dele (Weinrib, 1988, p. 953). Como veremos, esse aspecto do formalismo será especialmente relevante para entender a responsabilidade objetiva, pois o formalismo pretende oferecer esse ponto fixo a partir do qual é possível criticar e rejeitar partes do direito, considerando-as erros jurídicos.

É importante esclarecer por que Weinrib usa os termos "inteligível" e "inteligibilidade" e em quais de suas várias acepções. A inteligibilidade é a qualidade daquilo que é inteligível. Numa acepção geral, inteligível é algo que se entende, algo que tem sentido. Outra acepção da palavra, ligada ao pensamento racionalista, diz respeito àquilo que só pode ser compreendido pelo intelecto, pela razão, em oposição ao que é sensível e pode ser compreendido pelos sentidos.[38] Assim, não é sem razão que Weinrib prefira utilizar os termos "inteligível" e "inteligibilidade" em sentido mais técnico, ligado a essa segunda acepção do termo, em vez de outros termos, como "entendimento", "compreensão", quando apresenta as características básicas do formalismo. Ele usa "inteligível" no sentido geral, de algo que se entende e que tem sentido e, portanto, afirmar que o direito é um fenômeno inteligível equivale a dizer que se trata de um fenômeno que é compreensível como algo com um sentido, mas o termo também é uma referência direta ao pensamento racionalista.

Como veremos, a metodologia proposta por Weinrib é eminentemente conceitual e racionalista. O método formalista pressupõe que a melhor maneira de entender o direito é como pensamento (objeto) e pelo pensamento (método). Diz ele, a esse respeito:

[38] O dicionário *Aulete* nos fornece as seguintes definições da palavra inteligível: "1. Que se entende bem; que tem sentido (frase inteligível) 2. Que se ouve com nitidez (voz inteligível) 3. Fil. Que só pode ser apreendido pelo intelecto, pela razão. [P.op. a sensível, nesta acp.] 4. Fil. Que está logicamente contido numa fórmula já conhecida. 5. Fil. As coisas inteligíveis." (Inteligível, 2011a). Segundo o dicionário *Houaiss*, inteligível é: "1 que se compreende bem, que é fácil de entender; claro, compreensível 2 que se ouve nitidamente 3 Rubrica: filosofia. que só pode ser apreendido pelo intelecto e não pelos sentidos 4 Rubrica: filosofia. diz-se de um fato ou de uma proposição logicamente contidos numa fórmula geral já reconhecida." (Inteligível, 2011b).

> A integração entre a atividade de compreensão e a matéria a ser compreendida é impossível, a menos que a matéria seja informada pelo pensamento, porque apenas por meio do pensamento a relação entre a compreensão e o que é compreendido pode ser reflexiva [...] Direito [...] é expressão de inteligência.[39] (Weinrib, 1987a, p. 69, tradução minha).

Essa postulação básica do formalismo, de que o direito é inteligível como um fenômeno internamente coerente, gera implicações diretas na forma de se refletir sobre o direito, em especial no que concerne a seu lugar em relação a outras disciplinas, às justificações juridicamente aceitáveis e inaceitáveis para um teórico formalista e, consequentemente, como este vê o significado do erro jurídico, os limites e a competência dos tribunais, a relevância de concepções instrumentais do direito e o papel a ser ocupado pela teoria do direito no mundo contemporâneo. (Weinrib, 1988, p. 951-952).

Embora rechaçada pela maioria das teorias do direito contemporâneas, Weinrib argumenta que a aspiração a ser uma prática normativa coerente se mantém viva no ideário daqueles envolvidos no dia a dia do direito, como os advogados e os juízes. A percepção dos advogados e juízes é de que esta se desenvolve dentro de uma certa estrutura, e é essa estrutura, conformadora do direito, que o formalismo pretende identificar e explicar. (Weinrib, 1988, p. 951).

Essa referência à prática jurídica e à experiência dos operadores do direito abre a oportunidade para um comentário importante. Embora Weinrib não negue – ao contrário, afirme – o caráter essencialmente conceitual da teoria formalista, em vários momentos ele procura demonstrar que esse conceitualismo está a serviço da expansão de nosso conhecimento sobre o mundo do direito e que, portanto, seu formalismo não pretende ser uma construção conceitual e abstrata sem uma finalidade prática. O conceitualismo e a abstração são vistos como ferramentas para explicar o fenômeno jurídico em conexão com a prática do direito. Em certos momentos, especialmente quando fala do papel dos tribunais ou quando apresenta uma explicação para o erro jurídico, Weinrib procura se afas-

[39] No original: "The integration of the activity of understanding and the matter to be understood is impossible unless the matter is informed by thought, because only through the medium of thought can the relationship between the understanding and what is understood be reflexive [...] Law [...] expression of intelligence [...]"

tar explicitamente da caricatura do formalista como o propositor de uma aplicação mecânica de regras e apresenta razões para sustentar a afirmação de que conhecer a correta estrutura do direito é importante para propor soluções jurídicas concretas ou mudanças e reformas do direito que sejam igualmente corretas.

Por fim, Weinrib afirma que o formalismo é uma noção integrativa. Para o formalista, racionalidade, imanência e normativa são encontradas no direito em mútua dependência e inter-relação. O formalismo weinribiano é uma teoria que propõe uma abordagem única e conectada de todos os elementos anteriormente descritos. Para Weinrib, o direito não é "[...] meramente racional **e** imanente **e** normativo [...]"[40] (WEINRIB, 1988, p. 955, destaques do autor, tradução minha), mas cada uma dessas qualidades reforça e apoia as outras duas, formando um todo. A intelecção correta do direito passa por captar os três elementos em interconexão (WEINRIB, 1988, p. 955).

Conforme exposto anteriormente, o formalismo faz um recorte do fenômeno jurídico para estabelecer um ponto de partida para começar o trabalho. Como pretende ser uma teoria de justificação jurídica, o formalismo seleciona os fenômenos que considera mais característicos da maneira como os cidadãos que vivem num Estado de Direito vivenciam essa experiência (i.e., vivem sob a égide do direito). Como dito, esses fenômenos seriam (i) a interação entre partes externas uma à outra e dotadas com interesses distintos; e (ii) o papel dos tribunais na resolução de controvérsias que surjam dessa interação. Ou seja, a capacidade de estabelecer relações jurídicas voluntárias ou de criá-las involuntariamente, como no caso da responsabilidade civil, e a atuação do poder judiciário quando necessário.

Em vista disso é que Weinrib afirma que a unidade básica de análise para o formalismo é a relação jurídica (WEINRIB, 1988, p. 957; 1993a, p. 584; 1995, p. 24; 1996, p. 332). Para ele, a percepção de que o direito permite estabelecer conexões entre partes distintas umas das outras com base em um conjunto de regras jurídicas, conceitos doutrinários e processos institucionais deve ser o ponto de partida do formalismo. Ele explica que, quando uma parte afirma que outra quebrou determinada cláusula contratual e aciona o Judiciário, a relação jurídica entre elas não é definida apenas pelas regras jurídicas referentes a contratos, mas também inclui as

[40] No original: "[...] law is not merely rational **and** immanent **and** normative [...]".

doutrinas e os conceitos relativos ao tema e os procedimentos adotados pelo tribunal para chegar a uma solução (Weinrib, 1993a, p. 584; 1996, p. 332). O que a teoria formalista do direito pretende é identificar e expor a estrutura interna dessas relações jurídicas composta por tais regras, conceitos e procedimentos e também determinar como esses componentes se relacionam entre si (Weinrib, 1993a, p. 584, 1996, p. 333).

Em termos da história da filosofia ocidental, Weinrib enxerga o formalismo jurídico como um herdeiro direto da tradição racionalista que se voltou à questão da possibilidade de algo ser compreendido em si mesmo e a com base em si mesmo (Weinrib, 1988, p. 95; 1995, p. 25-26). O termo "formalismo" deriva do termo "forma" e da ideia de que a intelecção, tanto de conceitos quanto de entes com existência sensível, se dá por referência à relação entre a forma e o conteúdo. A forma, diz Weinrib, é o que faz um "isto" ser um "isto" e não um "aquilo" (Weinrib, 1988, p. 958).

O apelo dessa alternativa de compreensão está na possibilidade de se dar a última palavra sobre o que uma coisa é, isto é, está na possibilidade de um entendimento incondicional a respeito de um determinado ente ou conceito. Weinrib sugere que a atual impopularidade do formalismo no *common law*, especialmente nos Estados Unidos, tem relação com a aversão dos estudiosos norte-americanos a essa tradição, mas que o descrédito do formalismo está ancorado em concepções errôneas acerca do que ele realmente defende e de uma desatenção ou desconsideração do potencial explicativo que a ideia de forma proporciona (Weinrib, 1988, p. 956-957).

Weinrib adverte desde logo que a versão do formalismo jurídico que ele defende não se confunde nem com o positivismo jurídico, nem com uma definição estipulativa de direto. Para o formalismo, o direito é um fenômeno mais amplo do que o direito positivo, razão pela qual Weinrib usa a expressão "materiais jurídicos" (*juridical materials*) para se referir aos elementos à disposição do teórico formalista para a execução de sua análise. É com esses materiais jurídicos, que abrangem o direito positivo, a doutrina jurídica e as decisões dos tribunais, que o teórico formalista vai trabalhar para identificar os dois fenômenos característicos de uma vida sob a égide do direito (relação jurídica entre partes com interesses distintos e atuação dos tribunais na solução de litígios) e, com base neles, chegar às estruturas que expressam a natureza distintiva e autônoma do direito.

Com base nisso, é possível verificar a razão pela qual o formalismo não se confunde com o positivismo jurídico, pois, enquanto esse último está interessado em identificar o que confere a uma regra sua validade legal (as fontes do direito ou as regras de *pedigree*), por meio do qual considera ser possível identificar o que é direito, sem a necessidade do exame de seu conteúdo,[41] o primeiro está interessado em trazer à luz aquilo que já tem, de forma incipiente, significado jurídico (Weinrib, 1988, p. 954-956). O "jurídico" (*ius*) é mais amplo do que o "legal" (*lex*), pois diz respeito àquilo que é inteligível dentro das fronteiras dessa totalidade normativa distintiva e internamente coerente (Weinrib, 1995, p. 25).

O projeto formalista também não consiste em desenvolver uma definição estipulativa de direito ou uma teoria cuja orientação seja a preocupação com o significado ou uso do termo "direito". O que o formalismo busca é a explicitação da relação entre forma e conteúdo do direito e, com isso, uma explicação fiel do fenômeno jurídico, visto como autônomo e dotado de uma dimensão normativa própria. Embora o argumento weinribiano seja conceitual, ele precisa, no limite, manter certo nível de fidedignidade com o mundo prático do direito. Se a prática jurídica estiver em contradição com a definição de que o direito é uma prática normativa que aspira à coerência e que é inteligível internamente, então, simplesmente, o teórico formalista sério tentará, por meio da identificação da relação entre forma e conteúdo do direito, apresentar outra explicação da estrutura do direito, que seja mais acurada e precisa. Todavia, esse processo de especificação do caráter próprio do direito não está orientado a determinar qual é o uso semanticamente correto do termo "direito" e muito menos a relatar quais são seus usos linguísticos recorrentes (Weinrib, 1995, p. 31).

Assim, para Weinrib, a resposta à pergunta "o que é o direto?" deve ser o objetivo final da exposição formalista, ainda que seja necessário ter como base uma definição provisória de trabalho retirada, em geral, da observação da experiência prática e, mais especificamente, da observação de como os advogados, os juízes, os promotores etc. compreendem a prática jurídica na qual atuam (Weinrib, 1995, p. 8-9).

Entretanto, o formalismo tem uma postulação epistemologicamente ambiciosa, pois afirma ser a melhor teoria para conhecer o direito. Diante disso, Weinrib pretende não apenas fornecer um conceito de direito, mas, antes, afirmar que apenas seguindo o método formalista é possível chegar a uma correta compreensão da natureza do direito.

[41] Uma exposição detalhada das principais teses e correntes do positivismo pode ser encontrada em Dimoulis (2006) e Green (2009).

A relação entre o direito e a teoria formalista do direto, que produz uma definição conceitual do que é direito, é uma relação entre o que está implícito e o que está explícito. Weinrib argumenta que a concepção de direito exposta pela teoria formalista está implícita no funcionamento prático do direito, pois os operadores do direito estruturam suas argumentações, desenvolvem e organizam as doutrinas e os conceitos jurídicos que utilizam com base nas formas de argumentos morais defendidas pelo formalismo.

Em razão disso, uma parte do trabalho da teoria formalista é explicitar essas categorias filosóficas que estão implícitas no direito (Weinrib, 1995, p. 19-20). Essa explicitação visa esclarecer quais são as categorias teóricas que guiam implicitamente uma prática jurídica coerente e que, portanto, estão presentes na criação do direito positivo, no desenvolvimento da doutrina, nas decisões dos tribunais etc. (Weinrib, 1995, p. 21). Essas categorias, uma vez explicitadas, podem servir também de ponto de vista para a crítica de áreas ou subáreas do direito que se distanciem delas próprias. Uma parte do trabalho é identificar e explicitar, e a outra é usar essas categorias identificadas e explicitadas para criticar o que difere delas e, portanto, apontar o que deveria estar presente na criação do direito positivo, no desenvolvimento da doutrina e nas decisões dos tribunais para que o direito fosse uma prática coerente com sua "racionalidade moral imanente".

Segundo Weinrib, os detratores do formalismo jurídico estão, usualmente, mais preocupados em criticar sua suposta falta de interesse no papel que o direito exerce na vida social ou em afirmar que se trata de uma fachada que encobre o jogo de poder presente no direito do que em perceber que o formalismo apresenta uma inequívoca verdade acerca da natureza inerentemente coerente do Direito (Weinrib, 1988, p. 950). Observa-se desde logo que as ideias de compreensão interna e de coerência são importantes para o formalismo weinribiano, mas que precisam de qualificação específica para que fiquem claras.

O formalismo weinribiano está amparado em premissas epistemológicas e metafísicas que dizem respeito à melhor maneira de se acessar, conhecer e avaliar o direito, em virtude de sua natureza e de suas aspirações. Vejamos.

2.2. O método formalista

Quando Weinrib resumiu sua visão do direito em geral na frase "[...] o direito não é subserviente a ideais externos porque ele se constitui, por assim dizer, em seu próprio ideal [...]"[42] (WEINRIB, 1987a, p. 63, tradução minha) e do direito privado, em particular, nas frases "[...] o objetivo do direito privado é ser direito privado." e "[...] o direito privado é como o amor."[43] (WEINRIB, 1995, p. 5-6, tradução minha), poucos foram os críticos que as levaram a sério e que viram nelas mais do que asserções de caráter metafísico duvidoso ou fórmulas tresloucadas e vazias de conteúdo.[44]

No entanto, essas provocativas frases buscavam chamar a atenção dos teóricos para o que Weinrib considerava uma verdade acerca do direito ou, para colocarmos em termos mais amenos, uma possibilidade teoricamente séria acerca do conhecimento e dos objetivos do direito.

A primeira frase citada no primeiro parágrafo do item convida o leitor a considerar a hipótese de que o direito possa ser compreendido com base em si mesmo. Segundo Weinrib, não apenas o direito privado, mas também o direito público são fenômenos que podem ser compreendidos com base em si mesmos, desde que observada certa metodologia proposta pelo formalismo. Como será exposto na sequência, essa metodologia é oposta às premissas metodológicas adotadas pela maioria das teorias do direito contemporâneas que, segundo ele, são funcionalistas ou instrumentalistas.[45] Estas, ao explicar o direito de um ponto de vista "de fora", isto é, da função que ele exerce no processo de alcançar certos objetivos socialmente

[42] No original: "Law is not subservient to external ideals because it constitutes, as it were, its own ideal [...]"

[43] No original: "[...] the purpose of private law is to be private law." e "[...] private law is just like love."

[44] Duas críticas ao formalismo weinribiano as quais começam por tentar desconstruir a aproximação entre direito e amor proposta por Weinrib são apresentadas por Gardner (1996) e Rabin (1996). Nenhum dos dois críticos, no entanto, compreendeu que a aproximação entre direito e amor não era para afirmar que direito e amor são fenômenos com características idênticas. Rabin chega a criticar Weinrib por cometer o equívoco primário de não se dar conta de que o amor, ao contrário do direito, não é um produto do Estado (RABIN, 1996, p. 2.270). Essa crítica é infundada, pois o ponto de Weinrib, ao comparar direito e amor, é exclusivamente chamar a atenção para o fato de que há fenômenos que podem ser compreendidos em si mesmo em oposição a fenômenos que são mais bem compreendidos instrumentalmente.

[45] Weinrib parece usar os termos "instrumentalismo" e "funcionalismo" indistintamente. Por exemplo: "[a ideia de] Que se compreende o direito através de objetivos – uma noção que podemos chamar de funcionalismo – é particularmente bem arraigada no pensamento jurídico americano" (WEINRIB, 1995, p. 3, tradução minha) e "A questão central no debate moderno é se o direito deve ser entendido em termos instrumentais ou não-instrumentais" (WEINRIB, 1987a, p. 61, tradução minha).

desejados, são incapazes de entrar em contato com o que faz do direito o que ele realmente é.[46]

As duas outras frases complementam a primeira ao usar o amor como um exemplo do tipo de fenômeno que, no que diz respeito a sua inteligibilidade, pode ser compreendido em si mesmo, internamente, ou seja, de maneira antifuncionalista ou anti-instrumental. Lida contextualmente, essa frase nos leva a concluir que, para Weinrib, amor e direito não podem ser comparados em todos os seus aspectos, como quiseram fazer crer alguns críticos como Gardner (1996) e Rabin (1996). Todavia, eles podem ser comparados, no que concerne a sua inteligibilidade, pois, assim como outros fenômenos, como amizade, amor e direito, podem, por sua natureza, ser compreendidos em si mesmos ou, o que para Weinrib é equivalente, internamente. Weinrib afirma que qualquer um reconheceria o absurdo de se sugerir que a função do amor é maximizar eficiência ao permitir que as pessoas experimentem certas satisfações ao mesmo tempo que evitem custos de transação que seriam gerados pela necessidade de negociação entre as partes. O amor é um tipo de fenômeno que não pode ser explicado em função de fins externos ou de objetivos que pretenda alcançar, pois o amor é seu próprio fim (Weinrib, 1995, p. 5-6).

Embora polêmicas e controvertidas, essas afirmações dão uma mostra de quão ambicioso é o projeto formalista, pois, se correto, ele seria praticamente a única abordagem possível do direito. Sendo assim, é necessário apresentar e avaliar criticamente as premissas epistemológicas e metafísicas que compõem o método formalista.

O formalismo weinribiano pretende nos ensinar uma maneira de se compreender o direito por meio de um olhar para o próprio direito, para o material jurídico que forma o substrato com base no qual é possível elaborar conceitualmente o que é o direito. Esse olhar "para dentro" ou "interno" se opõe ao olhar para o direito por uma visão "de fora", através

[46] A esse respeito Weinrib afirma que a racionalidade interna do direito reflete a possibilidade de ele ser um fenômeno coerente, possibilidade rechaçada pelos estudos críticos do direito (*critical legal studies*). Para Weinrib, a doutrina tradicional em *common law* enxerga o direito com uma pluralidade de propósitos desintegrados e em competição, mas isso não lhes causa embaraço, pois esse estado de coisas é aceito como inerente ao direito, administrável e até produtivo. Um traço que une formalistas e *crits* é a insistência na importância da coerência para o direito, ainda que os primeiros acreditem que ela pode ser atingida e os segundos pensem que não (Weinrib, 1988, p. 952).

das lentes de outras esferas, como a política ou a economia. Essa maneira de compreender o direito parece a Weinrib tão fundamental que sem ela, ele argumenta, o direito se transforma num apanhado de justificações incoerentes e injustas, um conjunto de justificações que nem sequer são dignas desse rótulo.

Como Weinrib esclarece, para o formalista, a legitimidade moral do direito depende de sua coerência, e, por isso, o ponto de vista interno ao direito – que permite observar a presença ou a ausência de coerência – não pode ser ignorado pelo teórico (WEINRIB, 1988, p. 952).

Embora não se expresse nesses termos, Weinrib propõe que existe uma maneira superior ou correta e uma maneira defeituosa, inferior ou incorreta de se compreender o direito. A maneira "correta" de se olhar para o direito passa por demonstrar a incorreção das concepções instrumentalistas e funcionalistas do direito, exemplificadas pela análise econômica do direito, mas também passa por superar o desafio cético imposto pelos teóricos dos estudos críticos do direito (*critical legal studies* ou *crits,* como às vezes são chamados). Distintamente dos *crits,* o formalismo weinribiano entende que não é porque o direito se mostra incoerente em algumas de suas manifestações que seria um empreendimento fundamentalmente incoerente, ou seja, que as incoerências presentes no direito não possam ser solucionadas ou evitadas.[47]

Embora entenda que o direito positivo ocupa um espaço proeminente, o formalismo defendido por Weinrib acredita que o espaço ocupado pelo que é "jurídico" é mais amplo que o direito positivo. O direito é formado por um conjunto de materiais (os *juridical materials* a que ele faz referência constantemente em seus textos) que não se reduzem ao direito positivo e às decisões dos tribunais e, ao mesmo tempo, são os primeiros objetos disponíveis para a reflexão do teórico formalista. Deles também fazem parte um *corpus* de conceitos, argumentos e raciocínios exclusivamente jurídicos, organizados e operados por instituições jurídicas. A linguagem na qual se expressam não é enganosa. Weinrib toma os conceitos, os argumentos e os raciocínios jurídicos, pelo menos a princípio, por seu valor de face,

[47] No que concerne à responsabilidade civil, os *crits* concluem que, dada a presença, dentro da responsabilidade civil, de princípios conflitantes, em geral compensação e dissuasão, que geram incoerências, a melhor agenda prescritiva é defender a abolição da responsabilidade civil e sua substituição por sistemas de seguro social por acidentes. Essa literatura é chamada por Weinrib de "abolicionista". Nesse sentido, ver Sugarman (1985).

considerando-os não como expedientes disfarçados de conceitos, argumentos e raciocínios vindos de outras esferas, como argumenta a análise econômica do direito e os próprios *crits*. Os materiais jurídicos, para o formalismo, não estão travestidos de outra coisa; são o que são, e seu significado e sua justificação só podem ser conhecidos por meio dessa reflexão "interna" a eles próprios.

Interpreto essas afirmações de Weinrib não como a negação de que o direito exista para servir a uma sociedade de homens e mulheres com interesses e valores. O ponto, para Weinrib, é que o direito existe como um campo que pode ser compreendido e explicado de forma independente e que, ainda que se relacione com outros campos, como a política e a economia, é dotado de uma racionalidade própria, o que abre a possibilidade de ser entendido por meio de um olhar interno.[48] Esse olhar interno ao direito não é uma imposição do teórico, mas uma metodologia sensível à natureza do próprio direito. Evidentemente, essas são ideias que podem ser contestadas, mas é importante esclarecer exatamente qual é a ambição de Weinrib ao elaborar a teoria formalista, para não criticá-la com base em um argumento que não é sequer por ela defendido.

Para Weinrib, o formalismo não é meramente uma tentativa de responder à clássica pergunta "o que é direito?",[49] seja por meio de uma definição estipulativa, seja por meio de uma definição proveniente da observação da prática. O formalismo propõe, como dito, a melhor forma de se compre-

[48] No entanto, é preciso aqui registrar uma crítica. Parece-me insustentável que Weinrib argumente que não haja nenhum ponto de contato entre o direito e as outras esferas, especialmente a política, e não acredito que seja isso que o formalismo sustente. Todavia, Weinrib não nos fornece nenhuma pista de onde e como se dariam esses pontos de contato. Ele se concentra exclusivamente em sustentar a ideia de que é possível elucidar a natureza do direito por meio dessa reflexão interna a ele.

[49] H. L. A. Hart, em *O conceito de direito* (2005), afirma que a clássica pergunta "o que é o direito?", que tem gerado tantos desentendimentos entre teóricos do direito, deve, na verdade, ser vista como a tentativa de resolução de três questões persistentes: (i) qual a diferença entre direito e obrigações jurídica das ordens baseadas em ameaças e como ambas se relacionam?; (ii) qual a relação entre direito e moral?; e (iii) o que são regras e em que medida o direito é uma questão de regras? (HART, 2005, p. 5-13). O formalismo weinribiano não se propõe a responder diretamente nenhuma dessas três questões – se bem que, com relação à segunda pergunta, enxerga o direito como dotado de racionalidade moral. O formalismo propõe começar de um estágio anterior à questão "o que é o direito?", que é o das condições de possibilidade de se compreender o que é o direito, isto é, Weinrib apresenta uma teoria sobre as condições de possibilidade de uma compreensão correta e segura do fenômeno jurídico.

ender o fenômeno jurídico. Essa maneira de compreender o fenômeno jurídico é superior porque independe que algo externo ao próprio direito, ocorre "por dentro", isto é, sem o auxílio de categorias e conceitos advindos de outros ramos do conhecimento, como a economia ou a política.

Na obra de Ernest Weinrib, o termo "formalismo" não guarda relação com o sentido, em geral pejorativo, que assumiu na expressão do senso comum dos praticantes do direito e dos cidadãos na tradição jurídica ocidental. Nesse sentido, o formalismo não tem relação direta com a ideia do juiz formalista que se aferra à letra fria da lei, como o juiz "*bouche de la loi*" na expressão consagrada por Montesquieu. O formalismo, para Weinrib, vem da ideia de inteligibilidade formal dos fenômenos, de acordo com a qual a intelecção da forma precede a intelecção do conteúdo.

Sabe-se que, para Weinrib, o formalismo é a teoria adequada para compreender a dimensão interna do direito. Sabe-se também que, visto que essa dimensão interna diz respeito à natureza do direito, é necessário adotar um método apropriado para conhecer essa natureza.

Para isso, o formalismo propõe um método que considera o mais apto para se chegar à intelecção do fenômeno jurídico. Se o formalismo seleciona dois aspectos do fenômeno jurídico que considera particularmente expressivos da atuação do direito na vida social – a saber, (i) as relações que se estabelecem entre partes dotadas de interesses distintos; e (ii) a atuação dos tribunais no processo de solução de controvérsias que surgem da interação entre essas partes, como método –, essa abordagem teórica propõe que se parta sempre da análise das relações jurídicas (Weinrib, 1995, p. 24).

O formalismo enxerga o direito como um fenômeno que transcende o direito positivo. Assim, as conexões que se estabelecem entre partes estão imersas em um conjunto de elementos que vai além do direito positivo e inclui também, por exemplo, processos institucionais, jurisprudência dos tribunais, doutrinas jurídicas, conceitos jurídicos fundamentais e princípios gerais do direito. Esse conjunto de elementos, segundo Weinrib, é inteligível como uma totalidade normativa internamente coerente (Weinrib, 1995, p. 25).

Mesmo nessa visão do que constitui o direito, as normas positivas ocupam uma posição particularmente importante, pois influenciam decisivamente na definição dos demais elementos do conjunto que forma os "materiais jurídicos". No entanto, o ponto que deve ser fixado é que, quando um formalista analisa uma determinada relação jurídica, digamos, um contrato de compra e venda de um imóvel, sua inquirição não se exaure na determinação de sua validade e de sua existência em função da correta aplicação das normas jurídicas positivas relativas a contratos. O teórico formalista vai além e investiga a possibilidade de aquela relação contratual ser um *lócus* onde implicitamente atua uma racionalidade moral interna à própria relação e específica do direito, isto é, uma "racionalidade moral imanente" ao direito.

Por enxergar o direito como um fenômeno mais amplo do que apenas o direito positivo, o formalismo pretende fornecer subsídios para a avaliação do próprio direito positivo. Assim como ocorre no caso da responsabilidade objetiva, a ser analisado no capítulo 4 desta obra, é possível, para o formalista, que o direito positivo seja uma representação defeituosa do fenômeno jurídico (WEINRIB, 1988, p. 957).

O método para se chegar a uma resposta positiva ou negativa em relação à presença dessa "racionalidade moral imanente" centra esforços na explicitação da forma daquela relação, ou seja, de sua estrutura interna composta por seus elementos essenciais em unidade, e procura determinar se esses elementos que compõem essa estrutura interna se conectam pela mera justaposição, como partes autônomas, ou se tais partes formam um todo internamente coerente e, portanto, maior do que a mera agregação das partes (WEINRIB, 1995, p. 25).

O método formalista prioriza a compreensão da forma sobre o conteúdo, pois entende que é pela forma que é possível determinar qual é a estrutura interna característica do direito. Num primeiro momento, o formalismo propõe, em vez de uma avaliação direta dos méritos do direito, uma espécie de suspensão do juízo sobre a qualidade substantiva do direito, se é bom ou mau, se alcança algum objetivo socialmente benéfico – por exemplo, a garantia da liberdade individual, a manutenção da comunidade ou a maximização da eficiência econômica.

Isso porque o formalismo tem como premissa a necessidade de, primeiramente, elucidar o princípio interno de estruturação e organização do direito. Em outras palavras, é preciso determinar qual é sua forma.[50]

[50] É interessante que Weinrib afirme que essa ideia de intelecção pela forma é amplamente desconhecida ou ignorada pela teoria do direito contemporânea no sistema de *common law* e, especialmente, nos Estados Unidos, onde o pensamento majoritário é voltado para abordagens instrumentais do direito. Todos os filósofos do direito por ele citados para ilustrar

No formalismo, as formas determinam um mínimo de racionalidade e são tão fundamentais para a compreensão do direito quanto é fundamental o princípio da não contradição para a lógica (WEINRIB, 1995, p. 20). A adesão coerente a uma forma implica, na verdade, um mínimo de racionalidade formal necessário para que qualquer objetivo substantivo bom ou desejável possa se concretizar.

Como afirma Weinrib: "O objetivo, ao se referir à forma de alguma coisa, é compreender a natureza ou a essência inteligível dessa coisa e, consequentemente, entender essa coisa como ela é."[51] (WEINRIB, 1988, p. 961, tradução minha). Fica claro que o formalismo não nega que o direito tenha um conteúdo que produz efeitos concretos no mundo, meritórios ou não. No entanto, defende que o aspecto especificamente "jurídico" dos arranjos jurídicos "[...] reflete considerações formais e são, em algum sentido relevante, anteriores aos julgamentos sobre o que é substantivamente desejável."[52,53] (WEINRIB, 1995, p. 25, tradução minha).

Todavia, a forma só é relevante se delimitar um conteúdo, e um conteúdo só é relevante, para o formalista, se for uma expressão coerente de uma forma. Assim, Weinrib afirma que: "A inteligibilidade reside na congruência entre forma e conteúdo e seja o que estiver no intervalo entre eles é ou erro, ou ignorância."[54] (WEINRIB, 1987a, p. 64, tradução minha).

a preocupação com o significado da forma para a intelecção de fenômenos são da Europa continental. Ele cita Giorgio Del Vecchio, Rudolf Stammler e Emilio Betti como exemplos de que essa preocupação sempre esteve presente na tradição europeia-continental. A exceção ficaria por conta de um filósofo pouco lembrado no mundo anglo-saxão: Michael Oakeshott, autor de *On human conduct* (1975). (WEINRIB, 1988, p. 958).

[51] No original: "The point of referring to something's form is to grasp the thing's nature or intelligible essence, and thus to understand that thing as what it is."

[52] No original: "[...] reflects formal considerations that are in some significant sense anterior to judgments about what is substantively desirable."

[53] A relação entre a primazia da intelecção formal sobre a substantiva e a distinção que o formalista faz entre direito e política é a seguinte: "Aqueles que afirmam a natureza inevitavelmente política do direito veem a política como um engajamento direto com os méritos e deméritos substantivos de arranjos legais particulares. Não obstante, o formalista, embora não negue que os arranjos jurídicos tenham antecedentes políticos e efeitos, sustenta que **o aspecto especificamente jurídico daqueles arranjos reflete considerações formais que são, em algum sentido significativo, anteriores aos julgamentos sobre o que é substantivamente desejável.**" (WEINRIB, 1995, p. 25, destaques e tradução meus).

[54] No original: "Intelligibility resides at the congruence of form and content, and whatever is in the gap between them is either error or ignorance."

Para o formalista, conhecer ou ser capaz de compreender o que faz de algo o que ele é, é uma tarefa intelectual que envolve a identificação do conjunto de propriedades fundamentais (essenciais) que circunscreve o conteúdo desse algo. A forma é o que circunscreve o conteúdo e se constitui em três aspectos interconectados: unidade, classe (ou tipo) e caráter. Para o formalismo weinribiano, o aspecto mais relevante dentre os três é a unidade, ou estrutura (*unity*), que implica um exercício intelectual de compreender algo como uma "entidade única em seus atributos essenciais", isto é, como um todo que não é inteligível como a mera soma ou justaposição de suas partes, mas no qual cada parte é indispensável para a compreensão do todo (Weinrib, 1995, p. 28).

A classe, ou tipo (*kind*), diz respeito ao fato de que a forma é um meio de classificação. A forma não é meramente a possibilidade de se identificar o que a coisa é, mas também propicia agrupá-la com as que compartilham as mesmas características e, portanto, fazem parte da mesma classe, da mesma espécie ou do mesmo gênero. A classificação é mais um passo no processo de separar características essenciais de não essenciais (Weinrib, 1995, p. 27).

Por fim, o caráter (*character*) significa o conjunto de características ou atributos decisivos para algo ser o que é. O que o formalismo pretende é fornecer a estrutura metodológica para a integração dos três aspectos da forma (unidade, classe, ou tipo, e caráter) de uma relação jurídica (Weinrib, 1995, p. 114). Desse conjunto de atributos (forma) depreendemos a essência ou a natureza das relações jurídicas. (Weinrib, 1988, p. 959).

O método proposto por Weinrib para a compreensão do direito está ligado à pressuposição de que tal compreensão interna e formal não é só possível, como também desejável, visto que é superior a outras compreensões possíveis do mesmo fenômeno. Para entender onde Weinrib busca elementos para defender a superioridade da compreensão interna sobre compreensões externas (instrumentais ou funcionais), é preciso fazer uma breve nota sobre a concepção clássica de formalismo.

2.2.1. O formalismo clássico

Desde os primórdios da filosofia ocidental, a ideia de forma tem sido considerada fundamental para a inteligibilidade. Para o pensamento grego clássico, o que definia a natureza de algo era a sua forma. Saber qual é o princípio organizador que permite distinguir uma determinada coisa (um "isto") de outra coisa (um "aquilo") é saber qual é a forma de cada uma. A forma une as características essenciais que constituem a coisa, dando-lhe uma identidade. É pela forma que podemos classificar uma coisa, ela permite que existam taxinomias e tipologias[55] (Weinrib, 1988, p. 956-957; 1995, p. 26-27).

A ideia de forma encerra em si três outras ideias. A primeira é de que determinar a forma é considerar que a coisa tem certas características essenciais que lhe dão um caráter, que na terminologia clássica é chamado de natureza ou essência da coisa. A segunda ideia é de que a forma é um meio de classificação. A identificação do caráter da coisa permite a classificação dela entre outras do mesmo tipo ou classe (as taxinomias e tipologias a que se fez referência no parágrafo anterior). A forma significa a classe geral sob a qual a coisa está subordinada. A última ideia é de que a forma é um princípio de unidade, isto é, sob a forma, as características que fornecem a natureza ou a essência da coisa não formam um conjunto meramente justaposto de elementos, mas uma entidade unificada (Weinrib, 1988, p. 959-960; 1995, p. 26-28).

Weinrib explica como se dá a inteligibilidade de algo pela sua forma usando um exemplo aplicável a um artefato humano: uma mesa. Diz ele:

> [...] a forma de uma mesa é aquela essência que está compreendida em sua definição e é, nesse caso, equivalente a seu fim ou propósito. A forma não é apenas idêntica em todas as mesas, mas é o princípio de unidade [inscrito] em cada uma. É aquilo que ordena a multiplicidade indeterminada de matéria sensível para que, juntas, as várias qualidades sensíveis constituam um único objeto. Essa cor particular, essas qualidades tácteis particulares de dureza ou suavidade não têm, por sua própria natureza, nenhuma afinidade uma com a outra. Elas "caminham juntas" somente na medida em que a forma, o plano ou o *design* de uma mesa demandem a copresença de todos eles e então os conecte um ao outro de maneira que a unidade resultante possa ser desig-

[55] Em face da ênfase que o método formalista dá a essa propriedade de classificar conceitos, John Stick qualifica-a como uma "teoria taxinômica do significado" (*taxonomic theory of meaning*). Para ele, no método formalista os conceitos jurídicos são compreendidos pela descoberta de suas características essenciais, aquelas que permitem identificar cada conceito como um membro de sua espécie e diferenciá-lo dos membros de outras espécies. Ele argumenta que uma das falhas do formalismo é não dar conta do "problema da perspectiva", isto é, que não é possível que uma coisa possa ser classificada como membro de uma espécie de maneira desconectada da intenção do investigador (Stick, 1992, p. 778).

nada por um substantivo singular. Nenhum objeto é possível ou concebível exceto como essa união entre forma e matéria, e desses dois **a forma é universal e inteligível, a matéria é particular e sensível**.[56] (Foster,[57] 1935 apud Weinrib, 1995, p. 26, destaque e tradução meus).

Portanto, a noção clássica de forma parte do pressuposto de que é pela relação entre forma e matéria que determinamos o que uma coisa é. Todavia, o processo começa pela tentativa de identificação da forma. No exemplo da mesa, isso significa dizer que a "forma de mesa" está presente em todas as mesas que existem no mundo e que é porque existe uma "forma de mesa" que podemos classificar mesas como mesas e não como outra coisa.[58] Se um marceneiro resolve construir uma mesa, podemos dizer que a forma de mesa é a representação presente em sua mente (isto é, o plano ou o *design* da mesa) que permite que ele construa uma mesa particular, com certo conjunto de características sensíveis (ser de madeira, ser alta ou baixa, adornada ou simples etc.) (Weinrib, 1995, p. 28).

De volta à questão de como o formalismo se inspira nessa noção clássica de forma e tenta conectá-la a uma teoria do direito, Weinrib entende que o método formalista deve permitir discernir a forma do direito, algo semelhante ao exercício proposto para o artefato mesa, mas não exatamente igual. Como será exposto a seguir, Weinrib reconhece que há diferenças entre mesas e direito. O método de se chegar à forma de um ente com existência sensível, como uma mesa, e de um ente conceitual, que, segundo ele, é o caso do direito, apresenta algumas diferenças. Como exposto, ele

[56] No original: "[...] the form of a table is that essence which is comprehended in its definition, and is, in this case, equivalent to its end or purpose. This form is not only identical in all tables, but is the principle of unity in each. It is that which so orders the indeterminate multiplicity of the sensible 'matter' that the various sensible qualities cohere together to constitute a single object. This particular colour, those particular tactual qualities of hardness and smoothness, have in their own nature no affinity with one another. They 'belong together' only in so far as the form, plan or design of a table demands the compresence of them all, and so links them one with another that the resulting unit can be designated by a singular noun. No object is possible or conceivable except as such a union of form with matter; and of those two form is universal and intelligible, matter is particular and sensible."

[57] Foster, M. B. *The political philosophies of Plato and Hegel*. Oxford: Clarendon, 1935.

[58] Stick afirma que essa posição não se sustenta em razão do problema da perspectiva. Uma mesma mesa poderá ser classificada como um tipo de mobília, "combustível, um objeto de arte...", tudo depende do propósito daquela classificação (Stick, 1992, p. 778).

escolhe como ponto de partida (ou unidade básica de análise) a relação jurídica. Portanto, o método formalista deve permitir discernir a forma das relações jurídicas.

2.2.2. A rejeição às concepções instrumentalistas e funcionalistas do direito

O raciocínio de Weinrib para defender a teoria formalista do direito e o método formalista se estrutura do seguinte modo: (i) o direito é *lócus* de normatividade autônoma em relação a outros campos, especialmente em relação aos campos político e econômico; (ii) o espaço da normatividade jurídica é amplo e ocupado por um complexo conjunto de representações exemplares (*instantiations*) dessa normatividade propriamente jurídica, dentre elas, o direito positivo, com suas regras e princípios, os conceitos doutrinários e o conjunto de decisões dos tribunais; (iii) dado que o direito é autônomo, isso significa que ele tem uma certa estrutura que permite traçar a linha divisória entre os conteúdos jurídicos e os conteúdos não jurídicos. Essa linha divisória é dada pela sua forma; e (iv) como o direito é autônomo e, portanto, tem estruturas próprias que o caracterizam, um olhar externo ao próprio direito, embora possa dizer algo interessante sobre ele, não é capaz de entrar em contato com o que lhe é próprio. Assim, do ponto de vista estritamente do conhecimento "do" direito e "pelo" direito, um método interno ao direito, que permita entrar em contato com essas estruturas, será superior a um método que seja externo ao direito. As abordagens instrumentais ou funcionais do direito se referem exatamente ao que ora chamo de "olhares externos".

Segundo Weinrib, em sua maioria, os teóricos do direito contemporâneos acreditam que, para se compreender o que o direito é, se deve primeiro identificar os objetivos a que ele serve. Isto é, para entender uma determinada área do direito – a responsabilidade civil, por exemplo –, é necessário identificar e analisar os objetivos aos quais ela serve. Assim, a disputa entre os teóricos se dá, em geral, na definição de qual é o verdadeiro ou o melhor objetivo a ser perseguido pela responsabilidade civil. As perguntas a que tentam responder são do seguinte tipo: a responsabilidade civil deve ser utilizada como um meio para compensar as vítimas ou como um meio para dissuadir comportamentos indesejados?

Assim, o funcionalismo se refere à ideia de que, para compreender o que o direito é, é preciso identificar as funções que ele exerce (Weinrib,

1995, p. 3). Weinrib também chama essa abordagem de abordagem instrumentalista do direito, pois, nesses casos, ele é visto como um instrumento para alcançar determinados objetivos ou exercer determinadas funções.

Weinrib afirma que abordagens desse tipo estão muito arraigadas na tradição da teoria do direito norte-americana, sendo que a versão mais importante dessa concepção na teoria do direito contemporânea é a análise econômica do direito.[59]

Muitos teóricos contemporâneos não concordam com esse "olhar externo" vindo da ciência econômica, que esvazia de significado os argumentos expressos em linguagem jurídica e os reinterpreta com base em conceitos econômicos para determinar se o direito está ou não cumprindo com o objetivo de maximização de riqueza[60] (Weinrib, 1995, p. 4) No entanto, para Weinrib, os teóricos que veem no direito um mecanismo para manutenção da liberdade,[61] da comunidade[62] ou de certos bens básicos à vida humana[63] são igualmente funcionalistas ou instrumentalistas, pois, assim como a análise econômica do direito, procuram compreender o direito por uma perspectiva externa a ele, direcionada para as funções e os objetivos que ele deve alcançar.

Ao insistir nessa separação entre interno e externo como equivalente a não instrumental e instrumental e identificar o funcionalismo/instrumentalismo em termos amplos, que inclui qualquer teoria que parta da premissa de que determinar o que o direito passa por atribuir uma função e verificar em que grau ele cumpre essa função, Weinrib passa a defender uma posição nada confortável, que coloca teóricos tão distintos quanto John Finnis e Richard Posner sob a mesma rubrica de funcionalistas/ins-

[59] Weinrib não é o único a se insurgir contra essa tendência. Outro autor que denuncia os perigos da visão instrumentalista dentro do direito, tanto no nível conceitual quanto no prático, dando especial ênfase ao risco de um esvaziamento do conceito de Estado de Direito, é Brian Tamanaha (2006, 2011). A questão aqui, no entanto, não é somente o que Weinrib defende com o formalismo, isto é, uma visão não instrumental do direito contra as abordagens instrumentalistas e funcionalistas do direito, mas como e por que ele chega a essa visão e quão ampla é sua definição desses termos instrumentalistas e funcionalistas.

[60] Exemplos podem ser encontrados em Posner (2007), Calabresi (1970) e Calabresi e Melamed (1972).

[61] Para um exemplo dessa posição, ver Epstein (1973).

[62] Para um exemplo dessa posição, ver Bush (1986).

[63] Para um exemplo dessa posição, ver Finnis (1980).

trumentalistas e, igualmente, como defensores de um modo defectivo de intelecção do direito (Weinrib, 2001, p. 411).

Weinrib argumenta que o problema do funcionalismo é que o mérito dos objetivos ou das funções é independente do direito e externo a ele. A teoria do direito desenvolvida em bases funcionalistas termina por ser uma teoria que discute os méritos relativos de um ou outro objetivo e não entra em contato com o que é estrita e intrinsecamente jurídico. A teoria do direito se transforma em uma espécie de "teoria dos objetivos sociais", nos quais o direito pode ou não se encaixar (Weinrib, 1995, p. 4).

Para Weinrib, essa abordagem do direito está errada. O direito deve ser compreendido de dentro (de si mesmo), e não como uma manifestação de um conjunto de propósitos externos a ele. Weinrib não se intimida com o apelo do axioma de que a função do direito é servir às necessidades humanas, que está na base de qualquer concepção instrumental do direito.

Para Weinrib, o problema do instrumentalismo/funcionalismo é assumir uma série de suposições amplamente difundidas sobre a natureza do direito e seu *status* em relação a outras disciplinas intelectuais que, no entanto, podem e dever ser reconsideradas. É possível resumir essas suposições equivocadas em quatro pontos principais. A primeira dessas suposições equivocadas é a negação de que o direito seja autônomo e de que, portanto, faça sentido compreendê-lo autonomamente, com base em si mesmo. A segunda é que o direito e a política estão intrinsecamente ligados e que, portanto, não existe um modo de justificação que seja distintivamente jurídico. As normas e os conceitos jurídicos, embora tenham um linguajar que parece próprio, são, em verdade, veículos para as consequências sociais que carregam. A terceira é que o conceitualismo, que, segundo Weinrib, é característico do direito, com suas normas, seus princípios e seus conceitos abstratos, não deve ser levado a sério em si mesmo. Essa premissa estaria assentada na ideia de que os conceitos jurídicos não têm significado em si mesmos pois são apenas veículos ou receptáculos para certas consequências socialmente perseguidas. Por fim, a quarta suposição errônea incorporada pelo funcionalismo é que não existe uma distinção essencial entre direito privado e direito público. O direito privado é visto como um tipo disfarçado de direito público em que as autoridades inserem metas coletivas a serem alcançadas numa estrutura diferente da coletiva (Weinrib, 1995, p. 6-7).

Weinrib afirma que essas suposições errôneas em relação à natureza do direito estão ligadas a uma concepção acerca da natureza do conhecimento em geral, que ele igualmente nega. Essa concepção da natureza do conhecimento pode ser expressa na forma da seguinte objeção: quando um investigador pretende explicitar a forma de alguma coisa com base nas características da própria coisa, ele não está exibindo nada sobre a coisa em si, mas apenas sobre si mesmo. Isso porque existe uma disjunção qualitativa intransponível entre o pensamento do investigador e o objeto da investigação. O investigador não tem acesso à coisa em si, então impõe sobre ela definições, classificações, qualidades que servem a seus interesses.[64]

Ele afirma que, ainda que possa ser válida para artefatos ou objetos naturais, essa objeção não é verdadeira no que se refere ao direito. Para o formalista, o direito é constituído pelo pensamento, isto é, seu conteúdo é composto por conceitos que "preenchem" as relações jurídicas. Assim, não existe disjunção qualitativa entre o que o direito é e as ideias de que é composto. O direito é um objeto conceitual por natureza, portanto não há uma disjunção que impeça o investigador de acessar seu conteúdo em termos da forma a ele subjacente (WEINRIB, 1987a, p. 69; 1988, p. 962; 1995, p. 14-18).

O investigador pode, portanto, por um esforço intelectual (mental), penetrar e participar da estrutura de pensamento que constitui o direito, desde que seja possível sustentar, como o formalismo sustenta, que a natureza do direito é inteligível imanentemente, sendo, portanto, possível elucidá-la internamente por meio da noção de forma.

O formalismo weinribiano, com sua inspiração aristotélica, portanto, rejeita as suposições do instrumentalismo/funcionalismo desde sua fundamentação epistemológica até as tentativas de analisar áreas específicas do direito, resultado da aplicação das suposições tratadas anteriormente. No entanto, falta expor como e com quais razões Weinrib pode rejeitar essa abordagem.[65]

[64] Segundo Weinrib, essa seria a objeção de John Locke e de filósofos de matriz empirista. Weinrib cita o seguinte trecho de Locke, em *Ensaio acerca do entendimento humano* (book III, ch. VI, § 30 – P. Niddith ed. 1975): "[...] essas Formas, sobre as quais tem sido feito tanto barulho, são apenas Quimeras que não nos fornecem nenhuma luz sobre a especifica Natureza da Coisas... Esses Limites de Espécies são como os Homens, e não como a Natureza os faz." (LOCKE, 1975 apud WEINRIB, 1988, p. 961, tradução minha).

[65] Nas palavras de Weinrib, o pensamento aristotélico incorporado pelo formalismo "[...] não é o paradigma intelectual dominante do nosso tempo [...] A abordagem aristotélica **se**

2.2.3. A superioridade da inteligibilidade imanente

De tudo que foi apresentado sobre o formalismo até aqui, sabe-se que ele defende que a intelecção do direito se dá pela identificação da relação entre sua forma e seu conteúdo, e que o método formalista propõe que primeiro acessemos sua forma, começando pela forma das relações jurídicas (unidade básica de análise), como um passo necessário para qualquer tentativa posterior de avaliar seus méritos relativos.

Isso porque é a forma que circunscreve o conteúdo e, portanto, faz de uma coisa um "isso" e não um "aquilo". Em outras palavras, a forma é o conjunto de propriedades estruturais que torna determinado o conteúdo. A forma possibilita definir quais são as características essenciais da coisa, permite classificá-la e concebê-la como um todo unitário. É importante ressaltar, no entanto, que, embora o formalismo weinribiano dê precedência para a análise da forma sobre a análise do conteúdo, isso não significa que o conteúdo não seja considerado importante. Segundo Weinrib, forma e conteúdo são correlativos e se interpenetram, um não existindo sem o outro.

Entender as relações jurídicas, unidades básicas de análise formalista, significa identificar sua forma e verificar como e em que medida elas incorporam uma "racionalidade moral imanente", vista como a aspiração básica do direito. Deste modo, diferentemente da premissa funcionalista/instrumentalista de que o direito só pode ser conhecido se conhecidas as funções externas que exerce, cujo mérito é independente dele, o formalismo enxerga como função do direito expressar a "racionalidade moral imanente", que lhe é própria, em suas doutrinas, instituições e no direito positivo, ou seja, naquilo que o constitui (Weinrib, 1988, p. 957).

Nesse ponto, a concepção formalista acerca da natureza do direito toca a concepção formalista sobre o melhor método para se compreender o que algo é.

O formalismo pressupõe que, sendo o direito um objeto conceitual – constituído de pensamento – com a aspiração de ser *lócus* de "racionalidade moral imanente", é passível de ser conhecido com base em si mesmo por

opõe ao vazio do positivismo (por exemplo, Kelsen, 1957, 1961, 1967), ao utopismo do reformador social (por exemplo, Unger, 1983), às calculações econômicas do maximizador de eficiência (por exemplo, Posner, 1986) e ao romântico niilismo daqueles que proclamam que o direito está morto (por exemplo, Kairys, 1982) [...]" (Weinrib, 1989a, p. 224, destaques meus).

meio da tentativa de capturar sua forma. Não somente é possível conhecê-lo com base em si mesmo, mas, em verdade, essa é a única maneira de realmente conhecê-lo.

Discernir a forma de algo é olhar para dentro desse algo, refletir acerca do que constitui sua estrutura interna. Assim, o método formalista pugna por uma compreensão interna da natureza do direito por meio da identificação das características essenciais das relações jurídicas e da exposição da maneira como essas características são coerentes entre si, formando unidades irredutíveis que podem ser classificadas com outras do mesmo tipo (Weinrib, 1988, p. 963).

Poder-se-ia pensar que a inteligibilidade imanentemente de alguma coisa é uma subclasse do paradigma da inteligibilidade e, portanto, que aquela se encontra em mesmo nível da inteligibilidade pela função, típica das abordagens instrumentalistas/funcionalistas tratadas no subitem anterior. No entanto, Weinrib argumenta que a inteligibilidade imanente é a noção de inteligibilidade mais satisfatória que existe. Ela é superior a qualquer outra porque tudo o que pode ser compreendido imanentemente pode ser compreendido de maneira autossuficiente, sem recurso a qualquer coisa fora de si mesmo (Weinrib, 1988, p. 963). O que não for inteligível em si mesmo será inteligível com base em uma segunda coisa, externa à primeira, e que, por sua vez, será inteligível com base em uma terceira, externa à segunda, e assim por diante, numa espécie de "regressão ao infinito" das justificativas ou, nos dizeres de Weinrib, de uma "dança das cadeiras" das justificativas.

Para Weinrib, essa regressão na ordem de justificativas mostra que, por natureza, as compreensões instrumentais são imperfeitas, pois o ônus da inteligibilidade é transferido do objeto explicado para sua função, de sua função para outra, e assim sucessivamente. O autor defende que, no caso do direito, não precisamos nos contentar com essa opção, imperfeita e defeituosa, já que é possível conhecer o direito não instrumentalmente (Weinrib, 1988, p. 965).

A defesa da possibilidade da inteligibilidade imanente do direito gera como consequência importante a rejeição da premissa de que a noção de compreensão do direito deve seguir a explicação científica. Sem ter de se posicionar sobre o extenso e complexo debate acerca da objetividade nas ciências, o formalista assume que o fenômeno jurídico difere de um fenômeno natural porque o primeiro pode ser compreendido imanentemente, enquanto o segundo não pode.[66] Essa conclusão é possível pela consideração de que não há disjunção entre o que está na mente do investigador e o objeto investigado, pois, como vimos, o direito é um objeto conceitual. Ele está, por assim dizer, na mente do investigador (WEINRIB, 1987a, p. 69; 1988, p. 962-964).

Como consequência, compreender o direito imanentemente significa que sua forma é inerentemente não instrumental. A inteligibilidade de um instrumento se encontra no propósito, no objetivo ou na função a que o instrumento serve. Segundo Weinrib, nem tudo pode ser entendido imanentemente; no entanto, na medida em que as relações jurídicas são um tipo de fenômeno que, dada sua natureza, pode ser assim compreendido, não há necessidade de entendê-las instrumentalmente. Para o formalismo, "o ordenamento jurídico não é a persecução coletiva de um objetivo desejável. Em vez disso, é a especificação de normas e princípios imanentes a relações **juridicamente** inteligíveis."[67] (WEINRIB, 1988, p. 964, destaque e tradução meus).

Em conclusão, Weinrib atualiza a tradicional visão de que o formalismo defende a distinção entre direito e política com base na distinção entre compreensões imanentes (internas ou não instrumentais) e instrumentais/funcionais (externas). Segundo ele, a política é o âmbito de uma racionalidade mais indeterminada, quando comparada ao direito, visto que é o domínio da definição de objetivos coletivos que estão constantemente em debate e mudança.

A separação entre direito e política, tradicionalmente atribuída ao formalismo, ganha em Weinrib um contorno ainda mais marcante, pois, se for possível sustentar a afirmação de que o direito pode e deve ser compreendido imanentemente, qualquer consideração instrumental (externa) será excluída da explicação, pois será imperfeita.

O que Weinrib parece afirmar é que qualquer consideração acerca da função do direito na sociedade – à qual ele se refere também como "função instrumental do direito" ou "externalidade do direito" – seria supérflua para compreender o direito, para determinar do que ele é realmente

[66] Com isso, Weinrib rejeita que o tipo de epistemologia exposta por Kuhn (1998) e Rorty (1979) se aplique ao direito.

[67] No original: "[...] legal ordering is not the collective pursuit of a desirable purpose. Instead, it is the specification of the norms and principles immanent to juridically intelligible relationships."

constituído. Do mesmo modo, parece afirmar que praticamente todas as teorias do direito contemporâneas erram o alvo ao centrarem esforços na determinação das funções que o direito exerce na sociedade.

Desta maneira, o formalismo weinribiano não separa o direito somente da política, mas de qualquer outra esfera de normatividade. Não é sem razão, portanto, que Weinrib eleva a análise econômica do direito à categoria de inimigo teórico privilegiado.[68]

Todavia, Weinrib também rejeita a substituição da racionalidade econômica ou política pela racionalidade moral. O argumento moral, tanto quanto o argumento político ou econômico, pode ser externo à autocompreensão do direito defendida pelo formalismo. (Weinrib, 1995, p. 49). É a externalidade do ponto de vista que, para Weinrib, leva a abordagens inferiores do fenômeno jurídico, e não, necessariamente, sua desconexão com a moral. Assim, anti-instrumentalismo não é sinônimo de abordagem moral.

Weinrib afirma que mesmo uma abordagem que use conceitos notoriamente não instrumentais, como justiça individual (*individual fairness*), ou a concepção kantiana de pessoa como um fim em si mesma, será instrumental se não refletir o caráter, a classe (ou tipo) e a unidade da relação jurídica, isto é, se não refletir sua forma. Se conceitos morais fizerem parte do direito, isso será porque eles mesmos refletem o caráter do direito como uma ordem coerente e autônoma. Se houver moralidade no direito, será uma moralidade que lhe é própria (Weinrib, 1995, p. 50). Estritamente

[68] Quando trata da competição entre abordagens instrumentais *versus* abordagens anti-instrumentais com relação ao direito privado, Weinrib usa como alvo privilegiado a análise econômica do direito e afirma que essa é vulnerável a quatro críticas principais: "Primeiro, abordagens instrumentalistas consideram o direito privado como um meio de promover o agregado de interesses [...] de todos na comunidade; consequentemente, dificilmente se pode esperar que instrumentalistas sejam sensíveis ao nexo direto entre autor e réu. Segundo, porque os objetivos instrumentalistas têm relação com o bem-estar coletivo, naturalmente são levados a explicar o direito privado não como uma ordem moral distintiva, mas como uma variante da regulação pública. Terceiro, o pensamento instrumentalista frequentemente invoca objetivos mutuamente independentes e, assim, provavelmente não conduz a relações de direito privado intrinsecamente unificadas. E, finalmente, o instrumentalismo substitui seu próprio vocabulário pelas noções de direito privado aparentemente morais de razoabilidade, culpa, causa, dever, etc." (Weinrib, 1995, p. 49, tradução minha). É possível observar que essas críticas estão alinhadas com aquelas aplicáveis às concepções instrumentais de direito que apresentei no subitem anterior.

falando, não será sequer moralidade, enquanto âmbito normativo próprio, mas apenas a normatividade específica do direito que com a moral divide certa terminologia e certa conceituação.

2.3. Aplicação do método formalista: duas fases

Neste item 2.3, apresento como Weinrib propõe que seja levada a cabo a aplicação do método formalista do direito. A aplicação do método está dividida em duas fases e corresponde aos critérios que o autor considera fundamentais para construir uma boa teoria do direito, tema que voltará no capítulo 3 subsequente.

Vale lembrar que, para Weinrib, a unidade básica de análise é sempre a relação jurídica e que o método formalista visa compreendê-la como a manifestação de uma forma. Todavia, o método sugere que se deve começar pelo acesso o seu conteúdo.[69] Assim, a primeira fase do processo de intelecção das relações jurídicas em "sistemas jurídicos sofisticados" consiste na identificação de suas características essenciais, partindo-se de uma análise do seu conteúdo, enquanto a segunda fase consiste na avaliação da coerência dessas características, já que a marca distintiva de um sistema jurídico sofisticado é a sua tendência à coerência[70] (WEINRIB, 1988, p. 966).

A primeira fase do processo de intelecção das relações jurídicas em "sistemas jurídicos sofisticados" parte do conteúdo para iniciar a tentativa

[69] Embora a unidade básica seja a "relação jurídica", o propósito do formalismo, ao analisar relações jurídicas particulares, é chegar à forma que está subjacente a todas as relações jurídicas existentes do mundo jurídico com seus mais variados conteúdos. Como ficará claro na sequência, Weinrib concluirá que, analisado todo o universo possível de relações jurídicas com os mais variados conteúdos imaginados, em última instância, elas podem ter duas formas. Assim, o direito, visto sob o ângulo das relações jurídicas, tem duas formas.

[70] Conforme exposto anteriormente, sofisticado é o sistema jurídico que valoriza a coerência e, consequentemente, tende a ela. Ele considerada que os "grandes" sistemas jurídicos, como o de *common law* e o romano-germânico, são exemplos de sistemas que tendem à coerência, ainda que ela se manifeste imperfeitamente e seja, portanto, apenas uma aspiração, sempre por ser alcançada. Assim, para o formalista, a coerência é uma métrica para avaliar o direito positivo. É uma aspiração do direito que atua como uma força centrípeta, atraindo os elementos para que formem uma unidade. Não é toda regra – ou todo conjunto de regras – positivada que satisfaz esse critério, sendo que alguns representam uma força contrária à coesão entre os elementos. Entendo que a responsabilidade objetiva é, na visão de Weinrib, um exemplo desse tipo de regra que falha em contribuir para a realização da aspiração à coerência que tanto *common law* quanto *civil law* incorporam, desagregando os elementos que contribuem para a coerência da responsabilidade civil. Voltarei a esse ponto no capítulo 4 deste livro.

de identificação de aspectos que, plausivelmente, podem ser considerados características essenciais das relações jurídicas em apreço. Esse processo de identificação deve procurar distinguir, das características centrais (essenciais) das relações jurídicas analisadas, as características periféricas, contingentes ou acessórias.

A estratégia sugerida por Weinrib consiste em observar a centralidade que certos aspectos parecem assumir quando se faz referência às relações jurídicas na prática jurídica (*legal experience*), isto é, quando advogados, juízes, promotores falam, discutem e raciocinam juridicamente. Em geral, quando se fala dessas relações jurídicas, quando se argumenta juridicamente fazendo uso delas para explicar uma certa situação fática ou determinar um curso de ação, essas características centrais parecem estar presentes intuitivamente: ou são abertamente invocadas, ou implicitamente pressupostas. Por isso, Weinrib sugere que essas características centrais são intuitivamente plausíveis para aqueles atuando no nível prático, pois o discurso jurídico as incorpora abertamente ou as pressupõe. O trabalho do teórico formalista é explicá-las ou rejeitá-las, não se limitando à mera aceitação dessa intuição inicial, cuja centralidade poderia ser negada simplesmente pela defesa de uma intuição diferente (WEINRIB, 1988, p. 967).

Assim, a segunda fase serve para estabelecer uma instância de teste dessa intuição inicial e para afastar eventuais acusações de que essa intuição serve como camuflagem para posições ideológicas ou que resulta da mera escolha subjetiva do investigador (WEINRIB, 1988, p. 968). Essa instância de controle da primeira fase ocorre por meio do teste da coerência.

A confirmação do caráter essencial dos elementos intuitivamente selecionados na primeira fase será efetuada se esses elementos formarem um conjunto coerente entre si. O formalismo adota a seguinte posição: uma relação inteligível juridicamente, isto é, dentro da esfera de normatividade autônoma que o direito ocupa, consiste em um todo (conjunto de elementos unidos) maior do que a mera justaposição de suas partes (WEINRIB, 1988, p. 968).

Em outras palavras, uma relação será jurídica se for uma unidade coerente em que todos os elementos estão em conexão e inter-relação, e não a mera justaposição de elementos conceitualmente isolados ou inconsistentes entre si. Um elemento que participa coerentemente do todo é um elemento que participa da unidade que torna a relação jurídica inteligível enquanto a relação que é (um "isto", e não um "aquilo) e, portanto, trata-se de uma expressão da forma subjacente à relação jurídica em apreço.

Assim, cada característica inicialmente identificada na primeira fase deve ser um elemento na formação de uma unidade que torna a relação jurídica inteligível como aquilo que "é". Ou seja, cada característica deve coerentemente expressar a forma subjacente àquela relação jurídica (WEINRIB, 1988, p. 968).

Coerência e justificação são duas noções fundamentais para o formalismo: a noção de coerência expressa a interconexão, numa única justificação, de todas as razões justificatórias que são relevantes para uma determinada relação jurídica (WEINRIB, 1995, p. 32).

A forma, como apresentado no subitem 2.2.2, é um "princípio de estrutura" (WEINRIB, 1988, p. 969). Se o direito[71] que governa uma determinada relação jurídica fizer dela um conjunto de elementos coerentes entre si, e não uma mera sucessão de situações *ad hoc*, então será possível identificar nessa relação alguma marca da forma a ela subjacente. Para o formalismo, "[...] a relação jurídica é um organismo conceitual no qual cada componente é significativo como parte de um todo."[72] (WEINRIB, 1988, p. 969, tradução minha).

Como é o caso da maioria de seus exemplos, Weinrib ilustra essas duas fases de aplicação do método formalista por meio de uma situação de direito privado. Ele analisa os componentes que formam a relação jurídica no âmbito da responsabilidade com culpa (*negligence law*).

Como na primeira fase inicia-se pela observação do conteúdo das relações jurídicas, Weinrib sugere que, quando examinamos situação concretas e particulares – por exemplo, um caso de responsabilidade civil por dano moral decorrente de um grave constrangimento público causado pelo estabelecimento A ao cliente B ou de responsabilidade civil por negligência médica do profissional C em relação ao paciente D –, nós os visualizamos com base em alguns conceitos jurídicos mais ou menos fixos e amplos,

[71] Importante lembrar que o direito (ou o fenômeno jurídico) para o formalista é um objeto conceitual que está na mente humana, mas que os materiais jurídicos, que são os meios pelos quais esse conceito ganha existência no mundo, seu substrato fático, consiste num conjunto formado por regras positivadas, instituições jurídicas e seus devidos processos e princípios, conceitos e doutrinas jurídicas etc.

[72] No original: "[...] a juridical relationship is a conceptual organism, in which each component is meaningful as part of a whole."

capazes de dar conta de todos os casos concretos. São eles conceitos como: direito, dever, causa, culpa, nexo de causalidade etc.

Esses conceitos, por sua vez, também são concebidos à luz de noções ainda mais abrangentes. Por exemplo, nos casos de responsabilidade por negligência no sistema de *common law*, o nexo de causalidade só é estabelecido quando há uma ação que resulta em dano (*misfeasance*),[73] e não em situações de omissão (*nonfeasance*).[74] Logo, o conceito de dano circunscreve todo um conjunto de fenômenos. Do ponto de vista institucional, observa-se que as partes podem levar seus pleitos à presença de um juiz (uma terceira parte teoricamente imparcial e desinteressada) fazendo uso desse conjunto de regras e conceitos jurídicos e que, se acolhido o pedido do autor, o juiz imporá que o réu transfira àquele uma certa soma.

Essas características doutrinárias, conceituais e institucionais são, segundo Weinrib, "coisas a respeito das quais os advogados discutem"[75] (Weinrib, 1988, p. 967, tradução minha). A relevância dessas características não está na frequência estatística em que aparecem no discurso jurídico, mas no fato de ser por meio delas que pensamos, elaboramos e participamos do direito (Weinrib, 1988, p. 967). É por meio desses elementos que podemos entender o direito, pois nós o pensamos com base neles e por intermédio deles.

Weinrib compara esses elementos a amarras às quais o pensamento jurídico está, de certa forma, preso. Ele explica que a fama angariada por inovações doutrinárias que se afastam dessas "amarras" – por exemplo, "[...] a análise econômica da responsabilidade civil que, pelo uso do teorema de Coase, ignore a distinção entre omissão e a ação danosa [...]" – se explica pela "[...] euforia que produzem exatamente por se liberarem dessas amarras do que normalmente é aceito pelo pensamento jurídico."[76] (Weinrib,

[73] *Misfeasance* é o desempenho impróprio de algum ato que a lei faculta ou a má execução de um ato lícito (Misfeasance, 2004).

[74] *Nonfeasance* é a omissão quando existe o dever de agir. Trata-se de inação, conduta passiva em oposição à ação que se conduz erradamente, que é chamada de *misfeasance* (Misfeasance, 2004).

[75] No original: "These features form the stuff of lawyer's talk."

[76] O trecho original faz referência à distinção entre *nonfeasance* e *misfeasance* de que tratamos anteriormente: "[...] the economic analysis of tort law can, through its use of Coase's theorem, ignore the distinction between nonfeasance and misfeasanse [...] exhilaration they produce precisely because they float free of the moorings generally accepted for legal understanding." (Weinrib, 1988, p. 968).

1988, p. 968, tradução minha). O que Weinrib quer mostrar é que essa libertação não é necessariamente boa e que, embora ganhem espaço, por seu inicial apelo intuitivo, essas inovações não resistem ao teste da coerência.

Valendo-se ainda do mesmo exemplo, com relação à segunda fase do método formalista, Weinrib afirma que muitos dos elementos fundamentais identificados na primeira fase para explicar a relação jurídica de responsabilidade civil com culpa parecem exemplificar um único tema: que a relação entre o ofendido e o ofensor é bipolar[77] (WEINRIB, 1988, p. 969).

A análise da jurisprudência dos tribunais e de regras, princípios, padrões e conceitos que estes desenvolvem nos leva à identificação das seguintes ideias centrais: presença de direito e dever correlatos, culpa, indagação sobre o nexo de causalidade entre ação e dano com considerações acerca da causalidade fática, causa próxima e causa remota e a ideia de que o tribunal (juiz) deve atribuir uma medida corretiva (reparadora), uma indenização, que guarde relação com o dano. Segundo Weinrib, todos esses elementos sugerem que "[...] a bipolaridade é a chave para a coerência na responsabilidade com culpa."[78] (WEINRIB, 1988, p. 969, tradução minha). Se analisados cuidadosamente, observa-se que todos os elementos citados ligam as duas partes envolvidas – que estão em polos opostos, visto que dotadas de interesses distintos – por meio de conceitos estruturados correlativamente.

A ideia de que os elementos de uma relação jurídica são como um "organismo conceitual" (*conceptual organism*) significa que cada um desses elementos (culpa, nexo de causalidade, dano etc.) tem seu significado conceitualmente atribuído como parte em um todo e que o funcionamento de um elemento somente pode ser compreendido em sua inteireza como uma parte nesse todo, ou seja, à luz do todo.

[77] Weinrib sugere que é possível indagar sobre a justificativa de qualquer um dos elementos de uma relação jurídica de responsabilidade civil, tais como, (i) por que o procedimento judicial liga um autor e um réu específicos; (ii) por que o estabelecimento do nexo de causalidade é considerado uma precondição para a responsabilização; (iii) por que a culpa, na responsabilidade com culpa (ou aquiliana) não pode se basear num padrão subjetivo relativo à capacidade do réu, mas sim num padrão objetivo de conduta (padrão do homem médio ou do *reasonable man*); ou ainda (iv) por que o réu, se condenado, deve pagar um valor que seja equivalente ao dano sofrido pelo autor (WEINRIB, 1995, p. 32-33). Para o formalismo, as respostas a essas indagações todas devem ser coerentes entre si, ficando patente, portanto, que partilham de uma mesma forma (estrutura interna de justificação).

[78] No original: "[...] bipolarity is the key to the coherence of negligence law."

Para tornar mais claro esse ponto, Weinrib faz uma afirmação que será fundamental para a compreensão de sua posição acerca da responsabilidade objetiva. Diz ele, ainda acerca da responsabilidade com culpa, que "se, por exemplo, culpa e causalidade são tão essenciais quanto a doutrina de responsabilidade civil assume, um complementará o outro, e a relação entre ofensor e vítima será ininteligível sem ambas."[79] (WEINRIB, 1988, p. 969, tradução minha).

Aqui, no entanto, é importante observar que há um salto na linha de argumentação. Weinrib começa seu exemplo com *negligence law*, que aqui traduzi por "responsabilidade com culpa". Após a aplicação das duas fases do método formalista, chega-se a dois subprodutos: (i) uma lista de elementos conceituais para parecem intuitivamente centrais e também (ii) a eleição do elemento bipolaridade como o teste específico de coerência para comprovar que os elementos selecionados na primeira fase são os corretos.

De fato, é possível argumentar que todos os elementos enumerados na primeira fase podem ser compreendidos com base na ideia de bipolaridade. Todavia, Weinrib extrai uma conclusão mais ampla desse processo. Ele afirma que:

> Uma concepção de responsabilidade extracontratual na qual o autor pode ser indenizado pelo réu pelo dano na ausência de ilícito ou na qual o réu é responsável em relação ao autor por uma ofensa que não se materializa em dano seria uma "**monstruosidade conceitual**" produzida pelo despedaçamento dos aspectos que – assim é assumido – para essa relação tem significado somente em combinação.[80] (WEINRIB, 1988, p. 969, destaques e tradução meus).

Dois pontos chamam a atenção nessa passagem. O primeiro é que, para o formalismo, não apenas na responsabilidade com culpa (*negligence law*), mas na responsabilidade civil em geral (*tort law*), todos os elementos acima enumerados devem estar presentes. Como exposto anteriormente, uma

[79] No original: "If, for example, fault and causation are as essential as tort doctrine assumes, each will compliment the other, and the relationship of tortfeasor and victim will be unintelligible without both."

[80] No original: "A conception of tort liability in which the plaintiff can recover from the defendant for injury in the absence of wrongdoing, or in which the defendant is liable to the plaintiff for a wrong that does not materialize in injury, would be a "**conceptual monstrosity**" produced by the hacking apart of aspects that for this relationship have – so it is assumed – significance only in combination."

"monstruosidade conceitual" diz respeito a algo que até pode existir no mundo jurídico, mas que não pode ser concebido, do ponto de vista estritamente conceitual, como uma unidade coerente. Para a teoria formalista do direito, afirmar que algo é uma monstruosidade conceitual equivale a afirmar que algo é ininteligível.[81]

Seguindo no exemplo de responsabilidade civil, ele acrescenta que, se for possível inteligir uma determinada relação jurídica mesmo em face da exclusão ou da omissão de um determinado elemento desse organismo conceitual, isso será um indicativo de que tal elemento, na verdade, não era um elemento essencial. Por outro lado, a exclusão de um elemento essencial significará a criação de uma "monstruosidade conceitual" ou o cometimento de "erro jurídico" (Weinrib, 1988, p. 969-970).

Weinrib argumenta que esse é exatamente o caso da questão da capacidade financeira do autor e do réu (*deep pocket*). Os elementos riqueza e pobreza relativa das partes podem ser excluídos ou omitidos da consideração da relação jurídica de responsabilidade civil sem que ela se torne ininteligível, pois ela continua um todo orgânico. Esse seria um indicativo de que capacidade financeira não é um elemento essencial da apreciação conceitual da relação jurídica de responsabilidade civil e que não apenas pode, mas deve ser excluído da consideração da relação entre as partes.

Todavia, é importante refletir sobre um segundo ponto da passagem reproduzida, o "assim é assumido" do trecho. A questão aqui é indagar se o ponto de partida da análise formalista não altera o resultado. Weinrib parece sugerir que sua abordagem taxonômica dos conceitos jurídicos[82] não se alteraria por vieses do classificador. No entanto, não me parece automático ou autoevidente que se o teórico formalista começasse a aplicar as duas fases do método proposto a uma relação de responsabilidade objetiva ele chegaria às mesmas conclusões. O que o autoriza a considerar certos elementos de responsabilidade com culpa como pontos fixos para sua análise e o que permite um olhar que desautoriza outras instâncias da

[81] Conforme apresentado, Weinrib entende que uma "monstruosidade conceitual" é algo concebível pelo intelecto, isto é, algo que pode ser representado na mente do sujeito pensante como um objeto meramente psicológico, mas que falha em ser uma unidade coerente (Oakeshott, 1933 apud Weinrib, 1988, p. 969-970).

[82] Como exposto anteriormente, John Stick sustenta exatamente este ponto: o formalismo weinribiano não considera que a perspectiva do investigador possa alterar o resultado da classificação (Stick, 1992, p. 778).

prática de responsabilidade civil não está totalmente claro. Voltarei novamente a esse ponto.

De qualquer maneira, Weinrib tenta se resguardar dessa crítica afirmando que a segunda fase do método é desenhada exatamente para anular possíveis vieses, fruto de uma intuição errônea. Diz ele que a premissa formalista de que cada relação jurídica carrega em si uma forma imanentemente unificada permite que a compreensão interna do direito proposta pelo método formalista vá além da seleção intuitiva das características centrais proposta na primeira fase da aplicação do método (Weinrib, 1988, p. 974). Ainda assim, isso não altera o problema colocado: como garantir que o ponto de partida escolhido – supostamente de forma aleatória, pois não deveria alterar o resultado – não condiciona o teórico de forma a ver, naquele ponto de partida, um ponto fixo para depois criticar outras partes da prática? Como garantir que isso não seria diferente se ele, simplesmente, tivesse iniciado por outra parte?

Para Weinrib, é a estrutura internamente coerente – a forma – que fornece o ponto fixo para a inteligibilidade – também interna – do direito. Tendo a forma como referência é possível verificar se as características tidas como centrais no direito articulam-se coerentemente, de modo a serem condizentes com aquela forma (Weinrib, 1988, p. 974). Assim, o formalista precisa primeiramente chegar a essa forma subjacente às características centrais e, posteriormente, verificar se as características são realmente centrais por referência à forma. Trata-se de um movimento circular: primeiro, identificam-se as características centrais com base no conteúdo do direito para, por um processo mental de regressão a níveis de conceitos cada vez mais abrangentes e abstratos, se chegar à explicitação da forma subjacente a elas; no momento seguinte, verifica-se se a identificação inicial estava correta, tendo a forma como referência[83] (Weinrib, 1988, p. 974).

Assim, o processo de intelecção do direito está completo quando sua forma é exibida e seu conteúdo se ajusta coerentemente a essa forma num movimento de reforço mútuo. Como exposto anteriormente, a experiência jurídica, isto é, a efetiva prática do direito, tem um papel importante,

[83] O próprio Weinrib afirma que esse movimento é circular. Diz ele que se trata de um círculo de pensamento que vai "do conteúdo do direito para a compreensão jurídica imediata desse conteúdo, para a forma implícita nessa compreensão, para a explícita elucidação da forma, para o teste da adequação do conteúdo a sua forma agora explícita." (Weinrib, 1988, p. 974, tradução minha).

ainda que provisório, no processo de identificação inicial dos elementos do direito. Todavia, se esses elementos forem realmente fundamentais, eles serão as partes de uma unidade distintiva que faz das relações jurídicas o que elas são. Weinrib conclui, a esse respeito, que: "Forma é a ideia organizadora latente no conteúdo de uma cultura jurídica sofisticada e o teste último para o conteúdo jurídico e a sua adequação à forma que expressa. Nesse movimento, a compreensão do direito é completamente interna ao que é compreendido."[84] (WEINRIB, 1988, p. 974, tradução minha).

2.3.1. Observações sobre a coerência

As afirmações anteriores devem ser lidas à luz da posição defendida por Weinrib de que, nos sistemas jurídicos sofisticados, o direito tem como aspiração a constante busca por coerência interna. Deste modo, se a forma subjacente a qualquer coisa pode ser percebida observando-se o caráter, a classe (ou tipo) e a unidade, a coerência interna diz respeito à integração (unidade) do caráter, isto é, das características essenciais que compõem a forma.

Weinrib distingue dois tipos de unidade: a unidade acidental, que se encontra nos artefatos humanos, como no exemplo da mesa tratado anteriormente, na qual seus elementos formadores são independentes uns dos outros e integralmente compreensíveis isoladamente; e a unidade intrínseca, em que os elementos formadores compõem um todo que é maior do que a mera justaposição de suas partes. Nesse segundo tipo de unidade, os elementos formadores só são compreensíveis à luz do papel que desempenham na formação do todo. É somente na unidade intrínseca que os elementos constitutivos exibem uma ordem coerente e, portanto, apoiam-se mutuamente formando uma única ideia que perpassa o fenômeno todo (WEINRIB, 1995, p. 34).

No caso das relações jurídicas, vistas como artefatos conceituais, é necessário uma noção estrita de unidade intrínseca que é fornecida por uma concepção muito particular de coerência (WEINRIB, 1995, p. 30). A unidade intrínseca que a ideia de coerência representa impõe que os elementos essenciais (ou centrais) da relação jurídica tenham uma certa conexão entre si, de maneira que a inteligibilidade de cada elemento dependa da inteligibilidade dos demais e que a concepção das partes não seja pos-

[84] No original: "[...] Form is the organizing idea latent in the content of a sophisticated legal culture, and the ultimate test form legal content is its adequacy to the form it expresses. In this movement the understanding of law is completely internal to what it understands."

sível sem referência ao todo, ou seja, o todo seja maior do que o mero agrupamento das partes.

2.3.1.1. Formalismo e essencialismo

Embora as premissas do formalismo, aliadas à descrição do método formalista e ao uso constante do termo "características essenciais" por Weinrib, possa levar o intérprete a considerar o formalismo uma versão do essencialismo, aquele considera essa leitura do formalismo um equívoco (WEINRIB, 1995, p. 30-31).

Segundo o autor, uma teoria essencialista defende que o teste último para a compreensão do que certa entidade é (um "isto", e não um "aquilo") será o teste de presença ou ausência de certas características[85] (WEINRIB, 1995, p. 30). A presença de certas características fornecerá a medida última para a compreensão da coisa "X" como "X". A ausência de uma ou mais características implicará a conclusão de que não se trata da coisa "X", mas de entidade diversa, digamos, "Y".

A diferença entre o formalismo e o essencialismo, segundo Weinrib, está justamente na primazia que o primeiro atribui ao papel da coerência. No formalismo, a unidade tem precedência sobre os demais elementos da forma (classe/tipo e caráter), enquanto no essencialismo o caráter tem precedência sobre os demais elementos da forma (classe/tipo e unidade).

Em termos essencialistas, uma relação jurídica seria uma entidade "essencialmente" dotada de certas propriedades que, tomadas em conjunto, constituiriam o critério de inteligibilidade da relação. Ter certas "propriedades essencialmente" equivale, nas palavras de Weinrib, a "não deixar de ter essas propriedades". Ele afirmar que "[...] se deixasse [de ter essas propriedades], não seria a entidade que inicialmente pensamos que era"[86] (WEINRIB, 1995, p. 30, tradução minha).

[85] Da maneira como Weinrib apresenta o argumento essencialista, em dois breves parágrafos, não fica claro se o autor está negando que haja essências (posição ontológica) ou apenas se está negando que seja pelas características essenciais que se compreende, em última instância, o que determinada coisa é (posição epistemológica). Como está tratando da inteligibilidade das relações jurídicas, parece-me que ele não está se posicionando sobre o essencialismo enquanto teoria metafísica, mas sim opondo formalismo e essencialismo no segundo sentido, enquanto posições epistemológicas distintas. Voltarei a esse ponto no capítulo 5.

[86] No original: "[...] it could not fail to have those properties; if it did so fail, it would not be the entity we initially thought it was."

Weinrib, no entanto, não nos fornece nenhum exemplo para tornar as diferenças entre a posição essencialista e o formalismo mais palpáveis, nem explora as implicações de uma tal concepção essencialista das relações jurídicas. Ele apenas afirma que não é assim que o formalismo entende as relações jurídicas, deixando a seu leitor a tarefa de preencher as lacunas argumentativas acerca do porquê de o formalismo estar correto e o essencialismo, errado.

No caso das relações jurídicas, a visão formalista defende que a coerência tem primazia sobre os demais elementos da forma (caráter e classe/tipo) e que uma determinada lista de características (caráter) não será o critério último de inteligibilidade jurídica. Essa lista de características só ganha relevância na medida em que seus elementos convirjam para uma unidade coerente, ainda que, na realidade, essa convergência não seja total e que, portanto, as tentativas de alcançar o critério de coerência sejam incompletas ou equivocadas.

Ainda que Weinrib contraponha formalismo e essencialismo e, em breves linhas, descarte a segunda alternativa em prol da primazia da coerência como o critério último para a intelecção das relações jurídicas, não está clara a diferença prática entre as duas alternativas nem a razão pela qual a primazia do elemento da forma relativo à unidade, que é a coerência, tornaria o formalismo correto ou melhor que o suposto essencialismo, que dá primazia ao elemento da forma relativo às características essenciais (caráter).

Apesar disso, a consequência que Weinrib extrai dessa contraposição é bastante relevante para o conjunto de suas teses: se essas características mais importantes de uma determinada relação jurídica desafiarem completamente a coerência interna e não mostrarem qualquer indicativo de estarem buscando a coerência, não poderemos sequer compreendê-las como fenômeno jurídico, ou seja, elas estarão fora do direito. Então, a presença ou ausência de características específicas não é um problema para o formalismo, como seria para o essencialismo, mas, globalmente e no limite, a persistente incoerência seria? Isso só pode estar fundamentado na ideia de que essa concepção de coerência defendida pelo formalismo weinribiano é, de alguma forma, necessária. No próximo subitem, 2.3.1.2, analiso como Weinrib justifica o critério de coerência adotado pelo formalismo como necessário.

2.3.1.2. Coerência como critério de verdade

Neste subitem esclareço quais são as principais implicações dessa concepção de coerência e apresento as razões para Weinrib assumir que tal concepção é necessária. Nos termos já expostos, sabe-se que Weinrib argumenta que essa concepção de coerência é importante para a inteligibilidade jurídica, mas, ainda que se considere que a primeira parte da afirmação é plenamente satisfatória e bem fundamentada, caberia ainda indagar: seria essa concepção de coerência também necessária?

Julgamentos de importância e necessidade são distintos e, assim, é possível imaginar uma situação em que, apesar de importante, por fornecer uma visão interessante do fenômeno sob análise, esse critério de coerência não seja necessário e possa ser substituído por outro que leve a uma melhor compreensão do direito. Dessa maneira, seria afastada a ideia esposada por Weinrib de que o formalismo é a melhor (e possivelmente a única) maneira de compreender corretamente o que o direito realmente é.

Sabe-se que o formalismo defende que a noção de unidade revelada pela noção de forma jurídica não é de unidade acidental, mas sim uma noção de unidade intrínseca que envolve uma concepção extremamente ambiciosa de coerência: a ideia de que os elementos da forma jurídica não são somente consistentes ou não contraditórios, mas estão no mesmo plano epistemológico e formam um todo – um conjunto justificatório integrado –, ganhando significado e importância somente enquanto partes desse todo; cada um deles tendo uma existência que não é indiferente em relação à existência dos demais, mas dependente desta[87] (Weinrib, 1995, p. 29-33).

Para fins pedagógicos, as partes que compõem essa estrutura até podem ser estudadas separadamente, exatamente como propõe o índice de um livro de dogmática jurídica. Mas o estudo das partes separadamente não é capaz de captar sua vitalidade, que é dada por sua dependência do todo (Weinrib, 1988, p. 970). A forma jurídica é a estrutura que integra essas

[87] Como vimos no subitem anterior, Weinrib distingue dois tipos de unidade: a unidade acidental, que se encontra nos artefatos humanos, na qual os elementos formadores são independentes uns dos outros e integralmente compreensíveis isoladamente, e a unidade intrínseca, em que os elementos formadores formam um todo que é maior do que a mera justaposição das partes e que só são compreensíveis à luz do papel que desempenham na formação do todo. É somente na unidade intrínseca que os elementos constitutivos exibem uma ordem coerente e, portanto, apoiam-se mutuamente, formando uma única ideia que perpassa o fenômeno todo (Weinrib, 1995, p. 34).

partes coerentemente ou, nas palavras de Weinrib, é "[...] uma estrutura justificatória única que abraça os aspectos conceituais e institucionais essenciais à compreensão da relação jurídica."[88] (Weinrib, 1988, p. 970, tradução minha).

Coerência e justificação caminham lado a lado em mútuo reforço. Numa relação jurídica que incorpore a noção de unidade intrínseca, isto é, que passe no teste da coerência, as considerações que justificam os vários aspectos da relação não desempenham seu papel justificatório isoladamente dos demais aspectos (Weinrib, 1995, p. 34).

Ao responder à crítica de Ken Kress (1993) que contesta a ideia de que justificações precisam ser coerentes nos moldes da coerência formalista, Weinrib afirma que se indagar se a coerência é algo desejável é, no mínimo, curioso, pois ele sequer compreende como é possível pensar uma justificação que efetivamente cumpra seu papel justificatório em face de outras possíveis justificações de maneira incoerente (Weinrib, 1993b, p. 695-696).

Essa relação entre coerência e justificação é ilustrada pela rejeição à justificação da responsabilidade civil com base no princípio de distribuição do prejuízo (*loss-spreading*). Segundo os defensores dessa corrente, os tribunais deveriam considerar a responsabilidade civil como um mecanismo para a distribuição do ônus do prejuízo sofrido pela vítima entre o maior número possível de pessoas (Calabresi, 1970). Por trás dessa justificativa há um argumento econômico que tem um forte apelo intuitivo: esse esquema de distribuição leva à diminuição da utilidade marginal do dinheiro por meio da pulverização do ônus financeiro gerado pelo prejuízo entre uma grande quantidade de pessoas. Assim, ninguém arca isoladamente com um grande valor.[89]

[88] "A legal form is a single justificatory structure that embraces the conceptual and institutional aspects essential to the understanding of a juridical relationship."

[89] Num famoso caso de responsabilidade objetiva nos Estados Unidos, *Escola v. Coca-Cola Bottling Co.*, Justice Traynor assim definiu o princípio: "[...] o custo de uma lesão ou perda da saúde ou tempo pode ser um infortúnio avassalador para a pessoa ferida, e um [infortúnio] desnecessário, porque o risco da lesão pode ser segurado pelo fabricante e distribuído entre os consumidores como um custo do negócio." No original: "[...] the cost of an injury and the loss of health and time may be an overwhelming misfortune to the person injured, and a needless one, for the risk of injury can be insured by the manufacturer and distributed among the public as a cost of doing business." (Voto do Juiz Traynor em *Escola v. Coca-Cola Bottling Co.* [1944], 24 Cal. 2d 543 apud Weinrib, 1995, p. 36, tradução minha).

Weinrib lembra que o princípio econômico por trás dessa justificativa é condizente com a decisão, como uma medida de política pública, de criação de seguros sociais para cobrir eventos tais como acidentes, tradicionalmente cobertos pela responsabilidade civil, e também é condizente com a criação de esquemas de redistribuição de riqueza por meio de impostos progressivos. No entanto, ele afirma que há quem defenda que esse esquema é compatível com a estrutura da responsabilidade civil baseada na solução de controvérsias pelos tribunais, especialmente porque essa justificativa não está orientada a criar um novo padrão de riqueza, mas apenas restabelecer a distribuição afetada pela causação do dano (Weinrib, 1988, p. 970).

No entanto, o formalista nega que essa justificativa para a responsabilidade civil seja uma união coerente entre o conjunto de regras e conceitos doutrinários aplicáveis aos casos concretos e o arcabouço institucional baseado na ideia de solução de conflitos por um juiz ou tribunal (Weinrib, 1988, p. 970-971). Isso porque a estrutura institucional de solução dos litígios de responsabilidade civil é bipolar. Ela pressupõe duas partes dotadas de interesses distintos (situadas em polos opostos) e um juiz, que representa o terceiro desinteressado, que decide a demanda. Qualquer justificação aplicada dentro dessa estrutura institucional terá seu alcance limitado àquelas duas partes. No entanto, o alcance justificatório do princípio de distribuição do prejuízo (*loss-spreading*) avança sobre um conjunto maior de pessoas, não se restringindo somente ao réu, abarcando, teoricamente, todos aqueles que, por uma razão ou outra – em geral, por uma razão política ligada a algum princípio de solidariedade social –, estão em posição de arcar com a distribuição daquele prejuízo.[90]

Deste modo, a força justificatória do princípio da distribuição do prejuízo (*loss-spreading*) tem seu alcance limitado pela estrutura institucional típica da responsabilidade civil, baseada num processo com duas partes, autor e réu, e na adjudicação levada a cabo por um juiz (Weinrib, 1988, p. 971).

[90] Quando aplicado à estrutura da responsabilidade civil, o princípio da distribuição do prejuízo (*loss-spreading*) é sobreinclusivo, isto é, sua força normativa naturalmente abrange outras partes para além do autor e do réu, sendo necessária uma justificativa secundária para restringir sua aplicação à estrutura bipolar típica do processo judicial que soluciona esse tipo de litígio que quebra a unidade intrínseca que o formalismo considera ser possível encontrar. Situações de subinclusão, quando há princípios cuja força normativa se limita a uma das partes, também devem ser rejeitados (Weinrib, 1995, p. 35).

Como fica patente pelo nome que assume na tradução para o português, o princípio da distribuição do prejuízo (*loss-spreading*), com seu ímpeto distributivo, não apresenta limites justificatórios coincidentes com os da responsabilidade civil, baseada na justiça corretiva. Em suma, o princípio da distribuição do prejuízo (*loss-spreading*) não é coerente com as características fundamentais da responsabilidade civil, não servindo como uma justificativa apropriada.

É preciso também considerar que, no sentido contrário, é a responsabilidade civil que não é coerente com o princípio da distribuição do prejuízo (*loss-spreading*), pois a ideia de que certas quantias monetárias devem ser exigidas de um grande número de pessoas para o benefício de alguns, de modo a espalhar o ônus do prejuízo sofrido quando uma perda significativa acontece, não é pertinente exclusivamente ao campo dos danos civis. Por permitir uma estrutura institucional desenhada para contemplar múltiplas partes, sistemas de seguro social, seja para acidentes, seja para outros tipos de eventos cujo custo deve ser pulverizado para toda a sociedade ou para uma parte dela, são perfeitamente coerentes com o princípio do prejuízo (*loss-spreading*).

Vale destacar que, assim como o formalismo é uma teoria que rejeita abordagens instrumentalistas/funcionalistas do direito, sua rejeição ao princípio da distribuição do prejuízo (*loss-spreading*) como justificativa da responsabilidade civil não está baseada em seu mérito. A questão, para o formalista, é mostrar que a combinação entre o princípio da distribuição do prejuízo (*loss-spreading*) e a estrutura institucional contemporânea da responsabilidade civil (adjudicação por um juiz de um litígio entre duas partes) é incoerente, pois a dimensão justificatória do primeiro é arbitrariamente diminuída pela estrutura da segunda, o que indica que não são aspectos de uma mesma forma jurídica (Weinrib, 1988, p. 971).

Como o formalismo defende que deve haver coerência interna entre os vários elementos de um determinado ramo do direito (com suas regras, seus princípios, seus conceitos doutrinários etc.) e as estruturas justificatórias do direito, conclui-se que o princípio da distribuição do prejuízo (*loss-spreading*) não fornece uma justificação adequada para a responsabilidade civil. Ao revés, a responsabilidade civil também não pode fornecer a estrutura institucional e conceitual adequada para a materialização do princípio da distribuição do prejuízo (*loss-spreading*).

Portanto, o formalista não está interessado em julgar o mérito substantivo do princípio em questão. Em tese, uma defesa do princípio da distribuição de prejuízos (*loss-spreading*) como orientador da organização de um determinado extrato da vida social – por exemplo, a organização de um fundo de acidentes pessoais para o qual todos os membros da sociedade contribuem com uma quantia periodicamente – é compatível com a posição formalista de que tal princípio é incoerente com a responsabilidade civil.

Isso porque o intuito da teoria formalista não é avaliar a superioridade moral ou da utilidade social de um tipo de arranjo social sobre outro, mas sim fornecer um arcabouço teórico para analisar a correção de diferentes arranjos com base em si mesmo, internamente. Assim, é possível afirmar que o formalismo jurídico weinribiano é uma teoria voltada apenas para a análise da justiça interna e formal do direito. O formalismo jurídico, então, não pretende estabelecer uma ponte com a teoria política. A afirmação de que direito e política são esferas de normatividade distintas marca o tom da análise formalista: seu objetivo é auxiliar na demarcação do território do que é exclusivamente jurídico.

Segundo Weinrib, o formalista não é um liberal libertário contrário ao princípio da distribuição do prejuízo (*loss-spreading*) na responsabilidade civil por ser ideologicamente contrário ao uso da máquina estatal para a criação de qualquer tipo de esquema de redistribuição de riqueza de alguns membros da sociedade para outros. Também não seria contra uma substituição completa do sistema de responsabilidade civil por um grande esquema de seguro social, tal como ocorreu na Nova Zelândia, pois os julgamentos formalistas não se dão em termos substantivos.

O foco do formalista não é ser a favor ou contra um determinado esquema de distribuição de riqueza enquanto uma política pública, isto é, a questão não é rejeitar ou desejar substantivamente tais esquemas. A questão central, para o formalista, é avaliar se tais princípios ou elementos podem ser coerentemente integrados em um conjunto justificatório. Se eles circunscrevem um conteúdo desejável ou indesejável é um problema para o qual o formalista não pretende fornecer uma resposta[91] (WEINRIB, 1988, p. 973).

[91] Todavia, isso gera uma situação paradoxal, para a qual Weinrib não propõe uma solução: se formos persuadidos pelo argumento de que o formalismo é realmente tudo o que a teoria do direito deve ser, em termos do conhecimento do direito, a discussão do mérito do conteúdo do direito estará inteiramente relegada ao plano "externo" ao direito. A discussão do mérito do direito seria, então, um trabalho a ser levado a cabo pela ciência política, e não pela filosofia do direito? Acredito que essa seria uma leitura aceitável, conquanto extrema, das consequências

Nesse contexto, Weinrib explica que "[...] a coerência é o critério de verdade para a compreensão formalista de uma relação jurídica."[92] (Weinrib, 1988, p. 972, tradução minha). Isso significa que, enquanto para um positivista há um procedimento de transformação de material não jurídico em jurídico que estampa nesse material um selo de validade, para o formalista o que marca o material jurídico como jurídico é a tendência de seus elementos constitutivos à coerência interna.

Do ponto de vista do formalismo, o direito deve constantemente aspirar à coerência. Logo, o ponto não é tanto esclarecer se o direito positivo necessariamente é coerente sempre, em todos os seus elementos e em todas as suas justificações, mas que tal coerência é passível de ser alcançada e, claro, deve sempre ser perseguida. Desse modo, "[...] o direito positivo é inteligível, na medida em que [a coerência] é atingida, ou defeituoso, na medida em que não é."[93] (Weinrib, 1988, p. 972, tradução minha).[94] A coerência com as formas é a medida do sucesso do direito positivo e também afeta nossa capacidade de compreensão do direito, pois fornece o padrão para a inteligibilidade especificamente jurídica das relações jurídicas (Weinrib, 1995, p. 43).

A coerência permite confirmar ou negar a essencialidade de certa característica, pois, como no caso do princípio da distribuição do prejuízo (*loss-spreading*), se um elemento não se conecta com os outros sem que isso implique diminuição de sua força justificatória, então ele não é um elemento essencial da responsabilidade civil (Weinrib, 1988, p. 972, 1995, p. 43).

De acordo com Weinrib, a coerência é um conceito inerentemente expansivo. Uma vez encarada a coerência como uma aspiração, observa-se que se trata de um conceito que resiste à compartimentação e que sempre pode abranger mais elementos e circunstâncias: de um incidente particular (A bate no carro de B) para toda uma área do direito, como a responsabi-

do formalismo, a qual Weinrib provavelmente ficaria reticente em endossar. No entanto, ele também não fornece nenhum elemento em sentido contrário, ao deixar de esclarecer a quem caberia e em que momento seria correto e oportuno discutir o mérito dos conteúdos jurídicos.

92 No original: "Coherence is the criterion of truth for the formalist understanding of a juridical relationship."

93 No original: "[...] positive law is intelligible to the extent that it is achieved and defective to the extent that it is not."

94 Ver também Weinrib (1995, p. 42-43).

lidade civil, desta para um ramo mais amplo, como o direito privado, e daí até englobar o direito como um todo.

Portanto, a coerência imposta pelo ajuste à forma do direito opera vertical e horizontalmente. A coerência não atua apenas dentro de uma determinada relação jurídica, isto é, como sua força atuando verticalmente numa dada relação, mas a coerência opera também horizontalmente entre relações jurídicas, permitindo o agrupamento delas em categorias cada vez mais amplas, como ocorre no caso do conjunto das relações jurídicas de responsabilidade civil e no exemplo da distribuição do prejuízo (*loss-spreading*). Trata-se do entrelaçamento de dois aspectos da forma: unidade e tipo (ou classe). Assim, se é a coerência que fornece a medida da inteligibilidade de uma relação jurídica e se ela é inerentemente expansiva, "Quanto maior o alcance da coerência, mais profunda é a compreensão da relação jurídica."[95] (Weinrib, 1988, p. 972, tradução minha).

No entanto, o que autoriza o formalista a considerar a coerência o critério de verdade de uma relação jurídica? A resposta de Weinrib para essa indagação é que:

> A razão pela qual a coerência funciona como o critério de verdade é que a forma jurídica se ocupa da inteligibilidade imanente. Essa inteligibilidade não pode ser validada por nada fora de si mesma, senão não será mais imanente. O formalismo, consequentemente, nega que a coerência jurídica possa ser comprometida por causa de algum fim extrínseco, não importando quão desejável seja.[96] (Weinrib, 1988, p. 972-973, tradução minha).

O que se percebe é que Weinrib atrela a sorte da coerência como critério de verdade à sorte de outra tese fundamental do formalismo: a da superioridade da inteligibilidade interna.[97]

[95] No original: "The greater the reach of that coherence, the more profound the understanding of the juridical relationship."

[96] No original: "The reason coherence functions as the criterion of truth is that legal form is concerned with immanent intelligibility. Such an intelligibility cannot be validated by anything outside itself, for then it would no longer be immanent. Formalism thus denies that juridical coherence can properly be compromised for the sake of some extrinsic end, however desirable."

[97] Segundo Weinrib, a coerência importa porque é essencial para a justificação, o que é outra maneira de tratar da inteligibilidade interna, pois a justificação também deverá ser interna (Weinrib, 1995, p. 38).

A argumentação procede da seguinte maneira: (i) a melhor maneira de se conhecer alguma coisa, inclusive o direito, é com base em justificações que não dependam de outras justificações, eliminando a "dança das cadeiras" ou a referência constante a algo fora da coisa para justificá-la – portanto, o formalismo defende a inteligibilidade imanente do direito como a melhor maneira de compreendê-lo; (ii) nos sistemas jurídicos sofisticados, o direito aspira à coerência; (iii) a forma é objeto conceitual que unifica imanentemente um determinado conjunto de características jurídicas; e (iv) se o conhecimento do direito deve ser interno ao próprio direito, se a coerência com a forma é a métrica para se estabelecer se determinada justificação jurídica é boa ou não ou, como diz Weinrib (1988, p. 973, tradução minha), "[...] o julgamento acerca da inteligibilidade pode fluir apenas com base nessa unidade.",[98] isto é, a coerência com a forma é a métrica para a avaliação do direito, a coerência também deve ser interna ao direito e, portanto, as justificações cabíveis deverão ser sempre internas ao direito, não podendo ser fundamentadas em "fins extrínsecos" ao direito.

Assim, o que Weinrib afirma é que a coerência é um pressuposto tanto da inteligibilidade quanto da justificação do direito (Weinrib, 1995, p. 38). A inteligibilidade interna e a coerência se apoiam mutuamente. Logo, as justificações também devem ser internas ao próprio direito. Essa circularidade não é vista como um problema, pois, sendo consequência da natureza autocontida da inteligibilidade defendida pelo formalismo, Weinrib considera-a um ponto positivo da teoria, e não uma fraqueza. A circularidade seria inerente à imanência, enquanto a não circularidade equivaleria à procura pela intelecção do material sob exame com base em um ponto de vista externo e, portanto, em um modo defeituoso e inferior de intelecção e justificação.

A abordagem do direito em termos de sua forma, a que se chega pela intelecção interna orientada pelo método formalista, também fornece um ponto de vista para crítica que, segundo Weinrib, é decisivo justamente porque é interno. O critério da coerência permite a crítica do direito por meio de uma visão de dentro, pois permite identificar quais justificações se aplicam ou não a uma determinada relação jurídica ou a um conjunto de relações jurídicas, enquanto a crítica que provém de fora "[...] pode ser descartada com o argumento de que a posição favorecida pelo crítico é

[98] No original: "[...] judgment about intelligibility can flow only from this unity."

simplesmente irrelevante para a racionalidade interna do direito; a crítica que vem de dentro engaja o direito inelutavelmente em seu próprio solo."[99] (WEINRIB, 1988, p. 975, tradução minha).

Weinrib aproxima seu conceito de coerência ao de uma racionalidade interna dada pela forma do direito, isto é, pela estrutura justificatória subjacente ao direito. No contexto da concepção weinribiana de como deve ser a teoria do direito e quais devem ser seus objetivos, esse sentido de coerência é necessário porque é o único que não entra em conflito com a teoria do conhecimento sustentada pelo autor, consistente na defesa da inteligibilidade imanente ao material jurídico. Como se apoiam mutuamente e Weinrib considera essa circularidade não problemática, ambas se sustentam ou falham juntas. Desta forma, a comprovação da necessidade da noção de coerência adotada depende da comprovação das demais teses que sustentam o formalismo, em especial, a de que o direito aspira à coerência porque é um fenômeno justificatório e a de que o método apto a conhecê-lo é também interno, originário do próprio material jurídico. A discussão sobre a coerência apenas reforça a ideia, já enunciada na introdução a este livro, de que o ponto central de sustentação de toda a teoria é a sua epistemologia. Voltarei à discussão e à crítica dessas teses no capítulo 5 deste livro.

No entanto, vale aqui registrar uma breve conclusão preliminar. Embora fique claro por que Weinrib considera esse conceito de coerência necessário dentro de seu sistema teórico, ele não demonstra a necessidade desse conceito de coerência em detrimento de outras possíveis concepções – por exemplo, a de equilíbrio reflexivo, de critério lexical ou mesmo da proposta dworkiniana do direito como integridade –, mas atrela a necessidade de coerência à correção da metodologia que propõe que o direito deve ser inteligível internamente.[100]

Isso ficará mais claro após a explicação da forma do direito, no item 2.4, em que Weinrib argumenta que, dentro do contexto de inteligibilidade imanente, a coerência funciona como um mínimo de racionalidade formal que permite a inteligibilidade jurídica de certos fenômenos e também a

[99] No original: "[...] can be sloughed off with the argument that the critic's favored position is simply irrelevant to the law's immanent rationality, criticism from the inside engages law ineluctably on its home ground."

[100] Uma apresentação dos vários critérios possíveis de coerência pode ser encontrada em Kress (1996). Todavia, voltarei a tratar desse ponto no capítulo 5.

definição da justificativas adequadas aos mesmos fenômenos. Porém, ainda fica a questão: como a coerência pode ser, ao mesmo tempo, o critério de "juridicidade" e uma aspiração?

O ponto que deve ficar claro é que a coerência desempenha esses dois papéis porque ela é o valor, o ponto intencional (o *point*) para o qual o direito – que, no formalismo, é um conceito mais amplo do que o direito positivo – se orienta. Por isso, como apresento no capítulo 3 seguinte, a coerência informa a maneira de descrever o direito. Como defenderei, descrever o direito na visão formalista sem falar dessa dimensão valorativa – representada pela aspiração à coerência justificatória por meio da concretização das formas da justiça – é não captar a natureza do direito. E, como apresentarei neste capítulo e no capítulo 4 com mais vagar, no caso do direito privado, o formalismo defende que seu valor, ou *point*, a intencionalidade inscrita em sua natureza e que impele o direito positivo à coerência, é representado pela adesão à forma da justiça corretiva.

2.4. As formas do Direito

Para se chegar ao objetivo central do formalismo jurídico – conhecer o direito em sua especificidade e de maneira aprofundada –, é necessário determinar sua forma. Nesse sentido, é preciso recordar alguns pontos importantes relativos ao formalismo em geral. O primeiro ponto a ser lembrado se refere à necessidade de se aplicar o método formalista, com suas duas fases, iniciando-se pela análise do material jurídico, que expressa o conteúdo (ou substância) do direito, para, por um processo mental de elevação paulatina do grau de abstração, chegar-se à forma do direito. Necessário levar em consideração também que a coerência é o critério de verdade na teoria formalista e que quanto mais amplo e inclusivo for o critério de coerência considerado, visto que esta, por natureza, tende à expansão, maior será o conhecimento sobre o objeto de estudo em questão.

Deste modo, para se determinar a forma do direito, deve-se conjugar essas duas ideias. Iniciando-se pela análise do conteúdo do direito contido no conjunto de materiais jurídicos disponíveis, conforme propõe a primeira fase do método formalista, isso significa fazer um esforço intelectual (mental) de generalização com o objetivo de tentar identificar sua estrutura justificatória subjacente mais geral. Essa generalidade, segundo Weinrib, não é atingida, criando-se, por agregação, conjuntos cada vez mais amplos de elementos. Níveis mais elevados de generalidade serão alcançados pela subsunção do material jurídico a conceitos cada vez mais abstratos (Weinrib, 1988, p. 976).

Para Weinrib, se a forma é uma unidade em que todos os componentes só são inteligíveis como partes em um todo, a forma do direito deverá abarcar a mais ampla variedade possível de relações jurídicas não por agregação de elementos, mas por um processo de abstração, para que, tomadas as relações jurídicas em conjunto, sejam vistas como a expressão de uma única ideia "superabstrata": a ideia da forma à qual pertencem (Weinrib, 1988, p. 976). Levando-se em consideração ainda que a unidade básica de análise formalista é a relação jurídica, chega-se à conclusão de que, em resumo, a forma do direito será a estrutura justificatória mais abstrata e mais geral sob a qual todas as relações jurídicas estarão subsumidas e sob a qual elas serão vistas como arranjos jurídicos internamente coerentes e, portanto, juridicamente inteligíveis.

Weinrib defende que a tendência à abstração inerente ao formalismo não é problemática, pois esse processo não é estranho ao raciocínio jurídico tradicional. Segundo ele, embora os eventos que ganham relevância, do ponto de vista do direito, se manifestem no mundo de forma atomizada e particular – como no caso de A, que, num momento de desatenção, bate seu carro contra o carro de B –, o raciocínio jurídico está sempre orientado a organizar e compreender esses eventos particulares com base em categorias mais gerais, como dano, nexo de causalidade, culpa etc. O formalismo considera esses eventos particulares tais como ocorrem no mundo, como legalmente significativos enquanto representações concretas (*instantiations*) de categorias ainda mais abstratas que podem coerentemente se combinar com outras categorias mais abstratas até que se atinja o nível mais abstrato e geral possível de ser concebido pelo intelecto (Weinrib, 1988, p. 976).

Dessa feita, da mesma maneira que o raciocínio jurídico trabalha com abstrações, o formalismo jurídico se propõe a ir mais além nesse processo e elevar ainda mais o nível de abstração para chegar às concepções mais abstratas possíveis das relações jurídicas. Essas concepções serão as representações mais inclusivas das unidades que caracterizam as relações jurídicas, e todo o conteúdo do direito será inteligível somente na medida em que se conformar a uma dessas formas superabstratas (Weinrib, 1988, p. 976).

Curioso observar que o direito, visto sob o prisma da relação jurídica, unidade básica de análise no formalismo, não tem apenas uma forma superabstrata e superinclusiva. Weinrib argumenta que a organização de todas as relações jurídicas em concepções gerais leva à conclusão necessária de que o direito possui duas formas (Weinrib, 1987a, 1988, 1989a, 1995). Ele explica ainda que essas duas formas representam ideias que remontam à filosofia aristotélica, não sendo, de maneira alguma, uma criação sua ou um conjunto de ideias desconhecido na filosofia ocidental (Weinrib, 1988, p. 977; 1995, p. 56-57).

Para Weinrib, a primeira menção a essas abstrações remonta ao livro V da *Ética a Nicômaco* (1985), de Aristóteles. Ele considera que a contribuição fundamental de Aristóteles foi indicar a existência de padrões conceituais presentes intrinsecamente nas relações externas entre pessoas e elaborar uma exposição das estruturas formais que podem estar latentes nessas relações, inclusive nas relações jurídicas. É com base na exposição aristotélica que Weinrib desenvolve a tese de que as regras jurídicas substantivas somente são inteligíveis na medida em que apresentam a racionalidade exibida nesses padrões (Weinrib, 1988, 1995).

No formalismo weinribiano, cada particular observável no mundo – por exemplo, cada relação jurídica existente no mundo – pode ser compreendido por meio de e organizado em conceitos cada vez mais abstratos e gerais. O maior grau de abstração e generalidade que é possível alcançar por esse processo mental de abstração que sai dos particulares para os gerais é atingido quando se chega às duas formas da justiça, corretiva e distributiva, enunciadas por Aristóteles no livro V da *Ética a Nicômaco* (1985, 1.129a-1.138b). Para além delas não é possível conceber nada mais abstrato ou mais geral e tampouco uma única forma à qual ambas se subsumam (Weinrib, 1988, p. 981-983, 1995; p. 72-75).

A maneira como Weinrib incorpora essa ideia aristotélica das duas formas da justiça, que, em verdade, serão as duas formas do direito quando analisado com base nas relações jurídicas, dá origem a duas teses que intitulo de tese da irredutibilidade das formas da justiça, pois não há uma supra forma que as englobe,[101] e tese da incomunicabilidade das formas da justiça, pois estas não podem ser combinadas entre si, sob pena de criação de uma incoerência conceitual (Weinrib, 1988, p. 983; 1995, p. 73-74).

Essas duas teses estão intrinsecamente ligadas, mas entendo que apontam para questões distintas. Segundo Weinrib: "A unidade **irredutível** de

[101] Nas palavras de Weinrib: "[...] não há uma forma de justiça abrangente na qual a justiça corretiva e a justiça distributiva possam ser dissolvidas." (Weinrib, 1989a, p. 217).

uma transação desqualifica a possibilidade de uma compreensão instrumental do direito privado."[102] (WEINRIB, 1989a, p. 221, destaque e tradução meus). Como visto anteriormente no caso da utilização do princípio da distribuição do prejuízo (*loss-spreading*) no âmbito da responsabilidade civil, a inserção de objetivos distributivos na estrutura corretiva típica do direito privado, segundo Weinrib, gera incoerências conceituais. Como apresento de maneira detalhada no capítulo 4 deste livro, é a tese da incomunicabilidade, atrelada a uma concepção particular de coerência, que, na visão weinribiana, justifica a vedação a qualquer arranjo misto entre distribuição e correção, explicando ainda parte do argumento para qualificação da responsabilidade objetiva como um erro jurídico e uma monstruosidade conceitual.

Nesse ponto, Weinrib repisa a importância do conteúdo do direito para a determinação da forma, procurando, mais uma vez, se adiantar às possíveis objeções contra o formalismo com base no seu suposto conceitualismo desconectado do mundo real. Ele afirma que essas abstrações (as "formas da justiça") são imanentes ao conteúdo do direito e, portanto, não podem ser dele dissociadas.

O processo de descoberta dessas abstrações segue a metodologia apresentada no subitem 2.2 deste capítulo e, uma vez identificadas, por serem as mais gerais que se pode conceber, serão necessariamente as categorias últimas a servir de padrão de coerência das relações jurídicas (WEINRIB, 1988, p. 977; 1989a, p. 223; 1995, p. 56-57, 72-75).

Em última análise, uma relação jurídica coerente será aquela cujos elementos essenciais, identificados na primeira fase da aplicação do método formalista, se conformem, isto é, sejam coerentes com uma ou outra dessas estruturas abstratas e gerais. Isso significa também que se, conforme afirma Weinrib, a medida da sofisticação de um sistema jurídico está ligada ao grau de coerência interna de seu conteúdo, então o grau de adequação do conteúdo do direito a essas formas da justiça será a medida de sofisticação do sistema (WEINRIB, 1988, p. 966, 977; 1989a, p. 221; 1995, p. 31, 44). Ou seja, quanto mais as diferentes manifestações um sistema jurídico (seu direito positivo, suas doutrinas, seu arcabouço institucional) se adequarem à forma da justiça corretiva ou à forma da justiça

[102] "The irreducible unity of a transaction disqualifies the possibility of an instrumental understanding of private law." (WEINRIB, 1989a, p. 221).

distributiva, observando a vedação imposta pela tese da incomunicabilidade para não incorrerem em incoerências conceituais, mais sofisticado esse sistema jurídico será.

2.4.1. Justiça corretiva e justiça distributiva

A apresentação das formas da justiça ora efetuada está integralmente apoiada na interpretação weinribiana da exposição aristotélica das formas da justiça. Isso porque a este trabalho interessa determinar como Weinrib aproveita esses conceitos em sua teoria formalista, e não verificar se a interpretação weinribiana de Aristóteles é a melhor ou mais fidedigna.[103] Portanto, críticas à leitura que Weinrib faz de Aristóteles estão fora do escopo deste trabalho. Embora possam até ser válidas, é importante levar em consideração que, independentemente de como Weinrib lê Aristóteles, a crítica que este livro pretende fazer ao trabalho de Weinrib aborda questões que independem de uma leitura mais ou menos correta ou fiel aos escritos aristotélicos.

Segundo Weinrib, a exposição de Aristóteles no livro V da *Ética a Nicômaco* é a primeira a discernir entre justiça corretiva e justiça distributiva (Aristóteles, 1985, 1.130b6ss), marcando o início da filosofia do direito.[104] Para o autor, trata-se da apresentação de duas estruturas contrastantes, de dois modos distintos de ordenação de interações entre seres externos uns aos outros e que fornecem a forma dos arranjos jurídicos. (Weinrib, 1989a, p. 211-212).

Weinrib argumenta que, para Aristóteles, esses dois tipos de justiça não eram considerados ideais substantivos, mas padrões conceituais que, para serem considerados justos, deveriam ser representados pelos arranjos jurídicos[105] (Weinrib, 1983, p. 37-39; 1988, p. 979; 1989a, p. 211 e 213-215).

[103] Uma crítica à interpretação de Aristóteles efetuada por Weinrib pode ser vista em Stone (1996).

[104] Weinrib reforça essa interpretação quando trata especificamente do direito privado. Diz ele: "A explicação de Aristóteles sobre a justiça corretiva é a mais antiga – e, em muitos aspectos, ainda a definitiva – descrição da forma da relação de direito privado [...] Na história da filosofia jurídica, o direito privado é uma descoberta de Aristóteles." (Weinrib, 1995, p. 56, tradução minha).

[105] Nesse ponto é preciso algum cuidado para evitar compreensões equivocadas do argumento weinribiano, pois, no que concerne ao papel que as formas da justiça exercem dentro do formalismo, este difere totalmente da maneira como as teorias contemporâneas usualmente interpretam e utilizam os princípios da justiça corretiva e distributiva que nos foram legados por Aristóteles. Em vez de se concentrarem no processo pelo qual certo resultado é atingido,

Entendo que Weinrib interpreta as formas da justiça como padrões racionais que definem os requisitos mínimos de justiça em sentido formal, sem os quais nenhum arranjo substantivo pode ser considerado justo.

Para Aristóteles, a inteligibilidade da justiça se dá de maneira diferente da inteligibilidade das virtudes e dos vícios disposicionais (*dispositional virtues and vices*), pois, enquanto esses últimos são considerações internas ao indivíduo, a inteligibilidade da justiça é externa, é uma consideração do impacto sobre os outros. A justiça é dirigida ao outro, é uma excelência moral que se exerce no benefício do outro e, portanto, a não ser quando usada em sentido metafórico, não é possível ser injusto consigo mesmo[106]

em geral essas duas justiças são interpretadas como princípios substantivos voltados a alcançar um determinado resultado concreto. Weinrib defende que essa é uma interpretação não aristotélica da justiça corretiva e da distributiva, pois, para Aristóteles, estas são formas, e não princípios de justiça, isto é, as formas não expressam um requisito normativo que deve ser seguido; esse requisito normativo deve ser complementado, segundo Weinrib, por um conteúdo kantiano. As formas são tão somente estruturas de justificação que incorporam duas *ratio* distintas de organização da relação entre pessoas e coisas (Weinrib, 1983, p. 38-39). Seguindo essa linha rejeitada por Weinrib, Fletcher (1996, p. 80-94) explica que há quatro tipos de justiça: (i) justiça distributiva, que resolve o problema da divisão de todas as coisas, boas ou ruins, numa dada sociedade; (ii) justiça corretiva, que restabelece o equilíbrio entre duas partes tendo como referência uma distribuição inicialmente justa, quando tal equilíbrio é quebrado pela produção do dano; (iii) justiça redistributiva, que também responde à produção de danos, mas de tipos específicos, como crimes, e cuja resposta é a imposição de um sofrimento, isto é, aplicando uma punição; e (iv) justiça comutativa, que resolve o problema da desigualdade resultante de troca de bens. Fletcher (1996, p. 81, tradução minha) afirma que: "As quatro formas da justiça [...] são substantivas em oposição a [serem] procedimentais. Elas falam ao resultado, em vez de ao processo pelo qual o resultado é alcançado. Cada forma da justiça dirige a si mesma a questão de como esse resultado é alcançado." Em oposição, o termo definidor da discussão de justiça procedimental é *fairness*, expressão de difícil tradução para o português, mas que pode ser explicada como a igualdade de tratamento ao longo de um determinado procedimento (de um jogo, de uma competição esportiva, de um julgamento, etc.) que garante as condições para se chegar a um resultado justo para as partes envolvidas. É um "[...] jogar as regras [do jogo] que são justas para ambos os lados." (Fletcher, 1996, p. 81, tradução minha). Como espero deixar claro no subitem 2.5.1 do presente capítulo, a concepção de Weinrib sobre as formas da justiça se afasta totalmente de uma concepção substantiva, mas não se reduz à ideia de justiça procedimental pelo engate entre as formas da justiça aristotélicas e o conteúdo kantiano. Acredito que Weinrib diria que a coerência com as formas da justiça, nos termos propostos pelo formalismo, seria uma condição anterior e necessária para que qualquer arranjo jurídico fosse procedimentalmente justo.

[106] Aristóteles afirma que: "[...] a justiça, e somente ela entre todas as formas de excelência moral, é o 'bem dos outros'; de fato, ela se relaciona com o próximo, pois faz o que é vantajoso para os outros [...]" (Aristóteles, 1985, 1.130a13-15).

(Weinrib, 1989a, p. 212; 1995, p. 59-60). Como afirma Aristóteles, "[...] não é possível que uma pessoa se trate injustamente", pois "[...] o justo e o injusto sempre envolvem mais de uma pessoa." (Aristóteles, 1985, 1.138a9-11 e 1.138a17-18).

Para Weinrib, a novidade da exposição de Aristóteles é apresentar os padrões mais gerais e abstratos que essa característica da justiça de "direcionamento para o outro" (*other-directedness*) pode assumir e o significado delas na análise conceitual das relações entre pessoas dotadas de interesses distintos (*mutually external beings*), como é o caso de relações jurídicas (Weinrib, 1989a, p. 212). Ademais, Weinrib sugere que, aos olhos de um leitor moderno, o que mais se destaca da exposição aristotélica é a representação da justiça corretiva e da distributiva em termos de duas operações matemáticas diferentes – respectivamente, a proporção aritmética e a proporção geométrica (Weinrib, 1995, p. 58).

Justiça distributiva é o padrão de racionalidade inerente às relações mediatas entre várias partes. Trata-se da justiça relativa às divisões proporcionais de benefícios ou de ônus entre classes ou grupos de pessoas de acordo com um critério. Considerações acerca da virtude dessas pessoas podem servir de critério de divisão, mas não necessariamente (Weinrib, 1989a, p. 212). Há um sem-número de critérios possíveis, sendo riqueza, pobreza, mérito intelectual, mérito militar etc. apenas alguns exemplos. Assim se expressa Aristóteles acerca dessa forma da justiça:

> Uma das espécies de justiça em sentido estrito e do que é justo na acepção que lhe corresponde, é a que se manifesta na distribuição de funções elevadas de governo, ou de dinheiro, ou das outras coisas que devem ser divididas entre os cidadãos que compartilham dos benefícios outorgados pela constituição da cidade, pois em tais coisas uma pessoa pode ser uma participação desigual ou igual à de outra pessoa... (Aristóteles, 1985, 1.130b47-1.131a3).

Como assinala Weinrib (1989a, p. 219-220), para Aristóteles, cada tipo de justiça implica um tipo distinto de igualdade e, consequentemente, cada tipo distinto de desigualdade, uma injustiça. A justiça é "dar a cada um o que é seu", mas o "seu" de cada um é diferente na justiça corretiva e na justiça distributiva. No caso da justiça distributiva, o que é justo para cada pessoa é aquilo que condiz com o critério estabelecido para a divisão dos benefícios ou dos ônus entre um determinado número de pessoas (um grupo) e, portanto, o justo será uma "[...] igualdade de razões envolvendo no mínimo quatro elementos", isto é, o justo será uma igualdade proporcional que determinará, distributivamente, o "seu" de cada um (Aristóteles, 1985, 1.131a41-44). Assim, Aristóteles conclui que:

> O princípio da justiça distributiva, portanto, é a conjunção do primeiro termo de uma proporção com o terceiro, e do segundo com o quarto, e o justo nesta acepção é o meio termo entre dois extremos desproporcionais, já que o proporcional é um meio termo, e o justo é o proporcional. Os matemáticos chamam esta espécie de **proporção geométrica** [...] (Aristóteles, 1985, 1.131b6-11, destaque meu).

Já a justiça corretiva é o padrão de racionalidade próprio às interações imediatas entre partes ou, nas palavras de Aristóteles, "[...] a justiça nas relações privadas" (Aristóteles, 1985, 1.131b32-33). Se o princípio de justiça distributiva é a justiça das distribuições, a justiça corretiva é a justiça das transações, sejam elas voluntárias, sejam involuntárias.[107] A virtude não desempenha qualquer papel nesse padrão de racionalidade, pois o que importa é a interação direta entre partes, que são consideradas iguais, e as consequências dessa interação – por exemplo, um dano ou uma lesão gerada por uma transação involuntária (Weinrib, 1989a, p. 212-213). Diz Aristóteles acerca da exclusão de considerações relativas à virtude da estrutura da justiça corretiva:

> Com efeito, é irrelevante se uma pessoa boa lesa uma pessoa má, ou se uma pessoa má lesa uma pessoa boa, ou se é uma pessoa boa ou má que comete adultério; a lei contempla somente o aspecto distintivo da justiça, e trata as partes como iguais, perguntando se uma das partes cometeu e a outra sofreu a injustiça, e se uma infligiu e a outra sofreu um dano. (Aristóteles, 1985, 1.132a2-7).

Assim, se a virtude não desempenha nenhum papel na estrutura da justiça corretiva, as partes são consideradas, do ponto de vista concei-

[107] Afirma Aristóteles: "[...] a outra espécie é a que desempenha uma função corretiva nas relações entre as pessoas. Esta última se subdivide em duas: algumas relações são voluntárias e outras são involuntárias; são voluntárias a venda, a compra, o empréstimo a juros...; das involuntárias, algumas são subreptícias (como o furto, o adultério...), e outras são violentas, como o assalto, a prisão, o homicídio, o roubo, a mutilação, a injúria e o ultraje." (Aristóteles, 1985, 1.131a4-12).

tual, como iguais e estão ligadas apenas por um mesmo certo dano (ou lesão) (WEINRIB, 1989a, p. 213). A concepção de igualdade entre as partes expressa pela justiça corretiva é representada por Aristóteles pelo conceito matemático da "proporção aritmética" (ARISTÓTELES, 1985, 1.132a1-2). O justo – o "seu" de cada um –, no caso da justiça corretiva, será caracterizado pelo meio-termo entre a perda e o ganho (ARISTÓTELES, 1985, 1.132a19-20).

Assim, quando uma pessoa inflige um dano a outra e a igualdade entre elas é perturbada, o juiz entra em cena para anular essa perturbação na igualdade "subtraindo do ofensor o excesso do ganho"[108] (ARISTÓTELES, 1985, 1.132a7-10). Segundo Weinrib, a existência do juiz não é meramente um elemento de observação fenomenológica, mas sua presença é uma necessidade conceitual advinda da externalidade dos agentes que estão em interação (WEINRIB, 1989a, p. 222, 1995, p. 65). O juiz atua como a "justiça viva" (ARISTÓTELES, 1985, 1.132a22), isto é, como um terceiro desinteressado que, ocorrido um evento que perturbe a igualdade entre

[108] Importante notar que Aristóteles (1985, 1.132a8-1.132a11) não dá apenas exemplos de direito privado. Ele afirma que: "[...] o juiz tenta restabelecer a igualdade, pois também no caso em que a pessoa é ferida e a outra fere, ou uma pessoa mata e a outra é morta, o sofrimento e a ação estão mal distribuídos, e o juiz tenta igualizar as coisas por meio da penalidade [...]". *Assim*, se há apenas duas formas da justiça e se todas as relações jurídicas se subsumem a uma ou a outra, Weinrib argumenta que o direito criminal moderno também estaria subsumido à forma da justiça corretiva. Weinrib argumenta brevemente que o direito penal se enquadra à forma da justiça corretiva, pois pressupõe que o fazer e o sofrer (*doing and suffering*) são significativos juridicamente e que o direito penal é composto de um conjunto de normas que definem claramente ofensas (ilícitos) em vez de incorporar algum tipo de distribuição proporcional de benefícios ou ônus. Para explicar o papel que o Estado desempenha no direito penal e que não tem similar no direito privado, Weinrib argumenta, com base em Hegel, que o elemento intencional que deve estar presente no direito penal na tradição do *common law*, chamado de *mens rea*, significa que a ofensa causada pelo réu afronta a própria ideia de igualdade formal constitutiva da justiça corretiva, pois, ao intencionalmente cometer o crime, seu autor está, ainda que implicitamente, atribuindo às pessoas a sua volta o *status* de meros meios para sua própria satisfação, afrontando não somente a igualdade entre ele e sua vítima, mas a igualdade geral entre todos os potenciais ofensores e potenciais vítimas. Por conta dessa afronta geral é que o Estado é acionado, na medida em que é representativo dessa igualdade geral, e com isso entra em ação uma estrutura institucional de acusação pública e um sistema punitivo estatal que desfazem essa ofensa geral (WEINRIB, 1988, p. 982-983). Vale ressaltar, no entanto, que em geral os teóricos do direito criminal consideram que a justiça redistributiva é distinta da justiça corretiva; muitos subscrevem a posição de que a retribuição seria a base do direito criminal. Nesse sentido, ver Fletcher (1996, p. 80-94).

as partes, age restaurando as duas quantidades originais, tirando da parte que ficou com mais e devolvendo à parte que sofreu a subtração, na exata medida do que foi subtraído (Weinrib, 1989a, p. 214).

É essa ideia de ligação imediata entre partes consideradas como iguais e esse sentido particular de igualdade operativo na justiça corretiva que servem de base para Weinrib elaborar a ideia formalista da ligação entre o ofensor e o ofendido (*doer and sufferer*) a que ele faz referência em diversos textos em que trata das relações jurídicas de direito privado.[109]

Weinrib argumenta que a esquematização e a matematização dos dois distintos conceitos de igualdade, expressos pela justiça corretiva e pela distributiva realizadas por Aristóteles, representam duas estruturas de racionalidade nas interações externas entre pessoas ou dois tipos distintos de contornos formais que as ordenações de relações externas podem adquirir.

Assim, Weinrib defende que a intenção de Aristóteles não é apresentar dois ideais substantivos de justiça ou de igualdade. Ao contrário, interpreta que seu ponto seja exclusivamente conceitual e formal: a justiça corretiva e a justiça distributiva representam duas maneiras diferentes pelas quais a razão organiza as relações externas entre pessoas, isto é, são duas estruturas de racionalidade distintas (Weinrib, 1988, p. 981-983; 1989a, p. 214). Nas palavras de Weinrib: "Justiça corretiva e justiça distributiva são arquétipos de ordenação racional."[110] (Weinrib, 1989a, p. 215, tradução minha). Ele se refere às formas da justiça também como padrões que representam "[...] diferentes modos de coerência para relações externas."[111] (Weinrib, 1988, p. 982, tradução minha).

A justiça corretiva trata as transações voluntárias ou involuntárias entre duas partes como uma unidade que encontra expressão jurídica na soma de dinheiro, no bem ou na ação que um deve entregar ao outro ou executar em favor deste. Ademais, segundo Weinrib, a solução judicial de disputas privadas (*adjudication*) pode ser entendida como a concretização da justiça corretiva. Enquanto isso, a justiça distributiva trata as distribuições como uma unidade que integra o benefício ou o ônus a ser distribuído, as pessoas que podem estar sujeitas a ela e o critério conforme o qual deve se

[109] Esta ideia aparece em inúmeras passagens. Para exemplos, ver Weinrib, 1988, p. 978; 1989a, p. 213; 1993a, p. 588; 1995, p. 65.

[110] "Corrective and distributive justice are archetypes of rational ordering." (Weinrib, 1989a, p. 215).

[111] "[...] a different mode of coherence for external relationships." (Weinrib, 1988, p. 982).

dar a distribuição em questão, e a direção administrativa e legislativa da comunidade política pode ser compreendida como a concretização dessa justiça.[112] Dado que o direito ordena um tipo específico de relações externas entre pessoas – as relações jurídicas –, seu conteúdo deve ser a concretização dessas formas. Assim, o que de jurídico um conteúdo tiver será inteligível na medida de sua adequação às formas da justiça (Weinrib, 1988, p. 982).

Weinrib conclui que, vistas como estruturas de racionalização formal dos possíveis tipos de relações externas que se pode estabelecer entre partes, não há nada na exposição aristotélica que indique a preferência por uma concepção de justiça sobre a outra na ordenação da vida em sociedade. Aristóteles não estaria sugerindo nenhum tipo de superioridade substantiva de uma sobre outra e, Weinrib acrescenta, as diferentes esferas da vida social poderiam ser organizadas tanto com base em uma forma da justiça quanto em outra[113] (Weinrib, 1989a, p. 214).

Desse modo, baseado na exposição de Aristóteles sobre as formas da justiça, conclui-se que, para o formalismo, existem duas formas subjacentes ao direito: justiça corretiva e justiça distributiva. Essa transposição que Weinrib realiza das formas da justiça, conforme a exposição aristotélica, para as formas do direito é possível porque ele argumenta que, pelo uso da razão, as formas da justiça são os padrões de racionalidade mais gerais e abstratos que organizam a intelecção das interações externas entre pessoas. Isso significa que se chega às mesmas formas pelo processo intelectual sugerido pelo método formalista, isto é, pela observação dos particulares (relações jurídicas individualizadas e atomizadas) para sua organização

[112] Essa afirmação parece levar à conclusão de que a forma da justiça distributiva não desempenharia nenhum papel dentro do direito. Todavia, como espero esclarecer nas subseções subsequentes a esta seção, Weinrib entende que a justiça distributiva pode ter uma face jurídica.

[113] O exemplo que Weinrib utiliza para ilustrar essa ideia é sempre o mesmo. Ele argumenta que o regime jurídico de danos pessoais pode ser organizado tanto segundo a forma da justiça corretiva quanto segundo a forma da justiça distributiva. No primeiro caso, a lesão que a ação negligente da pessoa A causa na pessoa B será tratada como um ilícito civil, conforme as regras de responsabilidade civil, e um juiz determinará um valor de indenização que B deverá pagar para A e que restaurará a igualdade perturbada pelo ilícito. No segundo caso, o mesmo fato será tratado dentro de um esquema de compensação. Haverá um fundo previamente estabelecido para o qual um grupo determinado de pessoas contribuirá, ele será acionado. Fazendo A jus a receber uma compensação paga pelo fundo para o qual B contribuiu anteriormente, A será ressarcido do prejuízo sofrido (Weinrib, 1989a, p. 214).

em conceitos jurídicos mais gerais e abstratos e desses para as estruturas racionais que explicam as relações externas entre partes.

Para Weinrib, esses dois modos de ordenação das interações externas entre pessoas organizam a intelecção das relações jurídicas. Ele também argumenta que, visto como um empreendimento justificatório internamente coerente, o direito privado tem como estrutura justificatória mais geral a justiça corretiva (Weinrib, 1988, p. 978; 1995, p. 56). Vale notar que, ainda que Weinrib privilegie exemplos de responsabilidade civil, ele dedica a maior parte de seus escritos a fundamentar essa asserção geral. Sua tese geral é que, para além da responsabilidade civil, todas as relações jurídicas de direito privado são inteligíveis com base na forma da justiça corretiva, inclusive direito dos contratos,[114] os direitos de restituição (*law of restitution*) e o enriquecimento sem causa (*unjust enrichment*).[115]

Weinrib, no entanto, não menciona, por exemplo, quais seriam as partes nas relações jurídicas no direito de família ou no direito das sucessões

[114] No que se refere ao direito dos contratos, Weinrib discorda de autores como Kronman (1980), que argumentam que a justiça distributiva é o princípio estruturador do direito contratual. De acordo com Weinrib, o erro dos teóricos que atribuem à justiça distributiva o papel de critério organizador está em não perceber que a relação entre o promitente comprador e o promitente vendedor é bipolar e conceitualmente imediata, assim como a relação entre ofensor e ofendido na responsabilidade civil, ainda que sem a necessidade de proximidade física entre eles. O contrato, argumenta Weinrib, expressa um critério imediato de relação entre as partes, e não um critério mediato de distribuição. No entanto, Weinrib não se detém numa exposição mais detalhada do formalismo aplicado aos contratos. Uma visão acerca do direito dos contratos alinhada com as posições weinribianas é apresentada por Benson (1989).

[115] No caso do enriquecimento sem causa (*unjust enrichment*), Weinrib observa que, embora não haja um dano ilícito, pois não é possível argumentar que aquele que recebe um benefício que não lhe era devido (um pagamento de valor monetário ou um bem em espécie) causa ao pagador um dano, é possível argumentar que a inteligibilidade da relação que se estabelece entre eles e a obrigação do recebedor de devolver o valor ou bem erroneamente recebido é conceitualmente dependente do significado do binômio fazer/sofrer que, segundo ele, caracteriza outros ramos do direito privado, como contratos e responsabilidade civil. A esse respeito, ele afirma que: "Já que, sob essa forma, deve-se evitar infligir um dano injusto, não há obrigação legal de se conferir um benefício gratuito." (Weinrib, 1988, p. 979, tradução minha). A conferência de benefícios com amparo legal, como doações e fideicomissos, dependem de sua conformação a condições específicas, em especial a presença tanto da vontade de conceder o benefício quanto de certos requisitos procedimentais. Na ausência desses elementos, outras transferências unilaterais serão inválidas. Por consequência, a relação criada pelo pagamento indevido pressupõe um fazer/sofrer com significado jurídico, e a retenção do pagamento indevido pode ser considerada como um fazer que gera um sofrer (dano) no pagador (Weinrib, 1988, p. 979).

nem dá qualquer indicação quanto a obedecerem à *rationale* corretiva ou à distributiva. Um dos possíveis problemas para a inteligibilidade de áreas inteiras do direito pelas lentes das estruturas formais de justiça corretiva ou justiça distributiva está no ponto de partida do formalismo, ou seja, na análise que tem como objeto a relação jurídica.

Essa questão é colocada por John Stick, para quem as relações humanas não são necessariamente representadas nem pelas relações bipolares e imediatas nem pelas relações mediatas voltadas para a distribuição de um ônus ou bônus por um critério distributivo. Como a relação entre cônjuges ou entre pais e filhos, às quais o direito positivo atribui validade jurídica, podem ser compreendidas meramente pela a estrutura bipolar imediata que captura a essência das transações voluntárias ou involuntárias ou pela estrutura que engloba muitas partes em relação mediata da distribuição? (Stick, 1992, p. 796-797).

Se, de acordo com o formalismo, as relações jurídicas são inteligíveis como fenômenos imanentemente coerentes por meio de uma ou outra forma da justiça, é possível especular que outros campos do direito, como direito penal e direito comercial, também seriam compreendidos como subsumíveis à estrutura da justiça corretiva. Todavia, o autor quase não trata deles em seus escritos, fornecendo pouca informação que ajude outros teóricos a comprovarem essas afirmações mais gerais acerca da natureza do direito.[116] No que concerne ao direito público, como veremos a seguir, Weinrib argumenta que este é uma concretização exemplar da justiça distributiva no mundo prático do direito.[117]

2.4.2. As teses da irredutibilidade e da incomunicabilidade das formas

Antes de passar à análise da posição que a justiça distributiva ocupa no formalismo e de sua relação com o direito público e com a ideia de sepa-

[116] Sobre a posição de Weinrib sobre o direito penal, ver nota n. 108, supra.

[117] Vale deixar registrado que, com exceção de um artigo sobre o conceito de Estado de Direito (*rule of law*) e um breve parágrafo em *The idea of private law* (1995), Weinrib pouca fala do *status* do direito constitucional ou de como a unidade básica de análise do formalismo, isto é, a relação jurídica, seria capaz expressar os tipos de relação que esse campo do direito compreende (Weinrib, 1995, p. 211). Sobre a possibilidade de o conceito de Estado de Direito (*rule of law*) ser inteligível ou coerente conforme a perspectiva do formalismo, ver Weinrib (1987a; 1992b). Para uma crítica ao formalismo jurídico como teoria apta a fundamentar o conceito de Estado de Direito, ver Raz (1992).

ração entre direito e política, é necessário explicar como Weinrib entende que as duas categorias – justiça corretiva e justiça distributiva – se relacionam entre si.

Considero que Weinrib sustenta duas teses distintas a respeito da relação entre as formas da justiça, embora o próprio autor não faça menção a qualquer diferenciação. Em diversas passagens, Weinrib afirma que, visto que a justiça corretiva e a justiça distributiva são as formas mais abstratas que tornam inteligíveis as relações jurídicas, não é possível abstrair ainda mais: elas são o grau mais alto de abstração das relações jurídicas, são as noções de interação entre pessoas mais inclusivas que se pode conceber racionalmente. Nas palavras de Weinrib: "Estas formas da justiça são estruturalmente diferentes e mutuamente irredutíveis."[118] (Weinrib, 1988, p. 983).

Entendo que essas ideias de Weinrib enunciam duas teses distintas. A primeira tese, que chamo de tese da irredutibilidade das formas da justiça, afirma que, por serem as estruturas mais abstratas de intelecção das relações externas entre partes, essas duas categorias são conceitualmente irredutíveis uma à outra. Ou seja, não é possível conceber uma supraforma à qual ambas poderiam ser subsumidas. Nas palavras de Weinrib, "[...] não há uma forma de justiça abrangente na qual a justiça corretiva e a justiça distributiva possam ser dissolvidas."[119] (Weinrib, 1989a, p. 217, tradução minha). Essa citação se conecta com a frase citada no parágrafo anterior, que faz menção a estruturas diferentes e irredutíveis. Nesse sentido, Weinrib afirma textualmente que: "[As formas] [...] não podem ser combinadas em uma única estrutura justificatória abrangente. Cada forma é sua própria unidade distintiva e autocontida."[120] (Weinrib, 1988, p. 984, tradução minha).

Entendo que esta tese aponta para os limites do que é possível racionalizar, pois a ausência de uma forma mais geral e mais abstrata à qual as duas outras possam se dissolver marca o grau máximo de generalização e abstração a que, por meio de um exercício intelectual, se pode chegar (Weinrib, 1988, p. 983; 1989a, p. 217; 1993a, p. 588-589; 1995, p. 73).

[118] No original: "These forms of justice are structurally different and mutually irreducible."

[119] No original: "[...] there is no overarching form of justice into which corrective and distributive justice can be dissolved."

[120] No original: "They [...] cannot be combined into a single overarching justificatory structure. Each form is its own distinctive and self-contained unity."

Todavia, defendo que há uma segunda tese embutida nas ideias de Weinrib. Essa segunda tese, a tese da incomunicabilidade das formas da justiça, aponta para a questão da coerência, critério de verdade do formalismo. Ela diz que, do ponto de vista conceitual, essas duas categorias não podem estar presentes nos elementos centrais (ou essenciais) de uma mesma relação jurídica. E, como a coerência é expansiva, o que Weinrib defende é que essas duas categorias não podem estar presentes num determinado conjunto de relações jurídicas, caso contrário serão do mesmo tipo/classe, que é o elemento da forma que permite fazer classificações. Isso leva Weinrib a concluir que essas categorias não podem estar presentes simultaneamente numa mesma área do direito, como direito privado ou direito tributário, sob pena de incoerência ou de se criar uma "monstruosidade conceitual" (Weinrib, 1988, p. 969).

Para voltar a um exemplo trazido anteriormente, a tese da incomunicabilidade é uma outra maneira de explicar por que o princípio da distribuição do prejuízo (*loss-spreading*) não pode ser coerentemente inserido na responsabilidade civil. A ênfase posta no "coerentemente" é proposital, pois Weinrib admite que, na prática, tal arranjo é perfeitamente possível, no sentido do que é fenomenologicamente existente. Todavia, para o formalismo, a inserção de objetivos distributivos na estrutura corretiva típica do direito privado gera incoerências conceituais que a tese da incomunicabilidade procura evitar.

O ponto trabalhado nesta tese é que, se a concepção de coerência defendida pelo formalismo como necessária assim não se provar, também ficará afastada a tese da incomunicabilidade. Isso porque é necessário pensar se uma concepção mais "incoerente" de responsabilidade civil, para colocar em termos weinribianos, implica uma significativa diminuição da força explicativa da teoria ou se, ao contrário, essa "pureza" que o formalismo busca obscurece os fenômenos que pretende esclarecer.

Como expus na introdução, a arena escolhida para analisar estas questões é a da responsabilidade civil e, especialmente, da responsabilidade objetiva. Pretendo mostrar que esta concepção de coerência estrita diminui o potencial explicativo da teoria weinribiana da responsabilidade civil ao segregar a responsabilidade objetiva, rotulando-a de erro conceitual. Argumentarei que esta concepção de coerência que gera a "tese da incomunicabilidade" entre as formas da justiça se torna um limite à inteligibilidade do direito e não uma condição de sua inteligibilidade como defende o formalismo.

Importante esclarecer que Weinrib não consideraria essa segunda tese como autônoma em relação à primeira, pois para ele essa concepção estrita de coerência é parte da própria estrutura de cada forma, sendo, assim, necessária. Se as formas são diferentes e irredutíveis, a racionalidade de uma forma da justiça exclui a presença da racionalidade da outra num mesmo arranjo jurídico. Se, como Weinrib afirma, as formas da justiça são estruturas justificatória que fornecem a "morfologia" à qual as justificações jurídicas devem ser conformar e se, logicamente, justificações devem ser coerentes, não haveria o que criticar na argumentação weinribiana.

Todavia, a questão é justamente ir à raiz dessas afirmações – que, internamente ao próprio formalismo, parecem ser bem fundamentadas – e indagar se sua teoria do conhecimento, que defende a inteligibilidade imanente do direito por meio da identificação da forma, tem fundamento. E, desse ponto, perquirir se o critério de coerência proposto, nos termos da tese da incomunicabilidade, é mesmo necessário.

Por fim, vale lembrar que o formalismo não pretende apresentar critérios substantivos para a definição de como o mundo jurídico deve ser organizado. O exemplo dos acidentes pessoais ilustra esse ponto. Weinrib defende que o teórico formalista, enquanto formalista ("*qua* formalista"), será indiferente ao fato de esses acidentes poderem ser organizados por meio do sistema de responsabilidade civil, tal como o conhecemos hoje, ou, por exemplo, por meio de um amplo sistema de seguro social, nos moldes do que ocorre na Nova Zelândia.[121]

Desde que as relações jurídicas possam ser justificadas coerentemente – como concretizações exemplares (*instantiations*) da forma da justiça corretiva, no primeiro caso, e pelo padrão conceitual da justiça distributiva, no segundo caso –, o teórico formalista estará satisfeito. A única preocupação do formalismo é com a coerência dos arranjos jurídicos e com a maneira pela qual os componentes institucionais, doutrinários e o direito positivo manifestam essa coerência (WEINRIB, 1988, p. 985). Para Weinrib:

> **O que importa é que uma justificação seja coerente** em termos de uma ou de outra das formas que constituem as concepções de coerência justifica-

[121] Em 1972, a Nova Zelândia introduziu um sistema universal de seguro social contra acidentes pessoais em que não há necessidade de comprovação da culpa do agente causador da lesão, acompanhado da vedação ao direito de ação contra o agente causador da lesão, sob o *Accident Compensation Act* (NEW ZEALAND, 2001).

tória mais amplas e mais abstratas. A relação cuja justificação não é adequada a nenhuma dessas estruturas é **ininteligível**; ao criar uma relação assim, o **direito positivo comete um erro jurídico.**[122] (WEINRIB, 1988, p. 984-985, destaques e tradução meus).

Uma das questões centrais deste livro, a ser respondida ao longo dos capítulos 4 e 5, é, justamente, se esse conceito de coerência adotado pelo formalismo weinribiano é necessário. Nesses capítulos, argumento que a tese da incomunicabilidade não é necessária, pois, mesmo que concordemos com a tese da irredutibilidade, o conceito de coerência adotado por Weinrib não é necessário. De todo o exposto, fica claro que todo o edifício teórico weinribiano depende (i) da defesa de uma controvertida teoria do conhecimento que tem como paradigma a possibilidade de inteligibilidade imanente do fenômeno por meio de sua forma; e também (ii) da demonstração tanto da necessidade do conceito de coerência adotado quanto da vedação imposta pela tese da incomunicabilidade.

2.5. Direito, política e raciocínio jurídico

Este subitem 2.5 visa esclarecer como o formalismo weinribiano traça a distinção entre o direito e a política, bem como, nesse contexto, expor o papel ocupado pela forma da justiça distributiva e sua relação com o direito público.

Em diferentes teorias formalistas do direito desenvolvidas ao longo do tempo têm sido identificado um elemento comum: a defesa da separação entre direito e política. Os termos do embate entre formalistas e antiformalistas é um velho conhecido em teoria do direito: de um lado, teorias das mais variadas matizes, ditas "formalistas", que defendem que o dever do juiz é desempenhar o papel de mero aplicador da lei, privilegiando o texto normativo em detrimento de princípios ou de valores, preservando a autonomia e a racionalidade próprias do direito no curso da atividade interpretativa; de outro lado, as mais distintas teorias que defendem a possibilidade de o juiz desempenhar um papel de criação da lei, não reduzindo a atividade jurisdicional necessariamente à interpretação dos textos nor-

[122] No original: "[...] What matters is that a justification be coherent in terms of one or the other of the forms that constitute the broadest and most abstract conceptions of justificatory coherence. A relationship whose justification is not adequate to either of these structures is unintelligible; in creating such a relationship, positive law commits a juridical mistake."

mativos. Evidentemente, essa é uma visão caricatural e simplista acerca do papel do juiz, mas é possível afirmar que a posição das diferentes abordagens formalistas se aproxima mais da primeira versão dos deveres dos juízes, seja defendendo que a atividade judicial é uma atividade de descoberta do que já é jurídico, e não uma atividade de criação, seja defendendo que o juiz deve manter o processo de interpretação na "superfície da norma", pois a linguagem diminui o espaço de escolha do juiz.[123]

Visto da perspectiva desse embate, o formalismo weinribiano não se afasta dessa tradição, ficando mais próximo da primeira posição esboçada anteriormente, na medida em que defende que a atividade jurisdicional é uma atividade de descoberta do que é incipientemente jurídico, em vez de uma atividade criadora[124] (Weinrib, 1988, p. 987, 989, 991 e 999).

Segundo Weinrib, o formalismo "tradicional" assenta-se na ideia de que a separação entre os campos do direito e da política deriva da falta de competência institucional e de legitimidade democrática dos tribunais para agir de forma criativa. Por isso, os juízes deveriam agir sempre ancorados num corpo preexistente de regras, padrões e princípios e, no caso de *civil law*, diretamente com base no texto normativo exposto em códigos e leis emanadas do poder legislativo, bem como deveriam manter certa distância de questões políticas controvertidas e em aberto, voltando-se para áreas não capturadas pelo embate político (Weinrib, 1988, p. 986).

Weinrib nega que essa visão seja uma boa defesa da separação entre direito e política, pois, segundo ele, essas formulações fazem de tal distinção um produto meramente contingente, dependendo do que, em determinado local e tempo, recebe ou não a atenção dos legisladores e, assim, definem contingentemente o que receberá a atenção dos tribunais (Weinrib, 1988, p. 986). Desse modo, deixando de lado essa visão corrente do formalismo, para entender a posição de Weinrib, é necessário, em primeiro lugar, analisar a afirmação de Weinrib de que o formalismo é uma teoria apolítica.

[123] Sobre as diferentes acepções do termo formalismo jurídico, ver os já citados Dimoulis (2011) e Stone (2002)

[124] O formalismo weinribiano entende que o juiz deve procurar identificar o que já tem um significado jurídico latente (*inchoate juridical significance*) (Weinrib, 1988, p. 956). Também é importante a ideia de que, como o direito não se reduz ao direito positivo, o formalismo foca naquilo que tem significado jurídico, isto é, declaratório de *jus* (*declaratory of jus*), em oposição ao que está na *lex*, direito positivo (Weinrib, 1995, p. 24-25).

2.5.1. Formalismo: uma teoria apolítica do direito

No formalismo weinribiano, as mesmas razões que tornam a coerência o critério de verdade fundamentam a asserção de que o formalismo pode "flutuar livre da política".[125] (WEINRIB, 1988, p. 973, tradução minha). Isso porque, assim como no caso do princípio da distribuição do prejuízo (*loss-spreading*) – em que o formalista não está interessado em fazer um juízo do mérito substantivo desse princípio, mas uma avaliação de sua coerência em relação às demais características da responsabilidade civil e uma verificação quanto à partilha, por ambos, da mesma forma jurídica –, no caso da relação entre direito e política, a preocupação do formalista não é determinar se o poder estatal, exercido de uma determinada forma ou de outra, é mais ou menos desejável, seja em seus próprios termos, seja em termos dos fins amplos a que ele sirva (WEINRIB, 1988, p. 973).

A preocupação do formalista é focada em determinar se o exercício do poder estatal é inteligível como parte de uma estrutura de justificação coerente. O formalismo abstrai de qualquer objetivo substantivo e centra sua atenção na coerência estrutural a que aquele objetivo pode ou não se ajustar. Enquanto formalista, o teórico deve abstrair de suas posições políticas pessoais e dos princípios substantivos que pessoalmente queira que o direito alcance e se concentrar exclusivamente em determinar se os elementos de uma determinada relação jurídica expressam ou não uma estrutura justificatória coerentemente integrada (WEINRIB, 1988, p. 973-981).

Nesse sentido, Weinrib afirma que: "Sem disputar a legitimidade da política, o formalista insiste que o produto da política corresponda à concepção de coerência justificatória que lhe é imanente."[126] (WEINRIB, 1988, p. 973-974, tradução minha).

Para o formalista, a coerência tem uma função de padrão de julgamento e atua distinguindo a política do direito. O formalismo se pretende uma teoria jurídica apolítica, no sentido de não se propor a fazer julgamentos de mérito substantivo de regras, conceitos e práticas que formam o direito (WEINRIB, 1995, p. 45). Um argumento fundamentado na coerência não afirma a virtude ou a iniquidade de uma determinada característica da

[125] No original: "[...] float clear of politics." (WEINRIB, 1988, p. 973).

[126] No original: "Without disputing the legitimacy of politics, the formalist insists that the product of politics live up to the conception of justificatory coherence that is immanent to it." (WEINRIB, 1988, p. 973-974).

relação jurídica nem de um ramo do direito ou mesmo do direito como um todo, mas afirma apenas a conexão entre uma característica (e as demais presentes naquela relação jurídica em questão) e a forma da justiça a que está ou deve estar subsumida.

O que o formalismo prescreve é que as justificações que sustentam os diferentes arranjos jurídicos atuem coerentemente com os requisitos dessas próprias justificações (WEINRIB, 1995, p. 46). Assim, transações voluntárias ou involuntárias devem ter elementos estruturais (características centrais) e arcabouço institucional coerentes com a forma corretiva e distribuições de benefícios ou ônus para um determinado grupo de pessoas devem ter elementos estruturais (características centrais) e arcabouço institucional coerentes com a forma distributiva. (WEINRIB, 1988, p. 983)

Diante desse quadro, é legítimo indagar se o papel de uma teoria do direito – especialmente de uma teoria com pretensões avaliativas e críticas, que, como exporei na seção 3, é o caso do formalismo – é somente esse: indagar se uma teoria que se limita a concluir que é assim que o direito opera estruturalmente e que é assim que o direito deve operar no futuro é uma boa teoria, uma teoria que fornece elementos suficientes para orientar a ação do juiz e do reformador do direito. Voltarei a essa questão no capítulo 5.

2.5.2. Papel dos tribunais e raciocínio jurídico (*legal reasoning*)

Retomando a questão do papel a ser desempenhado pelo juiz – de descoberta do que já é incipientemente jurídico, em oposição à ideia de que a função do juiz é criadora – é preciso acrescentar que o formalismo considera que há um espaço para os tribunais tomarem decisões propriamente jurídicas, pois o direito não colapsa sob o peso da esfera política, pois é dotado de racionalidade própria.

As razões que fundamentam essa posição são, no entanto, distintas das normalmente aduzidas, como a sugestão de que o campo legítimo de atividade dos tribunais deve estar ancorado no preexistente direito positivo ou num conjunto mais amplo formado por regras, padrões, princípios ou então a sugestão de que os tribunais devam se restringir às áreas que não estão sendo analisadas pela esfera política, seja porque já tem regras estabelecidas, seja porque não estão na agenda política do momento (WEINRIB, 1988, p. 986-987; 1995, p. 208-209).

De acordo com Weinrib, há, sim, uma questão de relativa falta de competência institucional e um problema de déficit democrático que devem ser considerados na discussão acerca dos limites da atuação do judiciário, mas o formalismo fundamenta sua posição de maneira diferente das posições anteriormente descritas.

O formalismo é especialmente importante na defesa de um papel judicial limitado ou "propriamente jurídico", porque fornece um ponto de vista para olhar a atuação do judiciário que independe da tomada de posição acerca do mérito substantivo de inovações que os tribunais possam introduzir (Weinrib, 1988, p. 986 -987).

O que ocorre é o deslocamento do centro do debate da questão de "o que deve ser feito" para "por quem deve ser feito", pois, embora alguns argumentos possam justificar a adoção de um determinado curso político, estes não são necessariamente do tipo pertinente ao processo de adjudicação. O processo de tomada de decisão judicial (*adjudication*) tem uma certa estrutura, e apenas alguns tipos de justificações e argumentos serão com ela coerentes, enquanto outros não.

Para identificar o que é "especificamente jurídico", Weinrib parece afirmar que o juiz formalista deve se concentrar na imanência das formas jurídicas para a inteligibilidade das interações que elas ordenam, ou seja, na racionalidade imanente dos dois tipos de interação possíveis entre pessoas e coisas: justiça corretiva e justiça distributiva (Weinrib, 1988, p. 987; 1995, p. 209). Logo, aquilo que é "especificamente jurídico" pode ser definido como o que está contido dentro do espaço de inteligibilidade das interações externas, ou seja, aquilo que, coerentemente, atualiza as duas formas sem perder de vista o conteúdo dado pelo direito (*right*) kantiano e, assim, expressa a coerência e a normatividade imanentes às formas da justiça. (Weinrib, 1995, p. 209). Diz Weinrib que: "[...] a expressão dessas formas num sistema jurídico específico é o campo do direito."[127] (Weinrib, 1988, p. 987, tradução minha).

Nos sistemas jurídicos sofisticados, a decisão judicial envolve fazer certa distribuição ou transação aderir a sua própria coerência enquanto distribuição ou transação. Ao juiz é vedado orientar a relação jurídica a um objetivo externo de sua escolha. O limite conceitual para o exercício da

[127] No original: "[...] the expression of these forms in a specific legal system is the province of the juridical."

jurisdição é dado pelas estruturas justificatórias corretivas ou distributivas, e o papel do juiz é aplicar a forma da justiça apropriada ao caso concreto sob análise (Weinrib, 1988, p. 987). Há o isolamento sistêmico do direito em relação à política, mas não se trata de aplicação mecânica, pois há um espaço de indeterminação em que o juiz faz (bom) uso da razão prática.[128] Weinrib defende que, no formalismo,

> o juiz dá voz ao especificamente jurídico ao elaborar e aplicar elementos do direito positivo que expressam ou especificam aspectos dessas formas da justiça. Consequentemente, o jurídico pode ser definido como aquilo que está contido na racionalidade interna da interação.[129] (Weinrib, 1995, p. 209, tradução minha).

Isso não significa que o juiz deva expressamente considerar ou citar as formas da justiça em seus julgamentos, pois, segundo Weinrib, elas não são "ingredientes do direito positivo", mas categorias jusfilosóficas latentes no direito positivo dos sistemas jurídicos sofisticados. Por serem categorias latentes, elas estão na base da forma de raciocinar juridicamente e na base do discurso jurídico, sem que necessariamente precisem ser explicitadas (Weinrib, 1988, p. 987). Mas o fato de as formas serem imanentes ao direito, dando-lhe uma racionalidade autônoma, e de o juiz poder fazer uso delas no desenvolvimento do raciocínio jurídico voltado para a decisão (*legal reasoning*) é outra maneira (por negação) de distinguir direito e política: a política se refere às considerações extrínsecas à forma jurídica que retiram *status* normativo de algo que está fora da relação jurídica em si mesma considerada (Weinrib, 1995, p. 209).

Weinrib alega que, em controvérsias particulares ou em conjuntos de controvérsias, um sistema jurídico sofisticado – que, portanto, valoriza e persegue a coerência– tenderá a concretizar essas abstrações implícitas (Weinrib, 1988, p. 988). Com isso, de um lado, Weinrib tenta escapar ao requisito da imposição da forma corretiva ou distributiva a toda e qualquer

[128] Frederick Schauer afirma que Weinrib é um exemplo de teórico que defende a possibilidade de um julgamento não mecânico dentro das fronteiras do direito entendido como sistema fechado (Schauer, 1988, p. 523).

[129] No original: "The judge gives voice to the specifically juridical by elaborating and applying elements of positive law that express or specify aspects of these forms of justice. Thus the juridical can be defined as that which is contained within the internal rationality of interaction."

relação jurídica particular, o que poderia ser desconfirmado empiricamente, bem como, de outro lado, estabelecer um espaço de indeterminação para as soluções concretas controlado pelos limites fornecidos pelas formas da justiça, que o afasta da caricatura formalista da aplicação mecânica de regras ou padrões.[130]

2.5.3. Direito e política na justiça distributiva

Em contraposição ao "especificamente jurídico", o campo político se refere aos arranjos cuja inteligibilidade é dada por argumentos externos à interconexão de elementos das formas da justiça corretiva e da distributiva. Ainda que possam se expressar estruturalmente por meio das formas, seu mérito é independente da elucidação da forma (WEINRIB, 1988, p. 988).

Naturalmente, surge a dúvida quanto à forma da justiça distributiva dizer respeito ao direito ou à política, pois, como sabemos, essa forma se refere à integração coerente dos elementos de uma distribuição, isto é, entre um determinado critério de divisão de um benefício ou ônus para um grupo de pessoas. Podemos conceder à Weinrib, a título de argumentação, que ser fiel à estrutura distributiva internamente considerada é papel do direito. Todavia, de onde vem a definição do que será distribuído (e para quem) e, sobretudo, quem define o critério para a distribuição?

Weinrib afirma que "O lar da política é a justiça distributiva."[131] (WEINRIB, 1988, p. 988, tradução minha). Contrariamente ao que ocorre com a justiça corretiva, em que todos os seus elementos constitutivos básicos estão presentes na relação imediata entre uma pessoa e outra, na justiça distributiva, a relação entre pessoas é mediada por um critério de distribuição, que define os termos da igualdade proporcional a ser aplicada na repartição de certo benefício ou ônus.

Apesar de o critério de distribuição ser um elemento fundamental da forma da justiça distributiva, ele não está dado internamente pela própria estrutura distributiva ou pela relação entre as partes, pois, existem inúmeras maneiras de se fazer uma distribuição. A seleção de uma maneira específica envolve uma decisão política acerca de qual delas melhor serve

[130] Sobre a tensão entre a relativa determinação imposta pelas formas da justiça e a indeterminação que deriva da natureza geral e abstrata destas no formalismo weinribiano, ver Barbieri (2011).

[131] "The home of the political is distributive justice." (WEINRIB, 1988, p. 988).

aos interesses da comunidade. Em termos weinribianos, é possível afirmar que a inteligibilidade dessa seleção é extrínseca à relação entre pessoa (Weinrib, 1988, p. 988-992).

É possível asseverar que, segundo o formalismo weinribiano, a face externa da justiça distributiva é determinada pela esfera política, pois é nas instituições políticas, e não nas instituições jurídicas, que encontramos o *lócus* apropriado para avaliar o amplo espectro de distribuições possíveis e decidir-se por uma distribuição em particular que melhor sirva aos membros da comunidade.

Weinrib afirma que as distribuições têm uma inteligibilidade dual. Uma face exterior, que deve ser entendida instrumentalmente com a definição do modelo de distribuição à luz das necessidades da comunidade, e uma face interior, que deve ser entendida do ponto de vista conceitual de sua estrutura universal imanente, ou seja, à luz de sua forma. Para ele, a primeira dimensão é política e a segunda é jurídica, e essas diferentes dimensões marcam diferenças de competências institucionais e de esferas de legitimidade entre os poderes legislativo e judiciário (Weinrib, 1988, p. 992, 1995; p. 211).

Weinrib pouco fala dos requisitos que a esfera política deve possuir para realizar essa escolha, pois, como o formalismo jurídico pretende ser uma teoria apolítica do direito, em tese, tais requisitos em nada afetam os propósitos do formalismo. O autor se limita a apontar que uma distribuição particular é (ou deve ser) fruto das instituições políticas, pois são estas que têm a capacidade e a autoridade institucional para avaliar o leque de possibilidades distributivas e decidir por um curso de ação, podendo, inclusive, ser responsabilizadas institucionalmente pelas escolhas feitas.

Além de não se aprofundar na descrição e requisitos do que ele chama de "esfera política" e "instituições políticas", Weinrib também não faz qualquer referência à forma de governo que seria mais apropriada para gerar arranjos distributivos legítimos ou justos. Da mesma forma que ele se refere genericamente aos "sistemas jurídicos sofisticados", mencionando os sistemas de *common law*, *civil law* e a lei talmúdica como exemplos de sistemas nos quais a teoria formalista funciona como ferramenta de análise do direito, ele faz algumas alusões à "competência institucional" e à "responsabilidade eleitoral" da esfera política, bem como à separação entre os poderes executivos, legislativos e judiciais. Em vista disso, é de se supor que ele esteja genericamente pensando no formalismo jurídico como uma teoria apropriada a analisar o direito, tendo as democracias ocidentais como parâmetro, nas quais a separação entre direito e política nos termos propostos pelo formalismo parece funcionar.

Essa ideia é reforçada quando ele discorre, ainda que brevemente, sobre o papel do judiciário, afirmando que os juízes e os tribunais estão sempre limitados, de um lado, pelo princípio da inércia da jurisdição, que faz com que não tenham controle sobre suas agendas, e pela bipolaridade da estrutura do processo judicial, que reduz os efeitos do julgamento apenas aos dois litigantes envolvidos, e, de outro lado, pelas características da forma de escolha dos juízes, que os torna mais insulados à responsabilização pela comunidade do que os membros do poder legislativo (Weinrib, 1988, p. 989; 1995, p. 211). Essas características do poder judiciário e sua diferenciação em relação aos poderes executivo e legislativo é que fundamentam a afirmação de que a seleção de um critério de distribuição deve ser realizada pela política e, nesse sentido, essa orientação externa da justiça distributiva faz com que a política seja seu meio natural ou sua "casa", na expressão de Weinrib.[132]

Todavia, é importante lembrar que o direito tem duas formas: justiça corretiva e justiça distributiva. A justiça distributiva, portanto, possui duas faces: uma externa, determinada pela política, e uma interna, que a torna uma das formas do direito. Dessa maneira, a justiça distributiva não se reduz à política. Definido o critério de distribuição pela esfera política, o direito desempenha o papel que lhe resta, segundo a concepção formalista, de manter a adequação formal daquela determinada distribuição, considerando-a um todo internamente coerente formado por pessoas, coisas (benefícios ou ônus) e critério de distribuição (Weinrib, 1988, p. 988-990).

O objetivo de uma distribuição particular nunca é definido internamente à própria distribuição, mas autoritativamente determinado pela política em função dos objetivos coletivos da comunidade. Todavia, após a tomada de decisão por uma distribuição particular, esta deve ser concretizada de maneira coerente com a estrutura justificatória implícita em

[132] Nesse uso que Weinrib faz dos conceitos de interno e externo, está implícita a ideia de que o lugar natural da justiça corretiva é o direito privado, no qual a característica de imediata relação entre duas partes iguais se expressa plenamente. Esse é o argumento inicial de *The idea of private law* (Weinrib, 1995).

qualquer distribuição, isto é, coerentemente com sua forma de justiça distributiva. Segundo Weinrib, "[...] qualquer distribuição deve respeitar a relação entre os elementos conceituais com base nos quais a justiça distributiva é constituída."[133] (Weinrib, 1988, p. 990, tradução minha). Ao direito, resta o papel de manter a coerência interna dos elementos conceituais quando uma distribuição particular sofre algum tipo de perturbação em relação ao que deveria ser, em conformidade com a forma da justiça distributiva a que todas as distribuições particulares se subsumam, quando coerentes.

Para Weinrib, ademais, a justiça distributiva incorpora duas pressuposições fundamentais: a de personalidade (*personhood*) e de igualdade (*equality*). A primeira pressuposição, relativa ao conceito de personalidade (*personhood*), diz respeito à distinção que deve ser observada entre pessoas e coisas. Segundo Weinrib, a forma da justiça distributiva se constitui em três elementos fundamentais: pessoas, coisas a serem distribuídas e critério de distribuição. Weinrib entende que está pressuposta, na forma da justiça distributiva, a ideia, exposta de forma pioneira na filosofia de Immanuel Kant e a que ele se refere como conceito de personalidade (*personhood*), de que, diferentemente das coisas, que podem ser meios para se atingir certos fins, não se pode tratar pessoas como meios para nenhum fim, não importando quão meritório seja este.[134] Para ele, a inteligibilidade imanente de uma distribuição particular passa pela necessidade conceitual de se preservar essa diferenciação entre pessoas e coisas (Weinrib, 1988, p. 990).

A segunda noção pressuposta na justiça distributiva é de igualdade (*equality*). Sabe-se que uma distribuição particular pressupõe a definição do grupo de pessoas sobre o qual atuará o critério distributivo, seja como beneficiários, seja como onerados, dependendo do objeto da distribuição.

[133] No original: "[...] any distribution must respect the relationship among the conceptual elements out of which distributive justice is constituted."

[134] É importante observar que Weinrib não justifica essa asserção, dando ao leitor a impressão de que esta estaria livre de qualquer controvérsia. O único argumento a suportá-la é a ideia de que, sem o conceito de personalidade– que, com o de igualdade, torna a justiça distributiva uma forma –, a justiça distributiva não seria concebível enquanto forma o que geraria um amontoado de elementos aleatórios sem um princípio de ordenação interno. Fica fácil perceber que o argumento weinribiano é circular e, a não ser que o conceito de personalidade seja necessário, o argumento não se sustenta. Provar a necessidade desse argumento não é tarefa fácil, mas Weinrib se ocupa dela em textos específicos. Nesse sentido, ver especialmente Weinrib (1987b; 1995; 2001).

Em vista disso, o critério distributivo deve ser aplicado igualmente a todas as pessoas que potencialmente pertençam a esse grupo de beneficiários ou onerados, isto é, que estejam sob a força justificatória daquela regra de distribuição particular, sem que haja subinclusão ou suprainclusão de pessoas (Weinrib, 1988, p. 990). Assim, a igualdade na distribuição significa que nenhum potencial membro do grupo poderá ser deixado de fora da distribuição, sob pena de subinclusão, ou que ninguém que não seja um potencial membro do grupo poderá ser beneficiado ou onerado por aquela distribuição particular, sob pena de suprainclusão.

Segundo Weinrib, a noção de igualdade implícita na justiça distributiva é conceitualmente necessária para esse modo de compreensão das relações jurídicas. Isso porque, independentemente dos méritos ou deméritos do critério de distribuição ou do objeto da distribuição em questão, esse conceito de igualdade é aplicável a qualquer distribuição, na medida em que é "[...] imanente à compreensão de uma distribuição como um arranjo internamente inteligível."[135] (Weinrib, 1988, p. 990, tradução minha). A não observância desse pressuposto necessariamente gerará uma desigualdade.

Dizer que personalidade e igualdade são noções pressupostas na forma da justiça distributiva significa, em termos weinribianos, que elas são componentes conceituais da forma da justiça distributiva e, consequentemente, são interdependentes entre si, na medida em que são partes do todo que a forma representa.

Essa interdependência gera implicações práticas. Por exemplo, ocorrendo um caso de subinclusão, alguém que potencialmente pertence ao grupo de beneficiários da distribuição mas é excluído somente pode demandar o respeito ao pressuposto de igualdade em razão de seu *status* de pessoa, que veda ao responsável pela distribuição usá-la como meio para atingir fins extrínsecos aos elementos daquela distribuição. Personalidade e igualdade tornam a justiça distributiva concebível como uma forma do direito, isto é, como um princípio de ordenação de certo tipo de relação jurídica, que se caracteriza por pessoas mediatamente ligadas por um critério inteligível internamente (Weinrib, 1988, p. 991).

É importante ressaltar que Weinrib caracteriza esses componentes conceituais da justiça distributiva como "valores fundamentais". Segundo o

[135] No original: "[...] immanent to the understanding of a distribution as an internally intelligible arrangement."

autor, "a ação legislativa e administrativa", isto é, os poderes legislativo e executivo, têm a capacidade de definir distribuições respeitando os contornos conceituais dos valores fundamentais de personalidade e igualdade, e exemplifica algumas maneiras pelas quais o direito positivo pode manifestar esses valores fundamentais:

> [...] incorporando-os às técnicas de interpretação da lei, elaborando noções de justiça natural e equidade para procedimentos administrativos ou consagrando especificações da personalidade e igualdade em documentos constitucionais.[136] (Weinrib, 1988, p. 991, tradução minha).

A consequência do raciocínio weinribiano é que desconsiderar os valores fundamentais de personalidade e igualdade na definição dos contornos de uma distribuição ou no momento de sua operacionalização concreta gera uma desigualdade formal que impossibilita o alcance de qualquer resultado concreto justo. A desconexão com a forma parece ser, na visão de Weinrib, um vício de origem que impede o alcance um resultado substantivo justo. O raciocínio não implicaria, no entanto, reduzir a justiça substantiva à formal, mas esclarecer que a formal é um requisito essencial da substantiva.

Nesse contexto, para o autor, o poder judiciário tem o papel de desenvolver as noções de personalidade e igualdade. No entanto, não é fácil divisar os limites desse papel na realidade prática. Weinrib explica que, no curso do controle judicial, "os tribunais podem insistir que, ao estabelecer e executar um esquema de justiça distributiva, a autoridade política não trate pessoas como coisas ou viole a igualdade entre pessoas sob o critério de distribuição."[137] (Weinrib, 1988, p. 991-992, tradução minha). Ele afirma que isso deve ser feito sem intromissão nas prerrogativas dos outros poderes, ou seja, dentro dos limites da distribuição definida pela autoridade política. O judiciário deve legitimamente insistir para que uma distribuição particular se conforme a sua própria estrutura inteligível, dando

[136] No original: "[...] by incorporating them into the techniques for construing statutes, by elaborating notions of natural justice or fairness for administrative procedures, or by enshrining specifications of personhood and equality into constitutional documents."

[137] No original: "[...] a court can insist that, in setting up and executing a scheme of distributive justice, political authority not reat persons as things or violate the equality of persons under the distributional criterion."

"especificidade ao conceito de pessoa e à norma de igualdade que a justiça distributiva postula."[138] (WEINRIB, 1988, p. 992, tradução minha).

2.5.4. A ausência de relação entre política e justiça corretiva

Se a inteligibilidade das distribuições é dual, apresentando uma face externa, que é dada pela política e entendida instrumentalmente à luz dos interesses da comunidade, e uma face interna, que é dada pelo direito e entendida conceitualmente à luz de sua estrutura imanente (i.e., como uma expressão da forma da justiça distributiva), Weinrib defende que a justiça corretiva é uma categoria completamente diferente, cuja inteligibilidade é exclusivamente interna e em que a política está ausente.

Isso porque a justiça corretiva representa a estrutura de transações voluntárias ou involuntárias, caracterizadas pela interação bilateral e imediata entre duas partes, não havendo a necessidade de observação de nenhum elemento externo a essa imediatidade da relação entre as partes para torná-la inteligível. De acordo com Weinrib, o significado dessa interação que se estabelece entre as partes se encontra na "[...] interpretação da **interseção imediata entre fazer e sofrer** enquanto cada parte persegue seu próprio objetivo",[139] e não na definição, pela esfera política, de um objetivo para atender a um interesse coletivo (WEINRIB, 1988, p. 992, tradução minha).

Sabemos que as regras que formam o direito privado e a responsabilidade civil e a estrutura institucional de solução de suas controvérsias são fruto de uma decisão política, bem como é certo que podem gerar, e normalmente geram, consequências políticas, econômicas e sociais externas à forma corretiva. Todavia, a tese formalista é de que, enquanto concretizações da justiça corretiva, o direito privado e, consequentemente, a responsabilidade civil, não possuem um "aspecto político"[140] (WEINRIB, 1988, p. 992; 1995, p. 212).

[138] No original: "[...] give specifity to the concept of the person and to the norm of equality that distributive justice postulates."

[139] No original: "[...] in the interpretation of the immediate **intersection of doing and suffering** as each party pursues his or her own goal."

[140] A este respeito, Weinrib afirma que: "Private law may have political consequences and may be the result of a political decision [...] but **qua realization of corrective justice, it has no political aspect.**" (WEINRIB, 1988, p. 992, destaque meu).

Se o direito, analisado com base nas relações jurídicas, pode ser integralmente organizado sob uma das duas formas da justiça, se aquilo que é "especificamente jurídico" é a concretização coerente de uma das duas formas da justiça e se apenas a justiça distributiva, por suas características estruturais, apresenta a necessidade de um aspecto externo, a justiça corretiva está, para Weinrib, "imune" à orientação externa que caracteriza as distribuições. A sua inteligibilidade não depende de uma orientação externa, sendo integralmente imanente e não instrumental (WEINRIB, 1995, p. 212).

Essa ideia de "imunidade" é outra maneira de expressar a tese da incomunicabilidade entre as formas da justiça. Na justiça corretiva, o conceito atuante de igualdade é inerente ao que é essencial para a inteligibilidade da interação imediata entre as partes. A atribuição de uma orientação externa à transação não será fiel à estrutura de interação imediata, pois acabará por favorecer uma parte em detrimento da outra e, consequentemente, negar a igualdade inicial formal que caracteriza a justiça corretiva enquanto uma forma[141] (WEINRIB, 1988, p. 980-993). Favorecer uma parte em detrimento da outra é quebrar a unidade da justiça corretiva, que impõe que ambas tenham o mesmo *status* formal na transação (WEINRIB, 1995, p. 213).

Weinrib afirma também que um "objetivo externo" será sempre incompatível com a justiça corretiva, porque, por sua natureza, esses objetivos devem englobar todas as pessoas por ele abrangidas, não se limitando necessariamente à interação entre as duas partes da transação. Weinrib trata os termos "objetivos externos", "propósitos" e "objetivos coletivos" como referentes a um mesmo tipo de situação em que está em jogo uma distribuição (WEINRIB, 1988, p. 993).

[141] Conforme exposto anteriormente, cada forma da justiça implica e, por conseguinte, emprega uma noção distinta de igualdade. A justiça corretiva abstrai de qualquer atributo das partes que não seja essencial para a apreensão da interação imediata entre um fazer e um sofrer (*doing and suffering*). Essa igualdade conceitual (*notional*) representa a racionalidade implícita nas transações, e, para a intelecção de transações, o *status* social, a riqueza ou o caráter das partes não é relevante. Já a noção de igualdade presente na justiça distributiva em sua face interna (jurídica) veda a subinclusão ou a suprainclusão de pessoas no grupo de potenciais beneficiários ou onerados pela distribuição. Em suma, a igualdade nas distribuições significa a aplicação estrita do critério de distribuição escolhido. Vale lembrar que Weinrib nada fala sobre a justiça ou a injustiça substantiva (externa) de uma distribuição, pois essa discussão está fora do escopo de sua teoria formalista "apolítica" do direito (WEINRIB, 1988, p. 980-981).

A unidade entre "fazer/causar e sofrer" (*doing and suffering*) um mesmo dano é quebrada quando se atribui um objetivo diferente do único objetivo da justiça corretiva, que é manter a unidade entre "fazer/causar e sofrer" (*doing and suffering*), pois necessariamente se estará favorecendo uma ou outra parte. Por isso, Weinrib conclui que será completamente equivocada qualquer tentativa de interpretação de interações imediatas entre duas partes (transações voluntárias ou involuntárias) em termos instrumentais.[142] (WEINRIB, 1988, p. 994; 1995, p. 212-213). E que, em razão de sua natureza puramente jurídica, o aprimoramento, o desenvolvimento e a concretização da justiça corretiva podem ser atribuídos ao poder judiciário, pois "A justiça corretiva produz uma compreensão do direito completamente não instrumental e não política."[143] (WEINRIB, 1988, p. 995, tradução minha).

Como elemento de ligação entre os capítulos deste trabalho, vale levar em conta que, para além do argumento apresentado neste capítulo 2 e discutido criticamente no capítulo 3, de que o formalismo é a melhor teoria para a compreensão do direito, no capítulo 4 discutirei a maneira como Weinrib defende que "o direito privado é a elaboração concreta e detalhada da justiça corretiva pelas instituições judiciais competentes."[144] (WEINRIB, 1988, p. 995, tradução minha).

2.6. A normatividade das formas da justiça

Em face do que foi apresentado neste subitem 2.5, conclui-se que, para o formalismo, a distinção entre a esfera política e a esfera jurídica provém da racionalidade (inteligibilidade) imanente das formas da justiça.[145] A forma da justiça corretiva expõe um modelo de racionalidade natural às

[142] Weinrib afirma categoricamente: "A exclusão de propósitos extrínsicos significa que o instrumentalismo não tem nenhum papel aqui [na justiça corretiva]. (WEINRIB, 1988, p. 995, tradução minha). No original: "The exclusion of extrinsic purposes means that instrumentalism plays no role here."

[143] No original: "Corrective justice yields a completely non-instrumental and non-political understanding of law."

[144] No original: "Private law is the detailed and concrete elaboration of corrective justice by the authoritative judicial institutions."

[145] Há um trecho que esclarece que, para Weinrib, os termos "racionalidade" e "inteligibilidade" são sinônimos. Ele afirma que: "A imanência e **a racionalidade (ou inteligibilidade)** das formas da justiça tenha talvez sido suficientemente exibida e relacionada à distinção entre direito e política." (WEINRIB, 1988, p. 995, destaque e tradução meus). No original: "The

transações e uma estrutura de interação cuja compreensão não depende de sua observação à luz de propósitos extrínsecos. Já a forma da justiça distributiva expõe um modelo de racionalidade inerente a todas as possíveis distribuições.

O que o aspecto jurídico da justiça distributiva faz é conformar e restringir a atuação dos propósitos extrínsecos exibidos por distribuições particulares por meio dos conceitos de personalidade (*personality*) e igualdade (*equality*). Para o formalista, o direito continua sendo um fenômeno apolítico, apesar da face externa (política) da justiça distributiva, na medida em que reproduz os contornos conceituais dessas formas na realidade jurídica (Weinrib, 1988, p. 995).

Parece-me claro que Weinrib considera possível que o direito seja visto também como um fenômeno político. No entanto, o que o formalismo weinribiano sustenta é, não apenas que é possível vê-lo como um fenômeno apolítico, na medida em que ele traduza os contornos conceituais das formas da justiça para a realidade jurídica, mas que vê-lo dessa maneira – através das formas e, portanto, como fenômeno apolítico – é mais fiel a sua verdadeira natureza. Ademais, o formalismo defende que, metodologicamente, é a única maneira de garantir um contato direto com o objeto de análise sendo, assim, superior a outras abordagens em suas tentativas de explicar o direito. Por essas razões, o formalismo seria a melhor teoria disponível para se conhecer o direito.

No entanto, Weinrib vai mais longe, pois seu objetivo não é meramente descrever as estruturas subjacentes ao direito ou exibir a natureza da relação entre direito e a política. Ele defende que as formas da justiça têm uma dimensão moral, o que torna o formalismo não somente de uma teoria descritiva do fenômeno jurídico, mas uma teoria com uma pretensão avaliativa (Weinrib, 1988, p. 995-996). Isso porque, na visão do formalismo, as formas impõem restrições implícitas ao direito positivo ou, quando tais restrições não se impõem, as formas podem ser usadas como ponto de vista crítico aos arranjos do direito positivo ou às decisões judiciais que não atendem a essas restrições implícitas, em especial à restrição de não se atribuir propósitos políticos (extrínsecos) aos ramos do direito governados pela forma da justiça corretiva. No entanto, é preciso indagar de onde

immanence and **the rationality (or intelligibility)** of the forms of justice have perhaps now been sufficiently exhibited and related to the distinction between law and politics..

vem a "força moral" ou a "normatividade" que o formalismo weinribiano atribui às formas para que exerçam esse papel prescritivo ou avaliativo.

Consoante as premissas epistemológicas do formalismo, a normatividade não pode derivar de um propósito extrínseco e, portanto, independente do direito. Ou seja, a normatividade não pode derivar a uma justificação com base no aumento do bem-estar coletivo ou individual, no incremento da liberdade individual do cidadão ou na eficiência econômica, para ficar nas ideias mais comuns sustentadas pelas teorias do direito contemporâneas.

A normatividade também não pode derivar do processo legislativo, por meio do qual um propósito ou um objetivo social ganha existência como direito positivo (Weinrib, 1988, p. 996). Em outras palavras, a normatividade das formas corretiva e distributiva da justiça não deriva de uma teoria das fontes do direito (*sources theory*) como propugnam os positivistas (Green, 2009). Em todos esses casos, a imanência seria sacrificada para garantir ou gerar a normatividade, e esse procedimento, como vimos, é vedado ao teórico formalista.

Ideia-chave para o formalismo, a sustentação da perspectiva interna (imanência) depende de se encontrar um fundamento para a normatividade das formas da justiça que seja imanente, assim como é imanente a sua inteligibilidade (racionalidade). Para o formalista, a "semente" da normatividade está nas próprias formas, pois, "[...] justiça corretiva e distributiva são normativas não porque outra coisa as faz normativas, mas porque constituem a natureza essencial da normatividade com respeito às relações externas entre pessoas."[146] (Weinrib, 1988, p. 996, tradução minha).

Weinrib argumenta que essa normatividade não instrumental que o formalismo procura para explicar de onde provém a força moral das formas da justiça pode ser encontrada na filosofia do direito de Kant. O cerne de seu argumento é que a normatividade kantiana (*Kantian normativity*) está pressuposta nas formas da justiça, entendidas como estruturas justificatórias, ou seja, exatamente nos termos pretendidos pelo formalismo (Weinrib, 1988, p. 996).

[146] No original: "For the formalist, corrective and distributive justice are normative not because something else makes them normative, but because they constitute the essential nature of normativity with respect to the external relationships of persons."

Como relembra Weinrib, as formas da justiça são tão abstratas que não incorporam nenhuma noção de bem (*good*), só restando estarem fundamentadas na noção kantiana de direito (*notion of kantian right*). Ele propõe que as formas da justiça aristotélicas e o direito kantiano (*Kantian right*) sejam entendidos como explicações articuladas e compatíveis da inteligibilidade não instrumental das relações jurídicas. A noção kantiana de direito (*notion of kantian right*) explica a inteligibilidade (racionalidade) das formas com base na ideia de atos livres (*free acts*) necessários aos imperativos categóricos da razão (*categorical imperatives of reason*) (WEINRIB, 1988, p. 996).

O conceito de normatividade que emerge da filosofia do direito de Kant é um conceito particularmente rigoroso, bem ao gosto da filosofia weinribiana. A justiça corretiva, diz Weinrib, pode ser apresentada em termos kantianos como o ponto de vista pelo qual as pessoas morais (os númenos[147]) veem umas as outras, isto é, "[...] como a ordenação de interações imediatas que pessoas morais kantianas reconheceriam como expressivas de sua natureza."[148] (WEINRIB, 1988, p. 998, tradução minha). Segundo o autor, as pessoas morais (*moral persons*) têm o dever de interagir umas com as outras de maneira apropriada a não infringir a condição que têm de igualdade formal. Ou seja, seus atos, enquanto atos de seres livres, devem coexistir com a liberdade de todos. Weinrib considera que essa obrigação não é uma imposição de fora para dentro, mas uma consequência conceitual da natureza das pessoas morais presente na justiça corretiva.

Portanto, o formalismo weinribiano entende que a justiça corretiva pressupõe a ideia de personalidade moral (*moral personality*). Consequentemente, as obrigações expressas pela teoria do direito kantiana relativas aos seres livres agindo de acordo com leis morais (*free beings under moral laws*) estariam implícitas na inteligibilidade das interações imediatas entre partes (WEINRIB, 1988, p. 998).

Para Weinrib, a justiça distributiva também pressupõe a ideia de personalidade moral (*moral personality*). No subitem 2.5.2 foi apresentada a distinção entre pessoas e coisas, explicada em termos kantianos e fundamental

[147] Número, ou *noumeno*, é um termo usado na tradição platônica e reintroduzido por Kant para designar o conhecimento racional que identifica pelo pensamento as coisas tais como elas são (realidade inteligível); realidade absoluta (coisa em si). (NÚMENO, 1999).

[148] No original: "[...] as the ordering of immediate interactions that Kantian moral persons would recognize as expressive of their natures."

para a caracterização da justiça distributiva como uma forma. Weinrib acrescenta que essa distinção se relaciona com a ideia de personalidade moral, pois, enquanto um conceito ordenador, isto é, enquanto forma geral e abstrata, a forma da justiça distributiva não especifica nenhum objeto, critério ou grupo em particular. A justiça distributiva é a forma que subjaz a todas as possíveis distribuições particulares que podem existir e é, ao menos tempo, indiferente a elas (Weinrib, 1988, p. 998).

A conclusão de Weinrib é que ambas as formas da justiça incorporam a normatividade presente em ideia de pessoas morais kantianas quando em interação externa umas com as outras. Todavia, cada forma expressa essa normatividade por meio de uma estrutura distinta de igualdade: a justiça corretiva por meio da igualdade quantitativa e a justiça distributiva por meio da igualdade proporcional.

Há uma única pressuposição normativa que subjaz tanto às interações imediatas quanto às interações mediatas. Todavia, como esses dois tipos de interação expressam dois tipos distintos de igualdade, a pressuposição normativa subjacente a eles também se manifesta de maneiras distintas no direito positivo. Na justiça corretiva, essa pressuposição normativa se manifesta em termos de deveres recíprocos das partes de não interferirem injustamente naquilo que concretiza a personalidade moral de cada um, isto é, sua propriedade e seu corpo, e nos direitos que são correlativos a esses deveres. Daí, segundo Weinrib, sustentar-se que o direito privado, campo do direito que regula as interações imediatas entre partes, define um conjunto de direitos e deveres de não interferência na propriedade alheia e de integridade física que constrange e, ao mesmo tempo, protege todos aqueles dotados de personalidade moral (Weinrib, 1988, p. 999).

Na justiça distributiva, essa pressuposição normativa se manifesta de maneira diferente, pois não há deveres imediatamente devidos entre partes, mas uma relação entre pessoas mediada por um objetivo determinado pela autoridade política. A normatividade, nesse caso, funciona na própria mediação, exigindo que a autoridade política, ao exercer seu poder de definição do critério de distribuição, "[...] respeite a personalidade moral conformando-se à estrutura justificatória imanente a todas as distribuições."[149] (Weinrib, 1988, p. 999, tradução minha). Segundo Weinrib, essa restrição

[149] No original: "[...] respect moral personality by conforming to the justificatory structure immanent in all distributions."

imposta – em razão da normatividade imanente à forma da justiça distributiva – aos objetivos da comunidade definidos pela autoridade política se expressa, juridicamente, na possibilidade de invalidação, pelo judiciário, dos atos do legislativo e do executivo (WEINRIB, 1988, p. 999).

Levando a sério essa última afirmação de Weinrib, isso significa afirmar que as formas da justiça impõem – de maneira antecedente à criação do direito positivo – essa normatividade expressa pelo conceito kantiano de personalidade (*personality*). O direito positivo poderá ou não refletir essa normatividade imanente, e, caso não reflita, Weinrib parece defender que o judiciário pode agir no sentido de reinstaurar essa normatividade, dado que, segundo o formalismo, ela não é pré-jurídica, mas jurídica em sua plenitude, estendendo sua força sobre o direito positivo que se opõe a ela. Um julgamento, segundo ele, "[...] é declaratório dessa preexistente força moral."[150] (WEINRIB, 1988, p. 999, tradução minha).

Ademais, ele afirma que o direito assume que, conceitualmente (*notionally*), o padrão declaratório dos julgamentos está presente nas interações no momento de sua ocorrência, isto é, de forma antecedente à análise pelos tribunais, atestando que a ordenação coerente das transações (voluntárias ou involuntárias) e das distribuições (de ônus ou benefícios) por meio de suas respectivas formas corretiva e distributiva é um exercício inerentemente normativo (*inherently normative exercise*) (WEINRIB, 1988, p. 999).

O problema com todas essas afirmações acerca da normatividade imanente às formas é que, justamente, Weinrib não vai muito além da mera asserção sem comprovação delas. Assim, além dos dois problemas já levantados relativos à adoção da teoria do conhecimento defendida pelo formalismo e à fundamentação da necessidade de adoção do conceito de coerência interna, a afirmação de que as formas da justiça têm uma força normativa imanente explicada pela filosofia do direito de Kant também precisa ser mais do que uma mera asserção. Voltarei a esses pontos nas seções 4 e 5 deste livro.

[150] A afirmação completa de Weinrib a esse respeito é a seguinte: "The retrospective [operation of legal remedies] presumes that the standard had moral force at the time of the action at issue in the suit, and that **the judgment is declaratory of this pre-exiting moral force**." (WEINRIB, 1988, p. 999, destaque meu).

2.7. Formalismo: uma teoria geral do direito?

Do que foi até agora exposto, é possível traçar algumas conclusões preliminares. Com base na exposição das principais teses que estruturam o formalismo jurídico weinribiano é possível concluir que há três questões problemáticas em sua argumentação. A primeira é relativa à teoria do conhecimento sugerida pelo formalismo, a qual vê na inteligibilidade imanente do direito, com base em sua adequação às formas da justiça, um paradigma da inteligibilidade e, portanto, superior a qualquer outra maneira de inteligir o mesmo fenômeno. A segunda questão diz respeito à necessidade de adoção do critério de coerência nos termos propostos pelo formalismo na tese da incomunicabilidade e à consequente vedação a qualquer outra concepção de coerência. Por fim, a terceira questão problemática, exposta no subitem anterior, é relativa à afirmação de que as formas da justiça são dotadas de normatividade imanente que é prévia ao direito positivo e independente dele.

Apesar desses pontos, dos quais me ocuparei nos capítulos subsequentes, a exposição da teoria traz a lume uma série de informações úteis acerca de suas premissas epistemológicas e metafísicas e do método proposto pelo formalismo para conhecer o direito.

Todavia, diante da insistência de Weinrib em utilizar, na maioria das vezes, exemplos tirados do campo da responsabilidade civil para ilustrar suas posições acerca do formalismo, é preciso indagar quais são os objetivos gerais do formalismo, ou seja, qual é o seu escopo teórico geral. Trata-se, afinal, de uma teoria geral do direito ou de uma teoria do direito privado?

Está claro que Weinrib afirma que o direito privado é dotado de normatividade interna própria dada pela forma da justiça corretiva informada pelo conceito de direito (*right*) kantiano, ainda que essa asserção possa ser contestada à luz das três questões problemáticas elencadas. Entretanto, é oportuno, para a definição do alcance do formalismo, que se indague se é possível vislumbrar um lugar para outros campos do direito no formalismo weinribiano. Todos os campos do direito seriam dotados de normatividade imanente?

A título de conclusão parcial, considero que é possível responder afirmativamente a essas questões. É verdade que o trabalho teórico de Weinrib começou com o direito privado – mais especificamente, com o tema da responsabilidade civil da fundamentação da doutrina de *negligence law* ou responsabilidade com culpa (Weinrib, 1983) –, o que pode explicar sua natural predileção por exemplos retirados desse campo do direito.

Todavia, a evolução de seu pensamento levou-o à necessidade de conectar a fundamentação da responsabilidade civil e do direito privado a uma teoria do direito mais abrangente, em que suas intuições sobre a "melhor forma" de entender e explicar a responsabilidade civil estivessem ligadas a um robusto arcabouço teórico envolvendo metodologia, metafísica e epistemologia. Entendo que é esse movimento que leva Weinrib a elaborar a primeira apresentação geral do formalismo jurídico (1988). Como vimos neste capítulo, o formalismo jurídico sustenta que há duas formas do direito – justiça corretiva e justiça distributiva – e que o direito privado diz respeito apenas à primeira. Áreas do direito que instituam arranjos distributivos terão como forma subjacente a segunda delas. Ademais, a unidade básica de análise formalista, a relação jurídica, não parece se reduzir somente a relações que se estabelecem entre duas partes.

Concluo que, para Weinrib, o formalismo é uma teoria geral do direito a qual pretende explicar, com base nas formas, as estruturas justificatórias a que todas as relações jurídicas devem se subsumir para serem internamente coerentes e formalmente justas.

Todos os campos do direito devem, obedecendo à força normativa imanente às formas, se subsumir ou à forma da justiça corretiva, ou à forma da justiça distributiva. Esse é o objetivo último e a ambição maior do formalismo: explicar e criticar o direito positivo e a prática dos tribunais à luz das formas da justiça.

Assim, embora problemática em vários de seus aspectos fundantes, é possível afirmar que se trata de uma teoria geral do direito. Essa afirmação é corroborada pela seguinte passagem: "[...] na visão do formalista, o contraste entre o direito privado e outras partes do direito repousa nos diferentes princípios de unidade [as formas] revelados pelos vários tipos de relações jurídicas."[151] (Weinrib, 1995, p. 29, tradução minha).

O direito é visto pelo formalismo como uma prática normativa em que cada uma das relações jurídicas que o constitui pode ser identificada como a instanciação de um ou outra das formas da justiça. Logo, o direito pri-

[151] No original: "[...] on the formalist view, the contrast between private law and other legal orderings rests on the different principles of unity evinced by the various kinds of legal relationships."

vado, com seus diferentes arranjos transacionais – por exemplo, contratos (transação voluntária) e responsabilidade civil (transação involuntária) –, é formado por um conjunto de relações jurídicas que são a materialização particularizada e especificada da forma da justiça corretiva informada pela normatividade expressa na concepção kantiana de direito (*right*).

Embora Weinrib não se aprofunde na apresentação de exemplos que esclareçam o papel ocupado pelo direito público no formalismo, é possível supor que o autor entende que tudo que não é subjacente à forma da justiça corretiva, como direito civil e direito criminal, por exemplo, possivelmente também direito comercial,[152] será necessariamente subjacente à forma da justiça distributiva. Esse parece ser o corte que Weinrib sugere existir entre direito privado e direito público: o primeiro diz respeito a tudo que for a expressão da forma da justiça corretiva (transações voluntárias e involuntárias entre duas partes consideradas como externas uma a outra) e o segundo diz respeito a tudo que for a expressão da forma da justiça distributiva (todas as distribuições).

É possível supor que o direito tributário seja um exemplo de materialização da forma da justiça distributiva, na qual a autoridade política escolhe um tipo de distribuição do ônus arrecadação de recursos para a manutenção de diversas atividades estatais. No entanto, essa dicotomia entre público, como distributivo, e privado, como corretivo, parece deixar de fora algumas áreas. O já mencionado direito criminal não parece se encaixar confortavelmente em nenhuma das duas formas, embora Weinrib forneça alguns parcos argumentos para encaixá-lo sob a justiça corretiva. Caso mais complexo diz respeito ao direito administrativo. As regras de direito administrativo dizem respeito a transações ou a distribuições? E o que dizer do direito de família ou do direito constitucional? Quais são as partes dessas relações jurídicas e que forma elas assumem? Seriam distribuições ou transações?

Infelizmente, Weinrib é silente sobre qual a natureza do direito de família, e chega a ser difícil imaginar quais seriam as relações jurídicas relevantes nesse contexto para uma análise formalista. É possível indagar se as relações jurídicas entre cônjuges ou entre pais e filhos sequer podem ser analisadas pela metodologia formalista, pois parece estranho perguntar

[152] Esse elenco não pretende ser exaustivo, mas listar apenas os campos do direito que mais facilmente parecem se subsumir à forma da justiça corretiva.

se essas relações jurídicas seriam corretivas ou distributivas, visto encerrarem deveres de assistência – não apenas material, mas também moral –, reciprocidade, moralidade pública, proteção, especialmente dos filhos menores, dentre outros.

Argumento que o direito de família, alguns tipos de contratos e a responsabilidade objetiva expõem os limites tanto descritivos quanto prescritivos da teoria formalista do direito, na medida em que apresentam elementos de cooperação e solidariedade como motivos intencionais "imanentes" – para usar a linguagem de Weinrib – mas, ao mesmo tempo, não podem ser facilmente "expulsos" conceitualmente do direito privado e realocados no direito público, como a dimensão prescritiva do formalismo parece impor.

Quanto aos citados direito administrativo e direito constitucional, há uma curta passagem em que Weinrib discute a natureza dúplice – jurídica e política – da justiça distributiva e, embora não esclareça quais seriam as partes dessas relações jurídicas, a esse respeito assim afirma: "[...] seja qual for a distribuição escolhida, ela deve observar a coerência da justiça distributiva e, consequentemente, ela tem aspectos jurídicos, expressáveis por meio de normas de direito constitucional e administrativo, que estão sujeitas a revisão judicial."[153] (Weinrib, 1995, p. 211, tradução minha).

Apesar dessas questões em aberto, que talvez possam ser resolvidas ou aprofundadas por Weinrib ou outros teóricos que adotem essa versão do formalismo, não resta dúvida de que a intenção de Weinrib é construir uma teoria geral do direito. Se o formalismo é ou não uma boa teoria geral do direito é uma indagação distinta, que será analisada nos capítulos subsequentes.

Em conclusão, é possível afirmar que, com boas razões ou não, Weinrib sustenta que essa maneira de organizar o conhecimento sobre o fenômeno jurídico, baseada na inteligibilidade imanente de sua forma, tem grande potencial explicativo e nos fornece a melhor maneira de se compreender as relações jurídicas, inclusive as de responsabilidade civil, que serão objeto de análise no capítulo 4 deste livro.

Além de discutir se o formalismo pode ser considerado uma boa teoria geral do direito, no capítulo 4 deste trabalho pondero se, mesmo num

[153] No original: "[...] whatever distribution is chosen must live up to the coherence of distributive justice and accordingly it has juridical aspects, expressible through norms of constitutional and administrative law, that are subject to judicial review."

campo do direito supostamente incontroverso para o formalismo, como é o caso do direito privado, a explicação que ele fornece para a responsabilidade civil, especialmente para a responsabilidade objetiva, é uma explicação satisfatória.

Assim, é importante levar em consideração que, para o formalismo weinribiano, todo conhecimento seguro e correto sobre o direito privado e sobre a responsabilidade civil pode e deve ser adquirido por meio da organização dos particulares com base na forma da justiça corretiva. Consequentemente, também a responsabilidade civil pode ser entendida como um fenômeno normativo internamente coerente, desde que condizente com a forma da justiça corretiva informada pela normatividade expressa na concepção kantiana de direito (*right*). Qualquer conjunto de regras, padrões e princípios, doutrinas jurídicas ou decisões judiciais que não sejam condizentes com a forma da justiça corretiva, entendida nesses termos, serão consideradas internamente incoerentes. Essa é exatamente a conclusão a que Weinrib chega a respeito da responsabilidade objetiva com base na visão formalista: que se trata de um arranjo jurídico incoerente com a forma da justiça corretiva e com normatividade expressa na concepção kantiana de direito (*right*), que é imanente à responsabilidade civil e, portanto, uma monstruosidade ou um erro conceitual.

3
Objetivos da teoria do direito: Uma discussão metodológica

"Então, como devemos entender o direito? O que pode ser **conhecido** sobre o direito? **Como** podemos conhecê-lo? **Quais asserções** ao conhecimento jurídico poderiam ser respeitavelmente feitas numa cientificamente inclinada e filosoficamente bem fundada comunidade de acadêmicos? [...] Enquanto uma admissão aberta de interesse em questões de ontologia ou epistemologia pareceria, sem dúvida, intoleravelmente pretensiosa para muitos advogados e mesmo para alguns cientistas sociais, e enquanto tal admissão aberta frequentemente parece ser considerada em si mesma uma *prise de position* [tomada de posição], o fato é que ninguém que se engaja nestes campos de trabalho intelectual pode prosseguir sem suposições mais ou menos articuladas sobre **o que há lá** e **como conhecemos.**"[154] (MACCORMICK; WEINBERGER, 1986, p. 1, destaques dos autores, tradução minha).

3.1. Por que discutir teoria do direito?
O que há para ser conhecido e explicado acerca do direito e como saber se as respostas fornecidas pelas teorias do direito estão corretas ou não?

[154] No original: "So how are we to understand law? What is there that can be **known** about law? **How** can one know it? **What claims** to legal knowledge could respectably be made in a scientifically inclined and philosophically well-grounded community of scholars? [...] While an open admission to interest in questions of ontology or epistemology would no doubt seem unbearably pretentious to many lawyers and even some social scientists, and while such an open admission often seems to be regarded as being itself a **prise de position**, the fact is that nobody engaged in these fields of intellectual endeavour can go without some more of less articulate assumptions as to **what there is** and **how we know.**"

Posto de outra maneira, o que um teórico se propõe a alcançar quando elabora uma teoria do direito e como podemos avaliar se ele foi bem-sucedido ou não em sua empreitada? Como é possível afirmar que uma teoria do direito é superior a outra?

Ainda que boa parte dos teóricos do direito não faça referência expressa a essas questões quando inicia seus artigos, seus livros e suas teses, é possível afirmar que sempre possuem uma resposta, ainda que implicitamente e de forma mais ou menos articulada, a todas elas.[155]

No direito, tanto nos debates acadêmicos quanto entre aqueles que atuam diretamente na prática jurídica (juízes, advogados, promotores de justiça etc.), não são poucas as vozes que se insurgem quando se pretende falar da importância da teoria do direito para o avanço do conhecimento jurídico. Tamanha é a desconfiança em relação a quem faz "teoria", normalmente rotulada, em conversas informais, de "perfumaria jurídica", que se torna necessário discutir, afinal, o porquê de se estudar e discutir teoria do direito.

Discutir um autor praticamente desconhecido no Brasil e com uma tese estranha ao pensamento jurídico pátrio, como Weinrib, não ajuda a dissipar essas desconfianças.[156] É preciso, então, apresentar razões para se estudar

[155] Em *Evaluation and legal theory*, a filósofa do direito Julie Dickson (2001) propõe um estudo de "metateoria ou metodologia da teoria do direito" em que procura justamente organizar essas questões numa classificação que auxilie na compreensão do que os teóricos pretendem atingir ao elaborar teorias do direito (objetivos e abrangência) e também defende uma posição acerca de como podemos determinar o que faz uma teoria do direito ser mais ou menos bem-sucedida em relação a teorias rivais.
Seu estudo sobre metodologia da teoria do direito (metateoria do direito) é guiado pelas seguintes perguntas: "O que estamos tentando atingir ao construir teorias do direito e por meio de qual critério podemos julgar tais teorias como bem-sucedidas? Baseados em que devemos decidir entre afirmações teóricas rivais e/ou teorias que fazem tais afirmações? Os objetivos de uma teoria do direito são descritivos, críticos ou justificatórios com relação a seu *explanandum*? Alguma dessas abordagens mutuamente antagonistas (ou todas elas) ou, por exemplo, uma abordagem descritiva da teoria do direito poderia ser compatível com uma exposição justificatória da natureza do direito? Existe um método correto por meio do qual o direito deve ser entendido de forma a atingir um ou mais dos objetivos mencionados acima?" (DICKSON, 2001, p. 2, tradução minha).

[156] Há apenas uma tradução para o português de um artigo de Ernest Weinrib numa coletânea dos artigos mais significativos dos últimos anos nos Estados Unidos sobre formalismo. Nesse sentido, ver Weinrib (2011). Além desse artigo, há duas dissertações de mestrado brasileiras que tratam da teoria formalista weinribiana e de sua fundamentação da responsabilidade

teoria do direito em geral, pontuando as questões que as teorias do direito costumam pretender resolver e também as razões para se estudar a teoria formalista do direito de Weinrib em particular – que, como destacado na introdução a este trabalho, elabora uma tese sobre a racionalidade jurídica, em geral, e sobre a racionalidade característica da responsabilidade civil, fundamentada na forma da justiça corretiva, que merece atenção.

Defendi, à guisa de conclusão parcial do capítulo 2, que o objetivo de Weinrib, ao desenvolver o formalismo jurídico, foi precisamente o de elaborar uma teoria geral do direito. Observei ainda que Weinrib parece deixar algumas questões em aberto, como o lugar de algumas áreas do direito, organizadas em torno de conjuntos de regras de direito positivo, como o direito de família e sucessões, que não parecem se encaixar na visão de que as relações jurídicas devem ser de natureza ou corretiva, ou distributiva. Ademais, algumas premissas da teoria formalista parecem carecer de melhores argumentos de sustentação, em especial as que se referem à inteligibilidade imanente como o paradigma para a compreensão do que é especificamente jurídico e ao conceito de coerência estrito que gera a tese da incomunicabilidade entre as formas da justiça corretiva e distributiva, considerado o critério de verdade da teoria formalista.

Os problemas que a apresentação da teoria formalista do direito suscita, somados aos problemas que indicarei no capítulo 4, acerca do *status* da responsabilidade objetiva, jogam suspeitas sobre a capacidade do formalismo jurídico de ser uma boa teoria do direito e, especificamente, da responsabilidade civil. Contudo, qual parâmetro podemos usar para efetuar tal julgamento?

Em termos muito gerais, a teoria do direito[157] é vista como a disciplina que se ocupa da identificação do que é direito (e, por exclusão, do que não é direito) e dos elementos estruturais básicos desse campo do conhecimento, que permitem fornecer um conceito de direito. Dito dessa forma, o leitor desavisado não poderá sequer supor a quantidade de respostas díspares e por vezes contraditórias que as questões "o que é direito?" e "quais são os elementos estruturais do direito?" receberam ao longo da história

civil – de Dresch (2005) e a minha (Barbieri, 2008) – e um artigo que discute interpretação e raciocínio jurídico no formalismo weinribiano (Barbieri, 2011).

[157] Em língua inglesa, o termo "teoria do direito" equivale aos termos "*jurisprudence*" e "*theory of law*". Embora possam existir discussões acerca das diferenças entre teoria do direito (*jurisprudence*) e filosofia do direito, estas não afetam diretamente o presente trabalho.

recente dessa disciplina e o quanto, portanto, seu objeto e seus métodos característicos são objeto de controvérsias.[158]

Uma das controvérsias fundamentais sobre a natureza dessa disciplina é: ela deve se ocupar de sistemas jurídicos particulares – por exemplo, do sistema jurídico brasileiro ou norte-americano – ou deve buscar expor os elementos comuns a todos os sistemas jurídicos, digamos, ocidentais ou do mundo? Outra, correlata a essa primeira, se dá acerca da própria capacidade explicativa de uma teoria tão ampla quanto aquela que se proponha a explicar o que é o direito em todos os sistemas jurídicos do mundo ocidental. Essas controvérsias escondem ainda uma outra, relativa à validade da pressuposição de que é possível ver o direito como um algo unitário, em oposição à posição contrária, de que se trata de um conjunto de práticas díspares apenas agrupadas sob a rubrica "direito", mas sobre a qual nada de filosoficamente interessante pode ser dito.[159]

[158] No capítulo de abertura de *O conceito de direito*, Hart (2005) expõe sua opinião sobre esse fenômeno tão particular ao estudo do direito. Para Hart, é preciso entender que a razão pela qual, ao longo da história, a questão persistente "o que é o direito?" tem gerado respostas tão numerosas e, ao mesmo tempo, estranhas e paradoxais é que todo o longo e complicado debate sempre se desdobrou na tentativa de responder a estas questões centrais: (i) qual a diferença entre direito e obrigações jurídicas das ordens baseadas em ameaças e como ambas se relacionam?; (ii) qual a relação entre direito e moral?; e (iii) o que são regras e em que medida o direito é uma questão de regras? (Hart, 2005, p. 10-13).

[159] Exemplos de visões distintas acerca desse problema são, por exemplo, as posições de Michael Moore (2000) e Ronald Dworkin (1998). Enquanto o primeiro nega que diferentes sistemas jurídicos compartilhem estrutura, instituições e processos, mas considera que há uma categoria geral existente em todos os sistemas sociais cujo estudo é válido (a categoria dos sistemas que têm a função de resolução de conflitos em todas as sociedades), o segundo nega o valor de se elaborar uma teoria geral do direito. Embora admita que seja possível fazê-lo, Dworkin considera que uma tal teoria acabaria por ser desenvolvida num grau tão elevado de generalidade que terminaria destituída de qualquer potencial explicativo relevante. A proposta de Dworkin é oferecer uma teoria interpretativa aplicável a um único sistema jurídico de uma sociedade específica, ou seja, que se aplica apenas à cultura jurídica norte-americana, e não uma teoria abstrata e universalmente aplicável a qualquer contexto moral e político. (Dworkin, 1998, p. 216). Entre as posições de Moore e Dworkin, encontramos uma posição intermediária que entende que a teoria do direito é uma discussão sobre o direito em geral com base na análise das características de um sistema jurídico particular. Essa é a visão preferida por Brian Bix (1999). Nesses casos, as teorias do direito são sempre teorias a respeito de um conceito de direito que, apesar de pertencente a uma comunidade particular num dado período de tempo, pode ser aplicado a outras comunidades em outros lugares e em outros períodos históricos. (Bix, 1999, p. 10-11).

Diante dessas controvérsias acerca do objeto e dos métodos próprios à teoria do direito, não se pode simplesmente aceitar as conclusões de uma teoria sem tomar o cuidado de analisar que tipo de afirmações ela faz acerca do direito. Brian Bix (1999, p. 13) alerta para o fato de que, na maior parte das vezes, as teorias do direito têm, entre si, objetivos distintos e, portanto, não estão dando respostas diferentes para uma mesma questão, mas respostas diferentes para questões diferentes.

Todavia, como, em geral, não tornam esse fato explícito, acabam por prejudicar ou, pelo menos, dificultar a capacidade de se avaliar seus méritos. Este capítulo apresenta algumas respostas a respeito de como lidar com essas questões, expondo algumas classificações úteis para entender teorias jurídicas e captar os diferentes objetivos e assunções implícitas que elas fazem para, ao final, analisar as assunções metafísicas e epistemológicas, explícitas ou implícitas, do formalismo.

Como procurei esclarecer no capítulo 2, apesar de Weinrib se preocupar quase que exclusivamente em utilizar o formalismo para explicar o direito privado – ênfase essa que fica clara quando se observa que sua mais completa obra, *The idea of private law* (Weinrib, 1995), está consagrada a explicitar a relação entre a forma da justiça corretiva e o direito privado –, por toda a sua argumentação, especialmente em textos anteriores a 1995, conclui que o formalismo jurídico pretende ser uma explicação para todas as manifestações e áreas do direito, inclusive para o direito público.

Os subsídios colhidos da presente discussão metodológica permitirão identificar com mais exatidão o tipo de teoria que o formalismo weinribiano pretende ser e seus objetivos gerais, isto é, os fenômenos jurídicos que se encontram dentro de seu escopo explicativo. Considero que esse exercício ajudará na tentativa de melhor compreender os problemas do formalismo identificados no capítulo antecedente e também a razão por que Weinrib acaba por tachar a responsabilidade objetiva como um "erro jurídico" e uma "monstruosidade conceitual", o que discutirei no capítulo 4 subsequente.

Além de fornecer subsídios para a análise do formalismo como uma teoria geral do direito, este capítulo também apresenta elementos para afastar uma possível interpretação errônea da teoria da responsabilidade civil de Weinrib, que é vê-la como uma teoria dogmática da responsabilidade civil cuja preocupação principal é, tendo como dado o conjunto de materiais jurídicos dotados de autoridade, especialmente as regras jurídicas positivadas na legislação (*statutes*) e nos precedentes judiciais, procurar fornecer subsídios para tornar tal conjunto aplicável e coerente dentro dos limites da ordem jurídica vigente (Ferraz Jr., 2003, p. 48).

Da exposição do capítulo 2, é possível concluir que a teoria formalista não é uma teoria dogmática do direito. Defendo que, sem entender o papel do formalismo como uma teoria geral do direito, com um conjunto particular de premissas metafísicas e epistemologia, não é possível entender as afirmações que ele faz acerca da responsabilidade civil. Assim, é importante que Weinrib não seja incorretamente interpretado como um doutrinador de direito civil e que suas conclusões teóricas, especialmente no que concerne à responsabilidade objetiva, não sejam tomadas como posições dogmáticas equivocadas e desconectadas do direito positivo e da prática dos tribunais visto que, por vezes, francamente contrárias a estes.

Assim, para determinar, nos termos da discussão metodológica contemporânea, quais são as características da teoria formalista do direito e em que medida é possível afirmar que ela é uma boa teoria do direito, primeiramente é necessário expor alguns critérios e parâmetros que segui para realizar essa análise.

Nesse sentido, é consagrada a classificação de teorias do direito, quanto a seus objetivos e escopo, em teorias descritivas ou teorias prescritivas (também chamadas de normativas ou críticas). Neste capítulo, argumento que a tentativa de identificação do formalismo weinribiano com um ou outro dos polos dessa tradicional dicotomia entre teorias descritivas e prescritivas pouco ajuda na compreensão da posição metodológica adotada, pois, entendo que o formalismo jurídico está entre a descrição e a prescrição, na medida em que é uma teoria que tem um lado descritivo (procura descrever a normatividade implícita no funcionamento do direito) e também um lado prescritivo (é uma teoria que tem uma dimensão avaliativa e de justificação do direito e apresenta parâmetros para a interpretação e reforma do direito).

Apesar das grandes diferenças em outros pontos, inclusive no que se refere ao papel da coerência, o formalismo weinribiano compartilha um elemento central com a concepção de Ronald Dworkin de direito como um conceito interpretativo, bem como com a concepção de John Finnis do que é necessário para elaborar uma boa teoria do direito: todos defendem que conhecer e compreender o que o direito é depende de mais do que de sua mera descrição; que uma teoria "puramente" descritiva do direito não é uma boa descrição do direito, pois, por natureza, o direito tem elementos normativos que devem ser levados em conta pelo teórico ao elaborar sua teoria. O elemento normativo sempre está presente, de forma que descrever e avaliar são atividades que se imiscuem uma na outra.

Interpreto a teoria formalista do direito de Ernest Weinrib como uma espécie de "teoria pura" do direito de matriz não positivista. Entendo que se trata de uma teoria "pura" em razão de sua pretensão de isolar o direito de todos os demais campos normativos para identificá-lo em sua expressão "exclusivamente jurídica", mas não se confunde com o positivismo jurídico porque considera o direito – o que é "especificamente jurídico" – um fenômeno mais amplo do que o direito positivo, ou seja, considera o *ius* mais amplo do que o *lex*.

Curiosamente, no entanto, o formalismo partilha com o positivismo, especialmente na versão desenvolvida por Hans Kelsen, a crença na possibilidade de isolar o elemento especificamente jurídico – que faz do direito o que ele é – por um critério formal determinado e imutável: no positivismo, esse critério formal é dado pelo processo de criação do direito positivo, enquanto no formalismo weinribiano esse critério é fornecido pela adesão coerente às formas da justiça.

Para preparar o terreno para a análise do formalismo weinribiano, meu objetivo nos itens 3.2 e 3.3 seguintes, com a apresentação das tradicionais maneiras de se classificar teorias do direito, dando especial relevo para a dicotomia descritivo/prescritivo e com o exemplo trazido pela teoria de John Finnis, é mostrar como essa dicotomia é relevante para entender o debate metodológico contemporâneo – especialmente por que a maioria dos teóricos trabalha com ela e se autoclassifica em função dela – para, posteriormente, apresentar em que medida ela fornece ou não elementos suficientes para a compreensão precisa da proposta metodológica do formalismo weinribiano.

O próprio Weinrib (1993a, p. 593) faz menção a esse critério de classificação, portanto faz sentido começar por ele, pois o que se pretende é determinar se e como essa classificação é útil para entender que tipo de teoria do direito o formalismo jurídico pretende ser, isto é, se se trata de uma teoria descritiva ou de uma teoria prescritiva (normativa) ou, ainda, se é preciso encontrar uma outra classificação que explicite de maneira mais adequada as pretensões metodológicas do formalismo. Meu argumento é que, no que diz respeito à dicotomia prescritivo/descritivo em teoria do direito, o formalismo weinribiano ficaria "entre a descrição e a prescrição".

No item 3.5 continuarei explorando os fatores para a predominância de teorias descritivas e prescritivas "impuras", por meio da análise da proposta de Julie Dickson (2001) de superação da dicotomia entre teorias descritivas e prescritivas. A proposta de Dickson muda o foco da pergunta: em vez de se perguntar qual a razão de haver tantas teorias impuras, a autora sugere que se questione o quanto essa dicotomia efetivamente auxilia na compreensão das assunções metodológicas dessas teorias que Bix identifica como estando "entre a descrição e a prescrição" e se há outra forma de analisá-las que produza respostas mais claras.

Como Dickson argumenta que a dicotomia descrição/prescrição pode ser abandonada em prol de uma classificação alternativa que gere maiores ganhos de entendimento acerca das posições em jogo nas teorias do direito contemporâneas, analisarei também como os objetivos e o escopo do formalismo jurídico podem ser por interpretados com base nessa classificação alternativa.

Por fim, é importante esclarecer que o debate metodológico é extremamente amplo e multifacetado e que há diversos outros autores que podem ser estudados e modelos de relação entre teoria do direito e fundamentos metodológicos que podem ser pensados e que não serão citados neste livro. Em vista dos objetivos gerais deste trabalho, o presente capítulo se circunscreve ao chamado "debate contemporâneo" de teoria do direito e, no que diz respeito a ele, observo dois recortes. O primeiro é espacial. O debate metodológico de teoria do direito a que me refiro é predominantemente o debate desenvolvido nos países de língua inglesa, especialmente Estados Unidos, Reino Unido e Canadá, contexto em que a teoria formalista de Ernest Weinrib se desenvolveu e se insere. O segundo recorte é temporal, pois, quando falo em debate contemporâneo neste trabalho, me refiro aos trabalhos e teorias desenvolvidos a partir de 1960 até os dias atuais.

3.2. Teorias descritivas e prescritivas: principais diferenças

A dicotomia entre teorias descritivas e prescritivas (ser/dever ser) tem sido o ponto de partida mais comum para se debater metodologia em teoria do direito na tradição do *common law* embora, como nos informa Brian Bix (2006), não seja o único. Neste item 3.2 apresento alguns critérios usados para classificar teorias do direito, todavia ênfase maior será na apresentação da dicotomia descritivo/prescritivo, dada sua relevância para a discussão metodológica.

Meu objetivo neste item 3.2 e no 3.3 seguinte, com o exemplo trazido pela teoria de John Finnis, é mostrar como essa dicotomia é relevante para entender o debate metodológico contemporâneo, especialmente porque a maioria dos teóricos trabalha com ela e se autoclassifica em função dela. Posteriormente, apresentarei razões que explicam por que, no entanto, ela não fornece elementos suficientes para a compreensão mais precisa da proposta metodológica do formalismo weinribiano. Vejamos.

Brian Bix (2006) apresenta quatro diferentes critérios de classificação de teorias do direito. O primeiro e mais utilizado critério para classificar teorias do direito é aquele que divide as teorias que estudam práticas sociais, inclusive o direito, nas tradicionais categorias de teorias descritivas e prescritivas (normativas ou críticas). Bix afirma, ainda, que entre as teorias descritivas e as prescritivas haveria uma categoria intermediária, das teorias analíticas, ou conceituais.[160]

O segundo critério é dividir teorias do direito a partir de diferentes escolas de teorização social. Bix (2006, p. 63) trata muito brevemente desse segundo critério, afirmando apenas que o foco das teorias sociais pode estar (i) nos indivíduos; ou (ii) nas estruturas sociais; e que a descrição básica da ação social pode ser behaviorista (comportamental) ou hermenêutica.

O terceiro critério é o critério da filiação metafísica (ontológica). Conforme relembra Bix (2006, p. 63-64), a escola realista escandinava parte da posição cética de que a teoria do direito deve se centrar no que é dado observável, ou empírico, e não em entidades metafísicas. Os conceitos jurídicos devem ser reduzidos a termos observáveis empiricamente. Não apenas o realismo escandinavo defende essa posição extrema; outras escolas que se encaixam na categoria de "teorias preditivas" acerca

[160] A maioria dos autores que escrevem sobre metodologia em teoria do direito começa pela apresentação desse critério. Para ficar em um exemplo, é possível citar o próprio Brian Bix (1999, p. 3-27), que parte da diferença entre teoria descritiva e prescritiva, mas termina por criticar essa classificação, afirmando que é insuficiente para marcar diferenças relevantes entre teorias jurídicas, a maioria delas terminando por serem tidas como híbridas, isto é, teorias que apresentam tanto elementos descritivos quanto prescritivos. Outro exemplo é trazido por Jules Coleman (2002, p. 311-314), que começa seu artigo sobre metodologia jurídica discutindo a possibilidade de se fazer teoria descritiva nos termos supostamente propostos por H. L. A. Hart no prefácio de *O conceito de direito* (2005) para depois analisar se a teoria hartiana é realmente descritiva ou se, nos termos defendidos por Stephen Perry e Ronald Dworkin (segundo interpretação do próprio Coleman) ela seria normativa.

do direito defendem postura similar, inclusive o Realismo jurídico norte-americano.[161]

O ônus de apresentar uma posição alternativa a essa posição realista e cética pode ser satisfeito por meio de diferentes perspectivas: alguns autores discutem o *status* metafísico em termos da definição de um critério de verdade das proposições jurídicas, outros o discutem como questões gerais acerca das formas de raciocínio jurídico (Bix, 2006, p. 64).

No que concerne ao critério de verdade, o teórico deve apresentar uma resposta à pergunta: "o que faz a proposição X ser verdadeira ou falsa?". Uma resposta extrema é a resposta metafisicamente cética de que tratei: a proposição X é verdadeira ou falsa a depender da possibilidade de produção de um dado empírico que corrobore uma ou outra posição. No outro extremo encontramos uma espécie de "platonismo" que associa conceitos jurídicos a entidades metafísicas, sendo Michael Moore (2000) um exemplo contemporâneo de uma teoria deste estilo.[162]

[161] Realismo jurídico norte-americano, também conhecido como "movimento realista", teve seu auge entre as décadas de 1920 e 1940. Seu alvo era o formalismo, ou a "jurisprudência mecânica" dos finais do século XIX. Na verdade, Bix sugere que chamá-lo de "movimento", como ficou consagrado, seria uma impropriedade, dada a falta de um núcleo duro de teses compartilhadas entre os teóricos ditos realistas. De qualquer forma, é possível afirmar que, em primeiro lugar, o foco dos primeiros realistas era no processo de tomada de decisão judicial. Para eles, era preciso mostrar que as decisões judiciais são frequentemente enviesadas pelas posições pessoais dos juízes e construídas sobre intuições, e não por meio de uma aplicação precisa da regra abstrata ao caso concreto, como, supostamente, defenderiam os formalistas, e que outras considerações externas às regras jurídicas, como preocupações políticas, desempenhavam um papel fundamental na decisão. Com esse novo foco na adjudicação, veio uma crítica ao método de raciocínio jurídico (*legal reasoning*). Segundo os realistas, a ideia de uma ciência do direito amparada pelo raciocínio dedutivo não se sustentava. Ao revés, o que se observava era a grande indeterminação dos conceitos e do raciocínio jurídico. Assim, as ciências sociais e o olhar político sobre o direito, o processo de adjudicação e o raciocínio jurídico passaram a ser considerados mais aptos a explicar esses fenômenos do que a ênfase na determinação do direito, na neutralidade científica e no raciocínio dedutivo (Bix, 1999, p. 163-176).

[162] Segundo Bix, Michael Moore oferece uma teoria do direito e da prática jurídica construída com base no realismo metafísico. O realismo metafísico é normalmente compreendido como uma posição ontologia que defende que as palavras se referem a objetos cuja existência e cujas propriedades são independentes das crenças convencionais ou das crenças dos observadores sobre os objetos. (Bix, 2002, p. 90,). Moore afirma que há respostas corretas para questões morais e desafia seus críticos a mudarem a maneira de pensar sobre o direito, tendo em vista essa abordagem. Em termos ontológicos, ele defende a existência de entidades morais, inclusive algumas que compõem o direito, como direitos e deveres, e também vícios e virtudes,

No entanto, a maior parte das teorias se encaixa em uma posição intermediária, menos comprometida com "proposições metafísicas ambiciosas ou não usuais" (Bix, 2006, p. 64, tradução minha). Nessa linha, Bix aponta como exemplos a teoria do fato institucional, de Neil MacCormick e Ota Weinberger (1986), e a teoria da interpretação construtiva, de Ronald Dworkin (1998). Buscando afastar-se por completo da questão metafísica, outros teóricos, de matriz wittgensteiniana, sustentam poder escapar às questões ontológicas "equiparando o significado dos termos jurídicos e conceitos às regras para o seu uso". H. L. A Hart (2005) e o próprio Brian Bix (1993) seriam representantes dessa posição (Bix, 2006, p. 64).

O quarto e último critério de classificação de teorias do direito apresentado por Brian Bix diz respeito ao propósito ou objetivo que cada teoria pretende alcançar. Os propósitos de uma teoria estão intimamente relacionados a sua natureza: teorias descritivas e teorias analíticas se justificam, em termos gerais, pela busca da verdade e do conhecimento de fatos por meio da descrição da prática, enquanto teorias prescritivas (normativas) do direito procuram apresentar uma análise crítica deste com o objetivo de propor reformas que levem a mudanças nas práticas (Bix, 2006, p. 65-66).

Bix argumenta que algumas das mais influentes teorias do direito no mundo anglo-saxão – como o realismo jurídico norte-americano, ampla parte da análise econômica do direito, o movimento de estudos críticos do direito (*critical legal studies*) e teorias feministas do direito – são mais bem compreendidas como uma combinação de propósitos, ou seja, como combinação entre crítica ao funcionamento atual do direito e sugestão para seu aperfeiçoamento (Bix, 2006, p. 66). Como dito, este trabalho se concentrará no primeiro critério, que é o mais recorrente critério de classificação estudado e, consequentemente, o mais debatido e criticado.

Em termos muito gerais, as teorias descritivas do direito são aquelas que, sem pretender fazer um juízo valorativo, crítico ou oferecer argumentos para reforma, pretendem expor "como o direito é". Para usar uma expressão consagrada, são "teorias sobre o ser". São vistas como eminentemente descritivas as teorias sociológicas, antropológicas e psicológicas sobre o direito e, ainda, trabalhos de história do direito (Bix, 2006, p. 58-59). O risco de se elaborar teorias meramente descritivas do direito será ana-

bondade e maldade, etc. Uma crítica ao realismo metafísico de Michael Moore é feita por Patterson (1996, p. 43-58).

lisado com mais vagar na sequência, quando se tratar da classificação de John Finnis (1980). Enquanto isso, as teorias jurídicas prescritivas, também chamadas de normativas ou críticas, são teorias que pretendem apresentar argumentos a respeito de como o direito deve ser conduzido ou de como pode ser reformado, ou seja, são teorias sobre como o "direito deve ser".

Bix ainda sustenta que há uma categoria intermediária, as teorias analíticas ou conceituais, também conhecidas como "análises conceituais" do direito, que pretendem expor afirmações verdadeiras gerais sobre o que constitui o direito, partindo, normalmente, de asserções filosoficamente ambiciosas acerca das características essenciais (necessárias) que qualquer sistema jurídico deve ter para ser propriamente chamado de "jurídico" (Bix, 2006, p. 60). Essas asserções gerais se oporiam a asserções acerca de sistema jurídicos particulares em momentos históricos particulares.

Historicamente, esse tipo de construção teórica esteve associado à metafísica platônica e à possibilidade de elaboração de um conceito universal e atemporal de direito, embora, como assevera Bix (2006, p. 60), existam versões contemporâneas com pretensões metafísicas mais modestas, como a teoria do direito de Joseph Raz.[163]

Bix enumera as três principais críticas à possibilidade de se construir uma teoria analítica ou conceitual do direito. Um dos principais críticos a essa proposta metodológica, seja na sua versão metafisicamente ambiciosa, seja na modesta, seria John Finnis (1980), que defende que uma teoria do direito sem elementos normativos nunca será nada além de um "conjunto lexicográfico com história local",[164] isto é, um trabalho de compilação de

[163] Segundo Bix, Joseph Raz "[...] defende uma compreensão da teoria do direito como análise conceitual e, ao fazê-lo, argumenta que tais teorias tentam explicar o '**nosso** conceito de direito', não algum conceito universal ou atemporal (platonista) de direito." (Bix, 2006, p. 60, destaque do autor, tradução minha). No original: "[...] defiende una comprensión de la teoría del derecho como análisis conceptual, y al hacerlo argumenta que tales teorías intentan explicar '**nuestro** concepto de derecho', no algún concepto universal o intemporal (platonista) del derecho." Nesse sentido, podem ser consultadas obras de Raz (1975; 2005).

[164] Diz Finnis, acerca das ambições explicativas das teorias do direito: "E a teoria do direito, como outras ciências sociais, tem como aspiração ser mais do que uma conjunção de lexicografia com história local ou mesmo mais do que a justaposição de todas as lexicografias combinadas com todas as histórias locais." (Finnis, 1980, p. 4, tradução minha). No original: "And jurisprudence, like other social sciences, aspires to be more than a conjunction of lexicography with local history, or even than a juxtaposition of all lexicographies conjoined with all local histories."

definições e usos do vocábulo "direito" num dado lugar (país), num dado momento histórico (BIX, 2006, p. 60-61).

Uma segunda série de críticas vem de teóricos naturalistas, como Brian Leiter (1996; 2002; 2003), que, apoiando-se nas ideias de W. V. O. Quine acerca da ausência de verdades conceituais a serem descobertas, sustenta que apenas um tratamento empírico e científico das práticas do direito possibilita a construção de um conhecimento seguro (BIX, 2006, p. 61). Essa crítica está, ela própria, sujeita às críticas dirigidas às teorias descritivas que serão discutidas no item a seguir.

Uma terceira corrente de críticas, cujo resultado, em grande medida, acaba sendo similar à crítica de John Finnis, é elaborada por autores como Ronald Dworkin (1998, 2002) e Stephen Perry (1998) que defendem que conceitos como "direito", "justiça" e "democracia" são inevitavelmente interpretativos, questionáveis e valorativos, não sendo possível conceituá-los independentemente de sua localização numa trama mais ampla de valores morais e políticos[165] (BIX, 2006, p. 61).

Bix conclui que a maioria das teorias do direito contemporâneas não se encaixa bem em rótulos muito rígidos, dificilmente se restringindo aos elementos de um tipo teórico puro. Muitas teorias jurídicas contemporâneas apresentam tanto traços descritivos quanto traços prescritivos, estando, como em expressão sua, "entre a descrição e a prescrição" (BIX, 2006, p. 61-63). Meu argumento é que, no que diz respeito à dicotomia prescritivo/descritivo em teoria do direito, o formalismo weinribiano ficaria "entre a descrição e a prescrição".

Bix traz quatro exemplos de teorias que, segundo ele, se encontram "entre a descrição e a prescrição" (BIX, 2006, p. 61). O primeiro exemplo seria a controversa interpretação de Dworkin (2004) do positivismo jurídico de H. L. A. Hart como uma teoria semântica, isto é, como uma teoria acerca da definição do significado da palavra "direito". Tanto comentadores quanto o próprio Hart, no posfácio de *O conceito de direito* (2005), rechaçaram essa interpretação. Embora não estejam claras as razões a fundamentar a conclusão de Bix, parece-me que o ponto é que teorias semânticas não seriam propriamente nem descrições da prática, nem asserções de

165 Uma defesa do valor da análise conceitual elaborada por H. L. A. Hart em *O conceito de direito* (2005) contra as objeções do naturalismo de Brian Leiter e também contra as objeções de teóricos normativos como Stephen Perry e Ronald Dworkin é apresentada por Coleman (2002).

como essa deveria ser, mas sim um esforço lexicográfico de determinação do sentido do uso de uma palavra; no máximo, poder-se-ia dizer se tratar de uma descrição dos diferentes sentidos em que tal palavra é utilizada.

O segundo exemplo viria das inúmeras variações dentro das teorias descritivas, na maior parte das vezes desviando-se da "pura descrição". Como observa Bix, toda elaboração teórica carrega algum grau de seleção ou simplificação da instituição ou da prática analisada, pois de nada adianta que a teoria tente capturar o fenômeno estudado em toda a sua complexidade, tal qual se apresenta na realidade. Assim, o teórico é obrigado a fazer recortes no fenômeno estudado, afastando-se de uma descrição "pura". Esse processo de seleção de elementos aos quais será dada ênfase quando da elaboração da descrição pode ocorrer sob diversos rótulos, tais como "princípios de construção da teoria" ou "tipos ideais" weberianos (Bix, 2006, p. 62).

A crítica aqui é que a "mera" descrição da prática não existe, pois ela é sempre precedida por uma escolha por parte do intérprete e esta, necessariamente, é motivada por algum tipo de valoração. Esse ponto é analisado de forma mais sutil e aprofundada por Julie Dickson (2001) e será importante quando tratar diferenças entre as teorias de John Finnis e Joseph Raz e, posteriormente, traçar as diferenças e as semelhanças entre aquelas e a posição de Weinrib.[166]

O terceiro exemplo trazido por Bix é intitulado "reconstrução racional". Segundo ele, sem ter a pretensão de elaborar uma teoria normativa, é comum que comentadores e doutrinadores efetuem um trabalho de análise dos argumentos que levaram a uma determinada decisão judicial ou reformulem as informações relativas a todo um campo do direito, como contratos, responsabilidade civil ou direito penal, procurando dar às proposições e às justificações oferecidas naquela área, naquela decisão judicial

[166] Julie Dickson também argumenta que é preciso distinguir esse sentido banal de valoração, que ela chama de "valores puramente metateóricos", da afirmação distinta, exemplificada pela teoria de John Finnis, de que, para selecionar e explicar as características essenciais do direito, o teórico deve avaliar moralmente o direito. "Valores puramente metateóricos" são aqueles valores pertinentes à própria natureza de teorias em geral. São virtudes como simplicidade, clareza, elegância, completude, abrangência e coerência que devem estar presentes em qualquer teoria que queira expor seus argumentos de forma eficaz. Assim, algumas escolhas precisam ser feitas pelo teórico para que sua teoria seja digna desse rótulo, mas não há nada de particular à teoria do direito nesse processo (Dickson, 2001, p. 34-45). Voltarei a esse ponto a seguir.

ou naquele conjunto de decisões judiciais mais consistência, tornando-as mais persuasivas[167] (BIX, 2006, p. 62).

O último exemplo de teoria que, segundo Bix, apresenta elementos descritivos e prescritivos é a teoria interpretativa do direito, desenvolvida por Ronald Dworkin. Para Dworkin (1998), direito é um conceito interpretativo, de maneira que tanto os juízes quando decidem quanto o intérprete quando elabora uma teoria adequada e correta do direito devem se engajar num exercício de "interpretação construtiva das ações oficiais". Para determinar o que o direito é – o que, para Dworkin, significa encontrar também o que o direito requer do intérprete (seja ele o juiz ou o teórico) –, este deve procurar desenvolver a melhor interpretação possível do material jurídico disponível (atos legislativos, decisões judiciais passadas, textos constitucionais etc.), de maneira a fazer daquele objeto da interpretação "[...] o melhor exemplo possível da forma ou do gênero ao qual pertence."[168] (DWORKIN, 1998, p. 52, tradução minha).

Como o direito é um conceito interpretativo, a teoria dworkiniana da "interpretação construtiva" seria apropriada tanto para teóricos discutindo a natureza do direito (o que o direito é) quanto para advogados e juízes discutindo o que o direito exige numa questão particular a ser resolvida e, por isso, estaria "entre a descrição e a prescrição" (BIX, 2002, p. 83). A interpretação, no entanto, deve se guiar por dois requisitos para ser bem-sucedida. Em primeiro lugar, ela deve se ajustar (*fit*) adequadamente aos materiais jurídicos relevantes, isto é, aos dados disponíveis ao intérprete, e, adicionalmente, para ser uma boa interpretação do direito, a teoria deve

[167] Bix afirma que, nos países do *common law*, essas reconstruções de áreas do direito – que no passado eram primariamente desenvolvidas por juízes – mais recentemente vêm com o título de "fundamentos filosóficos do *common law*". Curiosamente, a conceituação que Bix apresenta desse trabalho de "reconstrução racional", que visa apresentar um determinado campo ou mesmo uma decisão individual com mais consistência justificativa e, consequentemente, de maneira mais persuasiva, se assemelha ao trabalho atribuído à dogmática jurídica na tradição europeia-continental, pois este toma o arcabouço normativo como um dado (o dogma da inegabilidade dos pontos de partida), mas procura organizar a experiência normativa, conhecendo, interpretando e buscando soluções para a aplicação das normas positivadas de maneira consistente e que aumente seu poder de persuasão. Nesse sentido, convém observar a diferença entre zetética, cujas questões são infinitas e abertas por justamente se porem a discutir os pontos de partida, e a dogmática em FERRAZ JR. (2003).

[168] No original: "[...] to make of it the best possible example of the form or genre to which it is taken to belong."

também procurar apresentar a prática jurídica com base na melhor teoria moral disponível (Dworkin, 1998; Bix, 2002, p. 83).

Bix não indica as razões pelas quais se observa uma quase total ausência de tipos teóricos descritivos e prescritivos na forma pura nas teorias do direito contemporâneas, mas é possível pensar em alguns fatores para esse estado de coisas na discussão metodológica. Um primeiro fator pode ser mera inconsistência metodológica por parte de alguns teóricos do direito, incapazes de elaborar a teoria a que se propõe com o rigor necessário.

Outro fator pode ser uma posição epistemologicamente fundamentada, isto é, que esse "hibridismo" não é fruto de uma inconsistência metodológica, mas é uma imposição da própria natureza do objeto jurídico. Conforme exporei nos itens subsequentes, John Finnis e também Ernest Weinrib argumentam que não faz sentido querer elaborar uma teoria "puramente descritiva" dos conceitos jurídicos, pois, dada a natureza do direito, sua descrição está sempre fundada numa prescrição.[169]

Procurando não desconsiderar as escolhas metodológicas dos autores aqui mencionados, analisarei essa segunda hipótese no restante deste capítulo, especialmente por meio da comparação entre a posição de John Finnis e a de Ernest Weinrib para identificar o que defende o formalismo jurídico e verificar se suas posições metodológicas são bem fundamentadas.

Na sequência, analisarei os fatores que determinam a predominância de teorias descritivas e prescritivas "impuras", por meio da análise da proposta de Julie Dickson (2001) de superação da dicotomia entre teorias descritivas e prescritivas. Essa proposta muda o foco da pergunta: em vez de se perguntar qual a razão de haver tantas teorias impuras, a autora sugere que se questione o quanto essa dicotomia efetivamente auxilia na compreensão das assunções metodológicas dessas teorias que Bix identifica como estando "entre a descrição e a prescrição" e se há outra forma de analisá-las que produza respostas mais claras.

A sugestão de Dickson é que essa dicotomia deve ser abandonada, pois reduz excessivamente o leque de atitudes que o estudioso pode assumir em relação ao fenômeno jurídico e, assim, não promove ganhos de entendimento acerca das teorias. Ao contrário, limita nossa compreensão do que é fazer teoria do direito. A autora então sugere outra classificação para

[169] Outro importante teórico que defende premissa semelhante é o já citado Ronald Dworkin, com sua concepção interpretativa do direito (Dworkin, 1998; 2002).

auxiliar no trabalho de entender os desafios metodológicos, as posições e os olhares envolvidos na elaboração de uma teoria do direito.

3.3. John Finnis e a defesa de uma teoria prescritiva (normativa) do direito

Como mencionado anteriormente, John Finnis trabalha com a consagrada divisão entre teorias descritivas e prescritivas (normativas) do direito. Todavia, o faz não pelas razões pedagógicas apresentadas, nos termos de Bix (2006), mas como ponto de partida para expor o cerne do seu posicionamento sobre o que é necessário para fazer uma boa teoria do direito.

A exposição da posição adotada por John Finnis tem duas funções dentro deste trabalho: a primeira é ser um exemplo de teoria que utiliza a dicotomia descritivo/prescritivo (ser/dever ser) para identificar sua própria posição como prescritiva (normativa). A segunda função é que ela sirva como exemplo de uma teoria prescritiva de grande influência na teoria do direito contemporânea, trazendo elementos para, posteriormente, auxiliar na definição do tipo de teoria que o formalismo pretende ser.

Como meu argumento é que, fazendo uso da dicotomia descritivo/prescritivo, o formalismo não se encaixa perfeitamente em nenhum dos dois âmbitos, ficando "entre a descrição e a prescrição", entendo que a teoria de Finnis auxilia a identificar em que medida, o formalismo é prescritivo. Isso porque, como dito na conclusão ao item anterior, Finnis e Weinrib partilham da posição de que, dada a natureza do direito, sua descrição está sempre fundada numa prescrição.

Essa dupla função também abre caminho para a crítica à dicotomia descritivo/prescritivo que será elaborada no item 3.5. Se, conforme argumenta Dickson (2001), a dicotomia descritivo/prescritivo dificulta a compreensão da posição metodológica adotada por John Finnis, entendo que, de maneira similar, pode dificultar a compreensão da posição ocupada pelo formalismo jurídico de Weinrib. Afinal, a conclusão de que se trata de uma teoria que fica "entra a descrição e a prescrição" não pode ser a palavra final sobre o assunto. Todavia, é importante primeiro entender como esses autores se autocompreendem com base nesse modo consagrado de classificar teorias do direito.

Uma vantagem adicional de utilizar a visão de Finnis como exemplo de teoria prescritiva é que, para expor suas teses, ele apresenta e critica vários outros autores, dentre eles, os positivistas Austin, Hans Kelsen, H.

L. A. Hart e Joseph Raz, atribuindo-lhes o rótulo de teóricos descritivos, isto é, teóricos que consideram possível fazer uma teoria do direito com alto poder explicativo sem se engajar em julgamentos de valor (*value-free*).

Finnis discorda da posição de que uma descrição neutra, isto é, livre de valores (morais ou políticos) e uma análise do direito como existe de fato (como é) devem sempre anteceder sua avaliação como instituição social. Os teóricos descritivos defendem que observar o "direito", criticá-lo e dele participar são três ações que podem ser vivenciadas de maneira distinta. Que é possível (e necessário) se postar diante do fenômeno jurídico como um biólogo se posta a observar um determinado animal – por exemplo, um réptil que muda de cor ao avistar seu predador – e, daí, descrever o que se observa.

Finnis rejeita essa ideia afirmando que, ao menos no caso do direito, o teórico somente pode "descrever" e "analisar" os fatos sociais se ele também participar do trabalho de avaliação, procurando compreender o que é bom para os seres humanos e o que requer a razão prática. Segundo ele, as ciências sociais, dentre elas as teorias analíticas e sociológicas do direito, "[...] buscam descrever, analisar e explicar um objeto ou uma matéria. Esse objeto é constituído por ações humanas, práticas, hábitos, disposições e pelo discurso."[170] (Finnis, 1980, p. 3, tradução minha). E, como ele mesmo admite, embora essas ações e práticas que constituem o objeto sejam, em certa medida, influenciadas por causas "naturais", podendo ser estudadas utilizando-se métodos de ciências naturais, só podem ser entendidas em sua inteireza e complexidade com base no *point*, isto é, com base em seu objetivo, seu valor, significado ou pela importância que têm para as pessoas que fazem parte dela, que a executam e nela se envolvem.

Portanto, ele rechaça a possibilidade de se elaborar uma teoria do direito geral e descritiva que tenha alto poder explicativo. Para ele, tentar oferecer uma teoria puramente descritiva de uma prática social complexa como o direito pode acabar por gerar o já referido "conjunto de lexicografia com história local" (Finnis, 1980, p. 4).

Finnis chama a atenção para o fato de que mesmo para se elaborar uma lista de descrições das práticas do direito e de suas inúmeras variações con-

[170] No original: "[...] seeks to describe, analyse, and explain some object or subject-matter. This object is constituted by human actions, practices, habits, dispositions and by human discourse."

ceituais é necessário algum princípio de seleção dos itens a serem incluídos e excluídos nessa lista. O autor critica Jeremy Bentham, John Austin e Hans Kelsen, por demonstrarem pouca consciência quanto a esse "princípio de seleção", isto é, quanto à necessidade de se explicitar o critério para se incluir ou excluir características em uma descrição do direito (FINNIS, 1980, p. 4-5). Faltaria a esses teóricos uma espécie de "consciência metodológica" em relação à necessidade de explicitação das decisões do intérprete ao tentar meramente descrever o que é o direito[171] (FINNIS, 1980, p. 6).

O que Finnis nega é a premissa de que faria sentido levar a cabo uma "ciência" descritiva do direito a qual não se engaje em julgamentos de valor (*value-free*), posição essa comumente atribuída ao positivismo jurídico.[172]

No entanto, Finnis afirma que H. L. A. Hart e Joseph Raz são dois teóricos positivistas que, diferentemente de John Austin e Hans Kelsen, fogem

[171] Essa referência ao "princípio de seleção" aponta para os dois sentidos que Dickson sugere que a ideia de escolha pode assumir e que devem ser distinguidos na argumentação de Finnis (DICKSON, 2001, p. 38-39). O primeiro sentido, que parece ser o empregado na crítica a Bentham, Austin e Kelsen acerca da falta de uma "consciência metodológica", diz respeito ao que Dickson (2001, p. 32-33) chama de "valores puramente metateóricos", quais sejam, aqueles relativos às escolhas que os teóricos fazem para comunicar os argumentos de sua teoria coerente e efetivamente. São eles: clareza, simplicidade, elegância, coerência etc. Qualquer teórico, de qualquer área do conhecimento, que pretenda fazer uma boa teoria deve realizar escolhas e julgar quais elementos considerar ou quais desconsiderar na elaboração da teoria. Nesse sentido que Dickson adjetiva de "banal", qualquer teoria envolve um mínimo de engajamento valorativo inerente a qualquer escolha, não sendo totalmente livre de valor (*value-free*). Mais importante para entender a proposta de Finnis a respeito de uma teoria prescritiva é o segundo sentido de escolha (ou avaliação, para utilizar a terminologia de Dickson). O direito é uma prática social muito particular, pois ele se constitui parcialmente de crenças e atitudes a seu respeito que as pessoas vivendo sob o seu império levam em consideração para agir (FINNIS, 1980, p. 12). Para escolher as características que são importantes e significativas no direito e para explicá-las corretamente, o teórico deve levar em consideração a maneira como o direito é compreendido por aqueles que vivem sob sua égide. O ponto central, para Finnis, é que essa autocompreensão e a avaliação dos membros de uma dada sociedade vivendo sob o direito é dada pela relação entre direito e moral (FINNIS, 1980, p. 13-14). Assim, para elaborar uma boa teoria do direito, o teórico deve necessariamente se engajar numa avaliação moral do direito, e essa avaliação o levará a concluir que o direito é um fenômeno justificado moralmente que satisfaz as suas aspirações a ser moralmente legítimo e ser obedecido por todos (DICKSON, 2001, p. 44-45).

[172] Coloco o termo "ciência" entre aspas apenas para enfatizar uma versão do projeto teórico positivista, representada pela obra de Hans Kelsen, de construção de uma verdadeira "ciência do direito", o que metodologicamente implicaria o isolamento e a descrição dos elementos exclusivamente jurídicos (KELSEN, 1999).

desse cenário de ingenuidade metodológica propondo teorias descritivas mais sofisticadas e com maior poder explicativo.[173] Essa sofisticação apresenta três características: (i) atenção ao objetivo ou escopo prático do direito (*attention to practical point*); (ii) seleção de um caso central e de um sentido focal (*selection of central case and focal meaning*); e (iii) seleção de um ponto de vista (*selection of a viewpoint*).

Em relação à primeira característica, atenção ao objetivo prático do direito, Finnis (1980, p. 6-9) compara as teorias de Austin, Kelsen, Hart e Raz. Ainda que Hart mantenha a proposta descritiva, ele se diferencia de Kelsen por enfatizar o escopo prático dos componentes do conceito de direito. Para Hart, a ideia de diferenciar regras primárias e regras secundárias é funcional.[174] Para ele, a descrição de Kelsen das normas jurídicas em termos de imposição da sanção distorce a maneira como os indivíduos falam, pensa e utilizam as regras na organização da vida social (Hart, 2005, p. 90).

O que Finnis enxerga em Hart, mas que faltava em Kelsen, é a ideia de que a teoria do direito deve ser orientada pela identificação do *point*, ou objetivo, do direito. Segundo Finnis, para Hart, "o direito deve ter um mínimo conteúdo de regras primárias e sanções para assegurar a sobrevivência da sociedade e de seus membros e para dar a esses razão prática para estar de acordo com ele."[175] (Finnis, 1980, p. 7, tradução minha).

Já Joseph Raz (1975), embora continue a elaborar uma teoria descritiva do direito, aprofunda a ideia, presente em Hart, de que o direito deve ser

[173] Fora da tradição positivista, Finnis também analisa a obra *The Morality of Law*, de Lon Fuller (1969, apud Finnis, 1980, p. 9), para mostrar que, metodologicamente, esta segue sendo uma teoria descritiva.

[174] A divisão é funcional porque as regras primárias são definidas como aquelas cuja função social dentro do sistema jurídico é impor deveres e obrigações, tais como as regras de direito penal e as regras de responsabilidade civil, enquanto as regras secundárias são aquelas cuja função dentro do sistema jurídico é facultar poderes jurídicos para criar direitos e deveres, seguidos certos procedimentos e condições. São exemplos de regras secundárias as que facultam aos indivíduos elaborar testamentos e celebrar contratos e casamentos. Também são regras secundárias aquelas que conferem poderes jurídicos de natureza pública ou oficial. Portanto, as regras são classificadas de acordo com a função que desempenham dentro do direito (Hart, 2005, p. 34-35).

[175] No original: "Law must have a minimum content of primary rules and sanctions in order to ensure the survival of the society or its members and to give them **practical reason** for compliance with it." (Finnis, 1980, p. 7, destaque do autor).

entendido com base no *point*, ou objetivo. Finnis considera que, para Raz, o direito não é qualquer conjunto de normas, mas sim:

> [...] um sistema de normas que fornece um método (i.e. técnica) para resolver disputas autoritativamente, por meio de normas que, ao mesmo tempo, (a) fornecem orientação vinculante para "instituições primárias" (que resolvem disputas por "determinações aplicativas vinculantes") e (b) [...] guiam os indivíduos cujos comportamentos podem ser avaliados e julgados por aquelas instituições.[176] (FINNIS, 1980, p. 7, tradução minha).

A dupla função das normas jurídicas, guiar instituições públicas e cidadãos, torna ampla a autoridade do direito, pois ele fornece uma estrutura geral para a condução de todas as atividades de uma determinada sociedade e se impõe como seu "guardião".

No entanto, ainda que seja uma teoria do direito que elabora uma descrição mais rica dessa prática social – dando atenção, em especial, ao objetivo prático do direito como orientador das ações dos indivíduos dentro daquela prática social, assim como os demais teóricos citados, segundo Finnis –, Raz continua a defender a possibilidade de se identificar de forma neutra as principais características do direito para, na sequência, construir um "conceito" de direito (FINNIS, 1980, p. 8-9).

A razão pela qual cada teórico chega a uma descrição diferente do direito é que cada um possui uma opinião distinta sobre o que é "importante e significativo" no momento de selecionar os dados aos quais darão maior relevância na descrição. Em suma, cada um deles aplica um "critério de seleção" distinto para definir os elementos que utilizarão na descrição.

Segundo Finnis (1980, p. 9), há um artifício filosófico por trás dessa diferenciação e dessa multiplicação das descrições do direito, ao mesmo tempo que todas elas alegam estar elaborando teorias gerais do direito precisas e livres de valor. O artifício diz respeito à segunda característica de sofisticação da metodologia descritiva, seleção de um caso central e de um significado focal, ideia semelhante ao "tipo ideal" weberiano.

[176] No original: "[...] a system of norms which provides a method (i.e. technique) of settling disputes authoritatively, by means of norms which both (a) provide binding guidance for 'primary institutions' (which settle the disputes by 'binding applicative determinations') and (b) also ('the very same norms') guide the individuals whose behaviour may fall to be evaluated and judged by those institutions."

A premissa metodológica de Kelsen, ainda que não explicitada, era de que termos descritivos ou explanatórios devem ser empregados pelo teórico de forma a se estender a todas as situações que, no discurso não teórico, pudessem razoavelmente ser rotuladas de "direito", ainda que se tratassem de situações pouco desenvolvidas, tais como ordens jurídicas "primitivas" ou a ordem jurídica "internacional". O que Kelsen procurava com essa elaboração teórica era um mínimo denominador comum do que seria "o direito", insistindo, assim, na ideia de que, identificando-se esse mínimo denominador comum, seria possível atribuir aos conceitos jurídicos significados completamente unívocos.

Finnis argumenta que essa premissa foi conscientemente abandonada por Hart[177] e Raz,[178] visto que ambos trabalharam com a ideia de casos típicos (na terminologia finnisiana, "casos centrais") e fronteiriços[179] (Finnis, 1980, p. 10).

[177] Em Hart, a "textura aberta" da linguagem na qual se expressa a regra, aspecto presente na própria linguagem humana, faz com que haja núcleos onde o sentido da regra é claro e indisputável e zonas de penumbra, em que o sentido é discutível e controverso. Quando se está na zona de penumbra, é o poder discricionário do aplicador da regra que resolverá o sentido a ser utilizado para a solução do conflito (Hart, 2005, p. 139-142).

[178] Diz Raz a esse respeito: "A tentativa de caracterizar sistemas jurídicos por esferas de atividades ou pela invocação de autoridade para regular não é muito precisa. Há diversos traços gerais que marcam um sistema como jurídico, e cada um deles admite, em princípio, vários graus. Em casos **típicos** de sistemas jurídicos, todos esses traços se manifestam em grau muito elevado. Mas é possível achar sistemas nos quais todos ou alguns estão presentes apenas em grau menor ou nos quais um ou dois estejam inteiramente ausentes [...] Quando confrontados com **casos fronteiriços**, é melhor admitirmos suas credenciais problemáticas, enumerarmos suas semelhanças e dessemelhanças em relação aos casos típicos e deixarmos por isso mesmo." (Raz, 1975, p. 150, destaques e tradução meus). No original: "The attempt to characterize legal systems by the spheres of activity which they regulate or claim authority to regulate cannot be a very precise one. The general traits which mark a system as a legal one are several and each of them admits, in principle, of various degrees. In typical instances of legal systems all these traits are manifested to a very high degree. But it is possible to find systems in which all or some are present only in a lesser degree or in which one or two are absent altogether. [...] When faced with borderline cases it is best to admit their problematic credentials, to enumerate their similarities and dissimilarities to the typical cases, and leave it at that."

[179] É interessante notar, especialmente para confrontar Finnis e Weinrib, que Finnis remete a Aristóteles para recolocar a ideia da multissignificância dos termos teóricos. Ele diz: "Então existem casos centrais, como Aristóteles insistiu, de amizade, e existem casos mais ou menos periféricos (amizade de negócios, amizade de conveniência, amizade por interesse, relações casuais [...]). Há casos centrais de governos constitucionais e há casos periféricos (tais como

Para Finnis, nada se ganha em negar que casos periféricos sejam outra coisa senão versões atenuadas dos casos centrais, bem como nada se ganha ao se restringir a análise apenas às características dos casos centrais que se encontram também nos casos periféricos (FINNIS, 1980, p. 11). Em conclusão, restringir uma análise ao "denominador comum" entre casos centrais e periféricos, como pretendia a metodologia kelseniana, significaria restringir-se a um conjunto de elementos que dificilmente fornecerão informações relevantes sobre a prática do direito.

A metodologia propugnada por Finnis, ressonando a ideia de semelhanças de família de Ludwig Wittgenstein, é de que:

> [a] explicação descritiva dos casos centrais deveria ser tão rica e complexa conceitualmente quanto necessário para responder a todas as questões apropriadas sobre esses casos centrais. **E, então, a explicação dos outros casos pode traçar a rede de similaridades e diferenças, de analogias e dessemelhanças, por exemplo, de forma, função e conteúdo, entre esses e os casos centrais.** Dessa forma, descobre-se o "princípio ou *rationale*" com base no qual o termo ("constituição", "amigo", "direito" [...]) se estende do centro para casos mais ou menos de fronteira, de seus significados focais para seus significados secundários.[180] (FINNIS, 1980, p. 11, destaques e tradução meus).

a Alemanha de Hitler, a Rússia de Stalin e mesmo a Uganda de Amin). [...] não faz sentido negar que os casos periféricos **são** exemplos (de amizade, constitucionalidade...) [...] não faz sentido restringir a explicação dos casos centrais àquelas características que estão presentes não somente no centro, mas também em cada um dos casos periféricos." (FINNIS, 1980, p. 11, destaque do autor, tradução minha) No original: "So there are central cases, as Aristotle insisted, of friendship, and there are more or less peripheral cases (business friendship, friendship of convenience, cupboard love, casual and play relations [...]). There are central cases of constitutional government, and there are peripheral cases (such as Hitler's Germany, Stalin's Russia, or even Amin's Uganda). [...] there is no point in denying that the peripheral cases **are** instances (of friendship, constitutionality...) [...] there is no point in restricting one's explanation of the central cases to those features which are present not only in the central but also in each peripheral cases." Weinrib não faz referência a essas questões dos múltiplos sentidos de certos termos. A ideia de conhecer o direito pelas formas parece marcar uma teoria que dá conta apenas dos casos centrais. O formalismo parece assumir que, conceitualmente, os casos fronteiriços não existem, ou melhor, existem, mas são necessariamente erros jurídicos. Sendo esse o caso, é válido indagar se uma teoria que se restringe a explicar os casos centrais é uma boa teoria do direito.

[180] No original: "[...] descriptive explanation of the central cases should be as conceptually rich and complex as is required to answer all appropriate questions about those central cases. And then one's account of the other instances can trace the network of similarities and diffe-

A definição do significado focal, ou caso central, segundo Finnis, passa pela incorporação de preocupações práticas. O termo "prático", para Finnis, tem um sentido preciso:

> Por "prático" [...] quero dizer "com uma visão para a decisão e para a ação". Pensamento prático é pensamento acerca do que (alguém deve) fazer. Racionalidade prática é racionalidade em decidir, em adotar compromissos, em escolher e executar projetos e, em geral, em agir. Filosofia prática é uma disciplina e uma reflexão crítica a respeito dos bens que devem ser concretizados pela ação humana e pelas condições da racionalidade prática.[181] (FINNIS, 1980, p. 12, tradução minha).

Finnis afirma que Hart e Raz avançam consideravelmente em sua metodologia, quando comparados a Austin e Kelsen, pois estão conscientes de que devem levar em conta algum ponto de vista prático (FINNIS, 1980, p. 12). Na teoria hartiana, a preocupação com o ponto de vista prático é observada na elevação do "ponto de vista interno" à categoria de caso central que permite capturar o "modo por que o grupo encara o seu próprio comportamento" (HART, 2005, p. 100). O "ponto de vista interno" significa que as pessoas comuns usam as regras para raciocinar praticamente.

Ideia semelhante aparece nas obras de Joseph Raz, que priorizou, em seus estágios iniciais, o "ponto de vista do homem ordinário" e, em trabalhos posteriores, o "ponto de vista legal" (*the legal point of view*), isto é, o ponto de vista das pessoas que, como os juízes, acreditam na validade das normas e agem com base nessa premissa, seguindo-as (RAZ, 1975, p. 170-177).

Apesar dos avanços, Finnis observa que Hart e Raz resistem a atribuir importância a certas diferenças que qualquer pessoa consideraria relevantes em termos práticos. Dentre estas diferenças não assumidas, estaria a recusa em diferenciar nos próprios conceitos de "ponto de vista interno"

rences, the analogies and disanalogies, for example, of form, function, or content, between them and the central cases. In this way, one uncovers the 'principle or rationale' on which the general term ('constitution', 'friend', 'law' [...]) is extended from the central to the more or less borderline cases, from its focal to its secondary meanings."

[181] No original: "By 'practical' [...] I mean 'with a view to decision and action'. Practical thought is thinking about what (one ought) to do. Practical reasonableness is reasonableness in deciding, in adopting commitments, in choosing and executing projects, and in general in acting. Practical philosophy is a discipline and critical reflection on the goods that can be realized in human action and the requirements of practical reasonableness."

ou de "ponto de vista legal" os casos centrais dos periféricos (Finnis, 1980, p. 13).

Finnis exemplifica esse ponto dizendo que, para Raz (1975, p. 148), o "ponto de vista legal" é composto da junção de vários pontos de vista. Ele admite, como parte do "ponto de vista legal", o ponto de vista de um anarquista que decide se tornar juiz para, seguindo a lei na maior parte dos casos, descumpri-la em momentos cruciais, quando o fazendo mais compromete sua autoridade, ou então de alguém que se torna juiz acreditando que é justificável aplicar uma lei cujo conteúdo pessoalmente desaprova se, quando surgirem oportunidades, fizer bom uso de seus poderes de juiz para mudar leis existentes. Para o autor, esses seriam evidentes casos não paradigmáticos do conceito de "ponto de vista legal" e todos, até mesmo o juiz-anarquista, estariam de acordo com essa avaliação (Finnis, 1980, p. 13).

Assim, o artifício filosófico dos casos centrais e periféricos possibilita uma multiplicação de arranjos que geram, igualmente, uma multiplicação de descrições, cada uma focando em partes do fenômeno. O ponto de vista prático, tal como incorporado pelas teorias descritivas, também não é capaz de gerar uma definição correta do caso central. Para Finnis, esses três elementos – (i) atenção ao objetivo, ou escopo prático do direito (*attention to practical point*); (ii) seleção de um caso central e de um sentido focal (*selection of central case and focal meaning*); e (iii) seleção de um ponto de vista (*selection of a viewpoint*) – devem estar orientados por uma referência à justificação moral do direito. Ou seja, fazer uma boa teoria do direito é fazer uma teoria voltada para sua justificação moral.

Se for possível encontrar um ponto de vista (terceiro elemento) que se afaste de ordens discricionárias – que permita pressupor que a obrigação jurídica seja vista como uma obrigação moral e em que o estabelecimento e a manutenção da ordem jurídica sejam considerados um ideal moral ou uma demanda do próprio ideal de justiça –, então o teórico terá encontrado seu caso central correto. Esse será o ponto de vista jurídico (em contraposição ao ponto de vista de outras formas de ordenação social). Será o padrão de referência para o teórico descrever as características da ordem jurídica em apreço (Finnis, 1980, p. 14-15).

O caso central será o ponto de vista daqueles que não apenas apelam para a razão prática para pensar a obrigação jurídica e o estabelecimento e a manutenção da ordem jurídica, mas também são eles próprios razoáveis praticamente (*practically reasonable*), isto é:

> [...] consistentes; atentos a todos os aspectos de oportunidade e florescimento humanos e conscientes de sua limitada comensurabilidade; preocupados em remediar deficiências e desarranjos e conscientes de suas raízes [das deficiências e dos desarranjos] em vários aspectos da personalidade humana e nas condições econômicas e materiais de interação social.[182] (FINNIS, 1980, p. 15, tradução minha).

Finnis encerra a discussão metodológica de *Natural law and natural rights* (1980) admitindo que há algo de fundamentalmente distinto entre os objetivos de sua teoria e os de teorias descritivas, pois estas não compartilham sua preocupação quanto ao que "deve ser feito" (FINNIS, 1980, p. 16). Todavia, ele defende a correção de sua abordagem metodológica afirmando que as avaliações que qualquer teórico executa são um componente indispensável e decisivo na seleção e na formação dos conceitos que ele utilizará em sua descrição do direito ou da ordem jurídica. Para ele, os teóricos descritivos se recusam a aceitar a presença desse aspecto da escolha em seus compromissos metodológicos.

Finnis não acredita ser possível fazer uma teoria sem essa escolha nem fazer "boa" teoria sem explicitar essa escolha, e mais: sem definir previamente os requisitos demandados pela razão prática tendo em mente alcançar "um sólido julgamento sobre todos os aspectos do genuíno florescimento e da autêntica racionalidade prática humana."[183] (FINNIS, 1980, p. 17-18, tradução minha).

A conclusão de Finnis serve a seus propósitos de abrir caminho para uma teoria do direito natural. O ponto ilustrado pelo conjunto das teorias de Bentham, Austin, Kelsen, Hart e Raz é que, mesmo que estes afirmem desenvolver teorias descritivas do direito – e, portanto, livres de julgamento de valor (moral ou político) –, tal posição não se sustenta. Finnis sugere que, mesmo de forma implícita ou inadequadamente justificada, tais autores se baseiam em algum ponto de vista prático, e inevitavelmente

[182] No original: "[...] consistent; attentive to all aspects of human opportunity and flourishing, and aware of their limited commensurability; concerned to remedy deficiencies and breakdowns, and aware of their roots in the various aspects of human personality and in the economic and other material conditions of social interactions."

[183] No original: "[...] sound judgment about all aspects of genuine human flourishing an authentic practical reasonableness."

valorativo para selecionar o que entra e o que fica de fora na construção de suas respectivas teorias descritivas (FINNIS, 1980, p. 18).

Do ponto de vista metodológico, a teoria do direito defendida por Finnis toma para si a tarefa de diferenciar – à luz das demandas da racionalidade prática e sem aceitar o discurso de neutralidade metodológica dos teóricos descritivos – o que é razoável e o que não é, o que é importante e o que é desimportante na construção do conceito de direito ou na avaliação das práticas jurídicas (FINNIS, 1980, p. 18-19).

Trata-se de teoria que pretende auxiliar os envolvidos com o fenômeno jurídico, como os juízes, políticos ou os cidadãos, a agir guiados por reflexões práticas (FINNIS, 1980, p. 18). Ele enfatiza, ainda, que essa tarefa não poderá ser levada a cabo de forma segura sem um conhecimento aprofundado do amplo espectro de possibilidades e oportunidades de desenvolvimento humanos, bem como de suas inclinações e capacidades, conhecimento esses que necessitam da assistência das ciências sociais descritivas e analíticas (FINNIS, 1980, p. 19).

Em conclusão, John Finnis argumenta que não é possível construir uma teoria do direito totalmente descritiva, e os exemplos trazidos se constituem em sua tentativa de sustentar essa posição. De tudo o que foi exposto até aqui, é possível concluir que teorias descritivas, em verdade, dificilmente escapam de escolhas valorativas.

Diante do quadro até aqui apresentando, surgem as seguintes perguntas: (i) para Weinrib, o formalismo é uma teoria descritiva ou prescritiva? (ii) Weinrib se posiciona a favor ou contra a possibilidade de se construir uma correta teoria do direito que seja totalmente descritiva? e (iii) se for contrário, como ele define o formalismo do ponto de vista metodológico?

3.4. Formalismo Weinribiano: entre a descrição e a prescrição

É possível afirmar que, assim como John Finnis em *Natural law and natural rights* (1980), Ernest Weinrib também poderia concluir "Legal formalism: on the immanent rationality of law" (1988), sua tentativa mais articulada e completa de expor a metodologia que sustenta a teoria formalista do direito, afirmando que há algo de fundamentalmente distinto entre os objetivos de sua teoria e os de teorias descritivas, pois estas não compartilham sua preocupação quanto ao que "deve ser feito".

Todavia, o aspecto prescritivo da teoria formalista por vezes não é facilmente apreciado. Por exemplo, Duncan Kennedy, um dos expoentes do movimento dos estudos críticos do direito (*critical legal studies*), ao mapear os diferentes sentidos em que o termo "formalismo jurídico" para criticá-lo por despolitizar o drama do direito e encobrir os embates que ocorrem dentro do direito, afirma que um dos sentidos do termo "formalismo jurídico" estaria relacionado a uma categoria descritiva, e é tendo em vista esse sentido que ele classifica a teoria weinribiana.

Para ele, nessa dimensão descritiva, o termo "formalismo jurídico" é utilizado para denominar:

> [...] um leque de técnicas de interpretação jurídica baseada no significado das normas [...] recusando a referência aos propósitos das normas, das políticas gerais subjacentes ao ordenamento jurídico ou às preferências extrajurídicas do intérprete. (Kennedy, 2011, p. 16).

Segundo Kennedy, nesse sentido, o formalismo weinribiano é descritivo, pois Weinrib pretende derivar normas jurídicas específicas, que estipulam proibições e permissões fundamentadas em um pequeno grupo de princípios e conceitos abstratos internamente consistentes que vinculam moralmente os atores jurídicos. Os exemplos que ele fornece, nos termos de Weinrib (1988), seriam o princípio da justiça corretiva e o conceito abstrato da culpa. A interpretação jurídica teria de se restringir a aplicar essas ideias sem fazer referência a propósitos externos ou a preferências extrajurídicas do intérprete (Kennedy, 2011, p. 17).

Kennedy não deixa de estar correto ao afirmar que o formalismo weinribiano tem uma dimensão descritiva. A própria metodologia proposta pelo formalismo para compreender o direito internamente, isto é, guiada pelo paradigma da inteligibilidade imanente deixa esse aspecto descritivo evidenciado ao propor que, na primeira fase de aplicação do método, o teórico parta da análise do conjunto dos materiais jurídicos (*legal materials*).

Nessa primeira fase, o teórico deve fazer uma descrição do direito tal como ele se concretiza na prática, organizando os materiais jurídicos disponíveis em categorias conceituais abstratas, ainda que provisórias, buscando racionalizar o critério organizador por trás desses materiais, atentando para a maneira como juízes, advogados e outros grupos atuando na esfera jurídica, inclusive os cidadãos enquanto partes num processo judicial, compreendem suas posições e raciocinam usando certas categorias conceituais.

O objetivo é que, com essa descrição da prática, o teórico seja capaz de identificar as características essenciais da forma jurídica a que determinado campo pertence (WEINRIB, 1988, p. 951, 966-968).

Entretanto, o teórico formalista não está preocupado apenas em descrever a prática jurídica tal como ela se apresenta na realidade e organizá-la em conceitos mais abstratos e gerais, mas o formalismo tem a pretensão de fornecer ferramentas para que o teórico verifique se a prática jurídica é justificada. Como Weinrib afirma reiteradas vezes, a teoria formalista do direito é uma teoria de justificação jurídica e que, portanto, procura identificar qual é a justificação adequada ao campo do direito sob análise, à luz de sua forma imanente. Tendo sido identificada a forma a qual aquele campo deve se adequar, passa-se, então, a avaliar se todos os elementos que formam aquele campo jurídico efetivamente são coerentes com a estrutura justificatória adequada (WEINRIB, 1993a, p. 583, 1996, p. 332).

Ao analisar os materiais jurídicos e buscar organizá-los em conceitos abstratos que deem conta de conexão entre eles e o arcabouço institucional no qual o direito positivo é aplicado, o formalista está orientado a encontrar a racionalidade imanente ao material jurídico. Podemos dizer que a descrição que ele pretende elaborar é uma descrição dessa racionalidade imanente ao direito, isto é, uma descrição da prescritividade imanente ao próprio direito ou das justificações a que o direito deve se enquadrar se quiser ser uma prática coerente.

Todavia, um crítico do formalismo, como Duncan Kennedy, ignora que essa teoria tenha uma dimensão normativa e, consequentemente, que o formalismo considera que o direito é um fenômeno mais amplo do que meramente o direito positivo somado ao exercício do poder estatal, mas um fenômeno dotado de uma dimensão moral. O teórico formalista procura avaliar se as manifestações concretas do direito identificadas na fase descritiva da teoria são ou não fiéis a essa dimensão moral.

Deste modo, a dimensão moral no formalismo é dada pela coerência das manifestações concretas do direito (direito no mundo) com as formas da justiça (estrutura do direito) informadas pelo princípio kantiano de direito (conteúdo do direito). A passagem a seguir deixa claro o caráter normativo do formalismo:

> Embora a abordagem formalista seja interna ao direito, o **formalismo é avaliativo, e não meramente descritivo**. O ponto do formalismo é discernir padrões de avaliação que são internos ao fenômeno avaliado. Implícita

> no aparato conceitual e institucional do direito, bem como na atividade dos juristas, está a afirmação de que se trata de um empreendimento justificatório. O formalismo pergunta como seria o direito se este fosse fiel a essa afirmação. Consequentemente, o formalismo tem um ponto de vista crítico, mas que emerge das próprias aspirações do direito.[184] (WEINRIB, 1993a, p. 593, destaques e tradução meus).

As formas da justiça associadas ao conteúdo que o princípio do direito (*right*) kantiano fornece servem como padrões de avaliação internos ao próprio material jurídico. Assim, o caráter imanente ao material jurídico defendido pelo formalismo não retira dele a pretensão prescritiva. As formas servem como padrões para conhecer, avaliar, justificar e, em caso de desvio, para criticar as práticas descritas na fase inicial.

Logo, em tese, se a proposta formalista for levada a cabo, ela será uma teoria que pode servir de fundamento para o desenvolvimento de uma teoria da interpretação judicial e também para a execução de reformas jurídicas que visem dar ao direito maior coerência, tornando cada área que o compõe mais consentânea com uma racionalidade imanente: no direito privado, a racionalidade corretiva e, no direito público, a racionalidade distributiva.

Diante disso, não é possível definir o formalismo como "puramente descritivo" ou como "puramente prescritivo". Assim como as teorias citadas por Bix (2006, p. 61-62), o formalismo jurídico também estaria "entre a descrição e a prescrição", porque se trata de uma teoria que descreve a normatividade imanente ao direito, isto é, descreve um critério prescritivo que deve ser seguido pelo aplicador do direito e pelo legislador.

Essa classificação "entre a descrição e a prescrição" não é a única opção para compreender esse duplo aspecto da teoria formalista. Na sequência, introduzo uma proposta alternativa de classificação das teorias do direito com base no critério desempenhado pela avaliação (*evaluation*) e argumento

[184] No original: "Although the formalist approach is internal to law, formalism is evaluative and not merely descriptive. The point of formalism is to discern standards of evaluation that are internal to the phenomenon being evaluated. Implicit in the law's conceptual and institutional apparatus, as well as in the activity of its jurists, is the claim of being a justificatory enterprise. Formalism asks what law would look like if it were true to this claim. Formalism thus has a critical standpoint, but one that emerges from law's own aspirations."

que essa classificação, em termos do papel da avaliação, é uma maneira mais frutífera de se entender o formalismo.

3.5. Um outro olhar sobre a discussão de metodologia em teoria do direito

O objetivo deste item 3.5 é apresentar uma maneira alternativa de olhar o debate metodológico que não recorra à dicotomia entre teorias descritivas e prescritivas. Com essa apresentação, procuro esclarecer por que considero essa classificação alternativa, que foca no papel que a avaliação desempenha dentro das teorias jurídicas, mais adequada para entender os desafios metodológicos postos à elaboração de teorias do direito em geral e ao formalismo weinribiano, como teoria "entre a descrição e a prescrição", em particular.

Baseio-me na discussão metodológica (ou metateórica) empreendida por Julie Dickson em *Evaluation and legal theory* (2001). O objetivo de Dickson nessa obra é jogar luz sobre as pressuposições metodológicas que normalmente não recebem a devida atenção em abordagens contemporâneas da compreensão do direito, sendo, em geral, endossadas implicitamente. Ela foca no papel desempenhado pela ideia de avaliação (*evaluation*) em diferentes tipos de teorias do direito, discutindo em que sentido e até que ponto um teórico do direito deve fazer julgamentos de valor sobre o fenômeno que pretende explicar a fim de construir uma teoria do direito bem-sucedida (Dickson, 2001, p. 3).

Dickson confronta as posições de John Finnis, Ronald Dworkin e Joseph Raz acerca do papel da avaliação, e seu objetivo é demonstrar que é possível fazer uma boa teoria do direito que, à maneira de Joseph Raz, não se engaja em julgamentos morais.

A relevância dessa classificação para o presente trabalho reside na possibilidade de capturar certas nuances que o formalismo weinribiano apresenta e que, como sugeri no item anterior, não são plenamente capturadas pela dicotomia descrição/prescrição. Isso não significa uma aceitação necessária da conclusão de Dickson de que é possível e correto elaborar uma teoria do direito adotando a posição metodológica – que ela nomeia de "teoria do direito indiretamente avaliativa" – exemplificada pelo positivismo de Joseph Raz.

Os argumentos de Dickson são utilizados aqui exclusivamente na medida em que ajudam a esclarecer a posição metodológica presente no formalismo jurídico. Está além dos objetivos desta tese entabular uma discussão sobre a correção da defesa que Dickson elabora de teorias como a raziana, embora a identificação dos problemas ou virtudes da teoria formalista possa, indiretamente, contribuir para essa discussão.

Defendo que a classificação alternativa sugerida por Dickson joga luz sobre diferenças metodológicas que, apesar de pouco explícitas na dicotomia descritivo/prescritivo, são importantes para a compreensão de teorias como a formalista, que parece ficar "entre a descrição e a prescrição".

Como já tratado anteriormente, Hans Kelsen e H. L. A. Hart são exemplos de teóricos que acreditam que a função da teoria do direito é descrever o direito como ele é. O primeiro não apenas defendeu que a teoria do direito deveria estar circunscrita a descrever o que o direito é, mas também que o estudo de como o direito deveria ser (dimensão prescritiva) não poderia ser considerado atividade própria da teoria do direito, se esta quisesse ser considerada uma ciência.

O projeto teórico de Kelsen era fazer uma ciência do direito, e, para isso, o estudo do direito deveria ser um exercício descritivo. Como já foi dito por comentadores, procurando corrigir uma interpretação errônea e recorrente da teoria kelseniana, Kelsen aspirava a fazer uma teoria pura, isto é, elevar a teoria do direito à categoria de uma "[...] genuína ciência, de uma ciência do espírito [...]" "[...] purificada de toda a ideologia política e de todos os elementos de ciência natural [...]", uma teoria do direito que conseguisse isolar os elementos estruturais que caracterizassem o direito e o distinguissem de outras esferas (Kelsen, 1999, p. xi e 1)

A pretensão de Kelsen nunca foi afirmar que o direito era puro ou deveria ser puro, mas que, como princípio metodológico fundamental, a teoria do direito tivesse o objetivo de "[...] garantir um conhecimento apenas dirigido ao direito [positivo] e [de] excluir deste conhecimento tudo quanto não pertença ao seu objeto, tudo quanto não se possa, rigorosamente, determinar como Direito." (Kelsen, 1999, p. 1).

H. L. A. Hart, diferentemente de Kelsen, não se propôs a elaborar uma teoria descritiva do direito com pretensões científicas, no sentido empregado por Kelsen, mas definiu sua teoria, no prefácio de *O conceito de direito*, como "um ensaio sobre teoria jurídica analítica" e um "exercício de sociologia descritiva" (Hart, 2005, p. 1) e, no pós-escrito, elaborado em resposta às críticas de Ronald Dworkin, como uma teoria "[...] geral e descritiva [...]

O relato é descritivo, na medida em que moralmente neutro e não tem propósitos de justificação." (Hart, 2005, p. 300-301).

Julie Dickson, no entanto, chama a atenção para o fato de que, desde Kelsen e Hart, vários teóricos contemporâneos têm contestado a distinção rígida entre teorias descritivas e prescritivas. Dentre eles estariam autores como John Finnis e Ronald Dworkin. A premissa metodológica assumida tanto por Finnis quanto por Dworkin é de que, para que seja possível elaborar uma caracterização do direito como ele é, o teórico necessariamente deve se engajar numa avaliação de seu mérito ou demérito. Diferentemente de Kelsen, Hart e, contemporaneamente, de Joseph Raz, Finnis e Dworkin têm em comum a concepção de que, para fazer boa teoria do direito, o teórico deve fornecer uma explicação do *point* (ponto, propósito ou função) do direito em termos dos valores, normalmente morais, a que este serve. (Dickson, 2001, p. 7-8).

Assim, conforme o entendimento convencional que divide as teorias do direito em teorias descritivas e prescritivas ou na distinção ser/dever ser (*is/ought distinction*), autores da tradição positivista, como Kelsen, Hart e Raz, defendem a possibilidade de se elaborar uma explicação adequada do direito como ele, é e essa operação é considerada distinta de qualquer avaliação de como ele deve ser. Por outro lado, autores como Finnis e Dworkin negam que teorias descritivas e normativas (justificadoras) possam ser separadas dessa forma e que a compreensão do que o direito é passa necessariamente por conclusões relativas a seu valor moral ou seu propósito mais amplo. Nesse sentido, a descrição do direito como ele é envolve necessariamente um nível prescritivo.

Dickson sustenta que o entendimento convencional da divisão entre teorias de ser e dever ser é demasiadamente simplificador. Ela nega que essa distinção entre teorias descritivas e normativas[185] ajude a visualizar as questões verdadeiramente em jogo em metodologia da teoria do direito e que uma maneira mais produtiva e precisa de abordar essas questões é olhá-las em sua relação com o papel desempenhado pela avaliação em teoria do direito. Portanto, ela sugere uma reflexão sobre o que faz uma

[185] Julie Dickson utiliza indistintamente os termos "normativo" ou "justificador" (*justificatory*) em oposição a "descritivo", em vez do termo "prescritivo". Dada a maneira como ela emprega esses termos e do explícito uso dos pares ser/dever ser como equivalentes a descritivo/normativo, me parece que ela utiliza "normativo" exatamente no mesmo sentido que Bix emprega "prescritivo". Exemplos podem ser encontrados em Dickson (2001, p. 7-25).

teoria jurídica ser bem-sucedida e se seu sucesso depende ou não de ela expressar julgamentos de valor sobre o direito (Dickson, 2001, p. 8-9).

3.5.1. Uma sugestão de superação da dicotomia descrição/prescrição

Dickson sustenta que a dicotomia traçada entre teorias do direito descritivas e prescritivas (ser/ dever ser) oculta pelo menos quatro atitudes diferentes que um teórico do direito pode assumir frente a seu objeto, que se expressam em quatro diferentes teses. As três primeiras ela nomeia de "tese da avaliação moral", "tese da justificação moral" e "tese das consequências morais benéficas". Na primeira, tese da avaliação moral, o teórico tem como premissa que, para entender o direito adequadamente, este deve ser avaliado moralmente. Na segunda, tese da justificação moral, a premissa é que, para entender o direito adequadamente, o teórico deve defender a posição de que o direito é um fenômeno moralmente justificado. E na terceira, tese das consequências morais benéficas, os julgamentos de valor referentes às consequências morais benéficas de se adotar uma certa teoria do direito podem legitimamente figurar como um critério para avaliar o sucesso dessas teorias (Dickson, 2001, p. 9).

Dickson utiliza cada uma dessas teses para fazer uma análise comparativa das posições metodológicas de John Finnis, Ronald Dworkin e Joseph Raz. Segundo ela, Joseph Raz rejeita essas três teses, pois defende uma quarta tese: de que a teoria do direito pode ser livre de valor (*value-free*), mas, ao mesmo tempo, realizar um certo tipo de avaliação não moral que, portanto, não a reduz a uma teoria meramente descritiva.

Para Dickson, a teoria de Raz exemplifica essa quarta atitude frente ao objeto jurídico, por ela nomeada de "teoria do direito indiretamente avaliativa" (*indirectly evaluative legal theory*)[186] (Dickson, 2001, p. 10).

A autora acredita que essas quatro teses são mais adequadas para classificar as teorias do direito, pois introduzem nuances que a distinção descritivo/prescritivo (ser/ dever ser) não permite enxergar, o que gera incompreensões das estratégias metodológicas de certos autores, especialmente daquelas teorias que, na expressão de Bix (2006), se encontram "entre a descrição e a prescrição".

[186] A visão de Dickson sobre essa quarta tese está amplamente baseada em posições esboçadas pelo próprio Joseph Raz acerca do critério de sucesso de teorias do direito (Dickson, 2001, p. 15-25).

O foco da análise de Dickson é exclusivamente a teoria analítica do direito (*analytical jurisprudence*), que ela define, sinteticamente, como um tipo de teoria cujo objetivo é determinar a natureza do direito por meio da identificação e da explicação daquelas características essenciais que fazem do direito o ele é. Para ela, a "natureza do direito" nada mais é do que essas propriedades essenciais do fenômeno jurídico que, em conjunto, ele deve exibir para ser considerado direito.[187] Para ela, o que caracteriza teorias analíticas é essa meta de encontrar as características essenciais do direito, embora isso não implique assumir que tais existam de fato. Isto é, Dickson admite a possibilidade de o resultado dessa busca ser infrutífero[188] (DICKSON, 2001, p. 17-21).

[187] Exemplos dessa abordagem ao longo da história seriam, dentre outros, São Tomás de Aquino, Jeremy Bentham, John Austin, H. L. A. Hart, Hans Kelsen, John Finnis e Joseph Raz. Dickson entende que Ronald Dworkin não figura nessa lista porque sua visão da teoria do direito não tem esse caráter abstrato e universal. Sua teoria do direito é uma interpretação de uma determinada cultura política de uma sociedade particular que produz um retrato de uma prática jurídica também particular. Sua metodologia está comprometida com esse processo de interpretação particularista. Ademais, segundo ela, Dworkin não reconhece a diferença qualitativa entre questões concernentes à natureza do direito em abstrato e questões concernentes a sua concretização em instituições jurídicas específicas, tratando-as como meras diferenças no grau de abstração em que a questão é elaborada. Para teóricos analíticos, a questão "o autor deve receber a indenização do réu?" é qualitativamente distinta da caracterização da natureza do direito em abstrato, isto é, da questão "qual a natureza do direito?" e deve ser resolvida com base na maneira como o direito é especificado em um determinado sistema jurídico. Todavia, ela justifica a inclusão de Dworkin em sua análise pela evidente importância de sua contribuição para o avanço do pensamento jurídico no século XX e porque, ainda que de maneira distinta, não há dúvida que Dworkin aspire a caracterizar o direito de forma precisa e adequada (DICKSON, 2001, p. 22-23).

[188] A possibilidade de essa busca ser infrutífera e de o teórico analítico concluir que o direito não possui propriedades essenciais é o que faz com que a definição de Dickson não implique uma assunção de premissas de caráter essencialista. Segundo ela, o ponto central de seu argumento é que: "[...] dado que julgamos existir algo especial a respeito de certas formas de organização social que consideramos como jurídicas e dado que reconhecemos que, ao longo da história, algumas formas de organização social se constituíram em sistemas jurídicos e outras não, a única maneira pela qual podemos começar a investigar o que essa particular forma de organização social é e como difere de outros tipos de organização social é tentando isolar e explicar aquelas propriedades que lhe são constitutivas e que a tornam o que ele é." (DICKSON, 2001, p. 19, tradução minha). No original: "[...] given that we regard there as being something special about certain forms of social organisation which we account as legal, and given that we recognise that, throughout history, some forms of social organisation have amounted to legal systems and some have not, the only way in which we can begin to inves-

Todavia, na visão da autora, caso tais características de fato existam, uma determinada teoria analítica deve passar por duas etapas para a determinação de seu sucesso teórico: a teoria deve consistir em proposições sobre o direito que (i) sejam necessariamente verdadeiras; e (ii) que adequadamente expliquem a natureza do direito (DICKSON, 2001, p. 17). Ou seja, uma teoria de sucesso é uma teoria que explica de forma precisa e adequada as propriedades fundamentais do direito.

Por essa razão, não adianta que as proposições teóricas sejam verdadeiras para qualquer subconjunto de características que o teórico escolha analisar, pois isso supriria o critério de precisão (acurácia), mas não o de adequação. Os dados que a teoria escolher como significativos devem ser apropriados para o propósito de determinar a natureza do direito, caso contrário, a explicação fornecida distorcerá a representação do fenômeno fornecida por aquela particular teoria.[189]

Embora a autora não trate da teoria formalista do direito desenvolvida por Ernest Weinrib, o foco em teorias analíticas indica que essa classificação alternativa pode ser uma ferramenta útil para avaliar as escolhas metodológicas do formalismo que a dicotomia descrição/prescrição não esclarece.[190]

tigate what this particular form of social organisation is like, and how it differs from other types of social organisation, is by attempting to isolate and explain those features which are constitutive and make it into what it is."

[189] Apesar da necessidade de acurácia e adequação, um certo grau de abstração é inerente à tarefa da teoria analítica. Segundo Dickson, a tarefa de uma teoria analítica é encontrar a natureza do direito em abstrato, e não determinar como essa natureza é exemplificada em sistemas jurídicos particulares (DICKSON, 2001, p. 18). Embora Weinrib apresente exemplos do modo como as formas da justiça corretiva e distributiva são encontradas em sistemas jurídicos particulares – especificamente, nos sistemas canadense, inglês e norte-americano, como apresentado no capítulo 2 –, ele entende o trabalho primário do teórico de maneira similar a Dickson: como a tentativa de identificar, em abstrato, as propriedades essenciais que fazem do direito o que ele é. No entanto, as semelhanças param aí. Dickson defende uma metodologia que tem Joseph Raz como teórico exemplar e que, como pretendo mostrar, se afasta da weinribiana.

[190] Interessante notar que Dickson coloca esse ponto em termos consentâneos com os de Weinrib. Ela afirma que teorias analíticas do direito: "[...] não devem meramente enunciar verdades, mas devem enunciar verdades que iluminem o que é mais importante sobre e característico do fenômeno sob investigação. Ademais, ao fazê-lo, essas teorias devem ser suficientemente sensíveis à maneira como aqueles vivendo sob o direito o consideram." (DICKSON, 2001, p. 25, tradução minha). No original: "[...] must not merely tell us truths, but must tell us truths which illuminate that which is most important about and characteristic of the

O formalismo weinribiano se encaixa na definição de teoria analítica proposta por Dickson, pois se trata de uma teoria que cujo objetivo geral é determinar o que faz do direito o que ele é, por meio da intelecção formal dos conceitos jurídicos e da subsunção destes às estruturas mais gerais e abstratas do direito, isto é, as formas da justiça corretiva ou da justiça distributiva.

Dickson apresenta duas razões a fundamentar a sugestão de abandono da dicotomia descritivo/prescritivo. Ela argumenta que, numa prática tão complexa quanto o direito, a premissa de que a questão metodológica seja dividida em apenas dois campos é em si problemática. Essa razão está em consonância com a conclusão traçada no item 3.2 de que, aplicada a distinção, a maioria das teorias contemporâneas ocuparia um lugar "entre a descrição e a prescrição". Assumir que há apenas dois campos metodológicos gera compreensões simplistas e até enganosas das teorias, pois encobre diferenças importantes entre elas.

A segunda razão aparece na problemática associação entre o campo das teorias descritivas, exemplificado pelas teorias de Kelsen, Hart e Raz, e a ideia de que estas não se engajariam em avaliação do direito. Seriam, portanto, livres de valor (*value-free*), e, enquanto isso, o campo das teorias prescritivas, exemplificado pelas teorias de Finnis e Dworkin, seria caracterizado pelo engajamento em avaliações do mérito moral do direito (*value-laden*) (DICKSON, 2001, p. 30-31).

Dickson argumenta que essa associação é um erro, pois as teorias de Hart e Raz são teorias avaliativas, isto é, realizam julgamentos de valor,

phenomena under investigation. Moreover, in so doing, these theories must be sufficiently sensitive to the way in which those living under the law regard it." Dickson argumenta que as teorias marxistas do direito seriam um exemplo de teorias que consistem em proposições verdadeiras, mas que do pondo de vista explanatório são inadequadas por não levarem em conta a maneira como aqueles sujeitos ao direito o compreendem e compreendem a si mesmos sob sua égide. Weinrib argumenta que, embora algumas teorias jurídicas, especialmente as norte-americanas, neguem que o direito possua traços distintivos e seja dotado de autonomia, como defende o formalismo, os advogados e outros grupos engajados na prática do direito sempre mantiveram a intuição de que sua atividade e sua forma de pensar o direito e raciocinar juridicamente não era totalmente representada pelas conclusões acadêmicas, pois, eles sempre entenderam que a atividade jurídica se desenvolve dentro de uma estrutura, estrutura essa que o formalismo se propõe a explicar (WEINRIB, 1988, p. 951). Com isso, Weinrib tenta apresentar o formalismo como uma teoria sensível à maneira como aqueles que vivem sob a égide do direito o percebem.

sem que sejam teorias de avaliação moral no sentido atribuído normalmente às teorias prescritivas (normativas). São teorias que, para caracterizar o direito de forma acurada e adequada, realizam avaliações indiretas[191] (DICKSON, 2001, p. 31-67).

Segundo a autora, é possível divisar dois sentidos de avaliação que não implicam avaliação moral e que esclarecem por que teorias consideradas descritivas não são totalmente livres de julgamentos de valor (DICKSON, 2001, p. 32-33). O primeiro sentido, de "valores puramente metateóricos", diz respeito ao fato de que nenhuma teoria, incluindo as ditas descritivas, é totalmente livre de julgamentos de valor. Esses valores, como simplicidade, clareza, elegância, completude, abrangência e coerência, são aqueles pertinentes à natureza do exercício de teorização em si e, portanto, devem ser perseguidos por qualquer teórico, independentemente do campo de atuação e da natureza de seu objeto de estudo. São julgamentos que devem estar presentes em qualquer teoria bem-sucedida em comunicar seus argumentos.

O teórico precisa julgar e avaliar sua teoria durante todo o processo de construção dela, para que seja digna desse rótulo. Esses julgamentos podem ser, por exemplo, quanto ao uso de linguagem técnica *versus* o uso

[191] Sobre o erro das dicotomias descritivo/prescritivo e desengajada/engajada em julgamentos de valor (*value-free/value-laden*), Dickson afirma o seguinte: "Teorias jurídicas indiretamente avaliativas envolvem avaliações acerca de características do direito [...] espero tornar claro por que 'livre de valor' é uma caracterização totalmente imprecisa dessa abordagem e porque 'descritivo' é enganosa, na melhor das hipóteses. No entanto, essa abordagem de teoria do direito não é, certamente, 'normativa' se isso significar entender que a teoria deve envolver avaliações diretas ou morais do direito a fim de escolher e explicar suas características importantes." (DICKSON, 2001, p. 67, tradução minha). Ainda trabalhando com a dicotomia descritivo/normativo, Jules Coleman expressa ideia semelhante ao afirmar que o projeto de H. L. A. Hart era "descritivo" no sentido de que uma teoria do direito não precisaria garantir a inferência da legitimidade moral do direito com base na legalidade para conhecê-lo, mas também era "normativo" no sentido de que sua meta não era meramente reportar os usos da palavra "direito", mas elaborar uma análise conceitual do direito, isto é, racionalizar o conceito por meio da articulação do critério para seu uso de forma a tornar nosso conhecimento sobre ele mais preciso. Para Coleman, um projeto dessa natureza é normativo tanto em suas ambições quando em sua execução, pois responde às normas de construção de uma teoria e pretende disciplinar e estruturar o pensamento (COLEMAN, 2002, p. 312-313). Em conclusão, Coleman concordaria com Dickson que seria enganoso qualificar a teoria de Hart como descritiva e livre de julgamentos de valor (*value free*), pois esse qualificativo encobriria os modos como a teoria faz julgamentos avaliativos relevantes, sem que sejam avaliações de caráter moral.

de linguagem coloquial, à escolha de determinada maneira de apresentar dados e conclusões, para que o argumento fique claro e seja coerente, à extensão da análise dos dados, de maneira a construir uma teoria mais ou menos abrangente, etc. Fica claro por que nenhuma teoria, em qualquer área do conhecimento, escapa à necessidade de fazer esse tipo de julgamento valorativo, inclusive teorias do direito tidas como descritivas.[192]

Todavia, para Dickson (2001, p. 65), há um segundo sentido de avaliação que não implica avaliação moral. É com base nesse segundo sentido que a autora elabora a quarta tese, das teorias do direito indiretamente avaliativas. Essa tese diz respeito à possibilidade de avaliações do material jurídico e determinação do que é importante e significativo no direito (suas características fundamentais) sem que seja necessário se engajar em sua avaliação ou justificação moral. É uma avaliação que vai além das avaliações metateóricas, mas que não torna a teoria prescritiva no sentido trabalhado nos itens 3.2. e 3.3. As teorias indiretamente avaliativas estão em oposição às teorias diretamente avaliativas, que são teorias que contêm ao menos uma proposição diretamente avaliativa em relação às características do direito, como, segundo a autora, é o caso da teoria do direito de John Finnis, que voltarei a analisar a seguir.

Feita essa apresentação inicial, passo agora a expor de forma mais detalhada essas quatro teses. Concentro-me especialmente nos argumentos que Dickson apresenta para considerar John Finnis um representante das duas primeiras teses – (i) tese da avaliação moral; e (ii) tese da justificação moral – e Joseph Raz um representante da quarta (tese da avaliação indireta).

Quanto à tese das consequências morais benéficas, acredito que não seja necessário analisá-la em um item separado, pois será fácil perceber que ela não guarda qualquer relação com a proposta metodológica de Ernest Weinrib. Vejamos.

Dickson elabora a tese das consequências morais benéficas tendo como referência o tipo de postura metodológica defendida por Frederick Schauer no artigo intitulado *Positivism as pariah* (1996). Resumidamente, o argumento de Schauer é o seguinte: o positivismo jurídico não é sinônimo de aceitação irrefletida do direito, mas, ao contrário, trata-se de uma posição apta a promover uma avaliação moral do direito, na medida em que o

[192] Stephen Perry chama esse tipo de avaliação de abordagem "descritivo-explanatória" (PERRY, 1995, p. 438).

identifica com base na "tese social".[193] Sendo o projeto positivista orientado justamente a distinguir as condições de legalidade das condições de moralidade, o positivismo tem a vantagem de nos permitir suspender o julgamento moral do direito até que, aplicando o método positivista, tenhamos uma visão clara de sua natureza e, então, estejamos aptos a realizar avaliações morais (DICKSON, 2001, p. 86).

Schauer defende que é desejável adotar o positivismo jurídico e a tese social (*social thesis*) em razão da consequência benéfica que trazem em termos de clareza e por facilitarem o processo, posterior, de julgamento moral do direito (SCHAUER, 1996, p. 38-42). Todavia, Dickson afirma que o argumento de Schauer inverte a ordem dos fatores: "[...] defender a tese social só promoverá o tipo de clareza de pensamento sobre o direito que poderia ajudar em sua sujeição ao escrutínio moral crítico **se** a tese social for a forma **correta** de compreender como o direito deve ser identificado."[194] (DICKSON, 2001, p. 88, destaque da autora, tradução minha).

Ao menos da forma exposta por Schauer, a tese das consequências morais benéficas vai na direção errada, pois começa da premissa de que adotar uma certa compreensão do direito tem consequências benéficas – no caso em apreço, o positivismo jurídico e a tese social – para chegar à conclusão de que essa maneira de compreender o direito é, portanto, a correta. Dito de outra forma, o argumento de Schauer parece defender que, como resultaria em consequências morais benéficas se o direito tivesse certas características (isto é, as características que o positivismo jurídico é capaz de identificar), então o direito tem tais características (SCHAUER, 1996, p. 34; DICKSON, 2001, p. 89-90).

O problema que surge da adoção dessa posição é que temos de concordar com a premissa de Schauer de que a definição de direito é, de fato, uma questão de escolha, e não de descoberta. Como afirma Dickson, isso implicaria abandonar uma discussão propriamente sobre a definição de direito para abraçar uma discussão sobre qual é o "melhor ideal de direito" (DICKSON, 2001, p. 90).

[193] Tese social, ou *social thesis*, é a tese que embasa a abordagem positivista que afirma que o que conta como direito de uma jurisdição específica depende, em última instância, de fatos sociais. Sobre esse assunto, ver Green (2009).

[194] No original: "[...] espousing the social thesis will only promote the kind of clearer thinking about the law which could assist in subjecting it to critical moral scrutiny **if** the social thesis is the **correct** way to go about understanding the way in which the law is to be identified."

Todavia, esse não é o projeto da teoria analítica do direito. Como vemos exemplificado tanto por Finnis quanto por Raz, os teóricos da tradição analítica compartilham a ideia de que o direito tem um certo caráter que o teórico deve identificar e explicar de forma adequada e precisa (Dickson, 2001, p. 90-91).

Com base no que foi exposto no capítulo 2, sabe-se que Weinrib compartilha a ideia de que o direito possui um caráter distintivo e de que a função do teórico é trazer esse caráter à luz, de forma adequada e precisa. Weinrib certamente não concordaria com a inversão proposta pela tese das consequências morais benéficas esposada por Schauer, razão pela qual não é necessário mais do que essas breves linhas para justificar o porquê de não se abordar essa tese em um item em separado. Se o direito de fato gera alguma consequência moral benéfica, esta será a conclusão do trabalho do teórico, após identificar e explicar a natureza do direito, e não seu ponto de partida.[195]

3.5.2. John Finnis e as teses da avaliação moral e da justificação moral do direito

Pelo que foi exposto no item 3.3, sabemos que no primeiro capítulo de *Natural law and natural rights*, intitulado "Avaliação e a descrição do direito" ("Evaluation and the description of law"), John Finnis (1980) reflete sobre qual a metodologia adequada a produzir uma teoria do direito bem-sucedida, tendo como referência a dicotomia entre teorias descritivas e teorias avaliativas. Ele rejeita a possibilidade de se construir uma teoria descritiva do direito desengajada de julgamentos de valor ("*value-free*") e considera que a avaliação do direito deve ser feita à luz de sua conexão com a moral. Neste subitem 3.5.2, parto diretamente para a caracterização que Dickson faz da teoria finnisiana e de sua metodologia como uma teoria de avaliação e de justificação moral do direito.

Como dito, a questão central, para Dickson, é determinar se, para construir uma teoria do direito explanatoriamente adequada, é necessário avaliar moralmente o direito (Dickson, 2001, p. 3). Com base no que foi exposto no item 3.3, sabe-se que Finnis responde positivamente a essa

195 Dickson resume a objeção à tese das consequências morais benéficas da seguinte forma: "se a tese social [de que a existência e conteúdo do direito dependem de fatos sociais] promove clareza em nossa reflexão sobre direito, moralidade e as relações entre eles, então, isto é assim porque a tese social é uma correta caracterização de como o direito é e não porque enxergar o direito desta forma leva a consequências morais benéficas." (Dickson, 2001, p. 92).

questão, já que descarta a possibilidade de uma boa teoria do direito ser uma mera descrição, livre de engajamento com a questão da relação entre direito e moral.

Todavia, a classificação proposta por Dickson permite perceber alguns detalhes da posição metodológica finnisiana que a dicotomia descrição/prescrição não permite. Em primeiro lugar, está presente em Finnis, embora não explicitamente, a distinção entre (i) "valores puramente metateóricos"; e (ii) valores de avaliação do que é importante e significativo no direito. Finnis diz que: "[...] não há como escapar do requisito teórico de que um julgamento de **significado** e **importância** seja feito, se for para a teoria ser mais do que uma vasta pilha de fatos diversos descritos em uma profusão incomensurável de terminologias."[196] (FINNIS, 1980, p. 17, destaques do autor, tradução minha).

Dickson afirma que, analisado isoladamente, esse trecho parece ser apenas um apelo ao uso de avaliação no primeiro sentido, como "valores puramente metateóricos" na construção da teoria (DICKSON, 2001, p. 38-39). Todavia, o excerto deve ser interpretado em conjunto com a ideia de que, no processo de avaliação, o teórico não é totalmente livre para fazer considerações acerca do que é "significativo e importante" no direito. Ele deve:

> [...] avaliar a importância ou a significância em similaridades e diferenças dentro de seu campo de estudo perguntando o que seria considerado importante e significativo naquele campo por aqueles cujas preocupações, decisões e atividades criam ou constituem o campo.[197] (FINNIS, 1980, p. 12, tradução minha).

Isso significa dizer que, para Finnis, a teoria do direito deve levar em consideração a natureza dos dados jurídicos que as pessoas vivendo sob a égide do direito usam para guiar suas atividades e decisões. Dickson argumenta que tanto Finnis, conforme o trecho acima, quanto Raz (1994,

[196] No original: "[...] there is no escaping the theoretical requirement that a judgment of **significance** and **importance** must be made if theory is to be more than a vast rubbish heap of miscellaneous facts described in a multitude of incommensurable terminologies."

[197] No original: "[...] he must assess importance or significance in similarities and differences within his subject-matter by asking what would be considered important or significant in that field but those whose concerns, decisions and activities create or constitute the subject-matter."

p. 237)[198] consideram que o direito consiste parcialmente nas crenças e nas atitudes que as pessoas têm sobre o direito e nas ações que executam tomando-o em consideração. Portanto, o direito é um tipo de conceito que as pessoas usam para compreender a si mesmas, e a teoria do direito deve levar em consideração essa característica peculiar de seu objeto (Dickson, 2001, p. 40).

É a partir desse ponto que Dickson observa a adesão de Finnis às teses da avaliação moral e da justificação moral, afastando-se da metodologia propugnada por Raz. A teoria do direito desenvolvida por Finnis está estruturada em duas afirmações: a primeira é que o teórico deve avaliar moralmente o direito para chegar às suas características importantes e explicá-las – (i) tese da avaliação moral – e a segunda é que essa avaliação levará à conclusão de que o direito é um fenômeno justificado moralmente que, portanto, satisfaz suas aspirações de ser obedecido e de ser moralmente legítimo – (ii) tese da justificação moral (Dickson, 2001, p. 45-71).

Com relação à primeira tese, Finnis afirma que parte do que constitui a autocompreensão e as avaliações na maneira como se deve agir por parte dos membros de uma sociedade sujeitos ao direito são compreensões da conexão que existe entre direito e moral. Essa ligação entre direito e moral é parte dos dados que constituem o direito. Portanto, o teórico deve levá-la em consideração, não sendo livre para escolher qualquer propriedade do direito e alçá-la à categoria de característica fundamental (Dickson, 2001, p. 44).

O teórico deve identificar as crenças e atitudes que constituem a autocompreensão e as avaliações dos membros de uma sociedade sujeitos ao direito e tomar uma posição sobre sua correção, isto é, ponderar se efetivamente essas crenças e atitudes são justificadas em face do caso central do direito. A função do direito, seu *point*, para Finnis, é guiar corretamente, com base na razão prática, as condutas daqueles sob sua égide e resolver os problemas de coordenação que surjam ao longo desse processo. Assim, para fazer uma boa teoria jurídica, o teórico deve caracterizar o direito com base no caso central do direito, isto é, do ponto de vista daquele que,

[198] "A teoria do direito contribui [...] para uma compreensão melhorada da sociedade [...] 'direito' é um conceito usado pelas pessoas para compreenderem a si mesmas. Nós [teóricos] não estamos livres para escolher quaisquer conceitos úteis. A tarefa mais importante da teoria do direito é fazer progredir nossa compreensão da sociedade nos ajudando a compreender como as pessoas compreender a si mesmas [...]" (Raz, 1994, p. 237, tradução minha).

estando sujeito ao direito, faz julgamentos corretos em relação ao que requer a razão prática.[199,200]

Segundo ela, Finnis defende que, para que uma teoria do direito seja uma explicação adequada do direito, o teórico deve avaliá-lo moralmente, isto é, fazer avaliações diretas acerca de suas características importantes (centrais). O sucesso da teoria dependerá da correta atribuição, pelo teórico, de valor moral às suas características centrais (DICKSON, 2001, p. 48-49).

Com relação à tese da justificação moral do direito, Dickson afirma que Finnis não a distingue da tese da avaliação moral no capítulo introdutório de *Natural law and rights* (1980). A justificação moral do direito parece decorrer necessariamente da avaliação moral, pois, para escolher e explicar as características mais importantes do direito, o teórico deve avaliar moralmente o seu objeto e, portanto, tomar uma posição acerca de "[...] o que os requisitos de razoabilidade prática realmente são"[201] (FINNIS, 1980, p. 16, tradução minha) e acerca do papel do direito no que diz respeito a esses requisitos. Engajando-se nesse exercício, Finnis supõe, qualquer teórico concluirá também que o direito deve ser entendido como um fenômeno moralmente justificado (DICKSON, 2001, p. 71-72).

[199] "A conclusão que devemos traçar é clara. Se existe um ponto de vista no qual a obrigação jurídica é tratada, ao menos presumivelmente, como uma obrigação moral (e, consequentemente, como de 'grande importância', a ser mantida 'contra o apetite de fortes paixões' e 'ao custo do sacrifício de consideráveis interesses pessoais'), um ponto de vista no qual o estabelecimento e a manutenção do jurídico como distinto da ordem discricionária ou estaticamente costumeira é considerado como um ideal moral, se não uma cogente demanda de justiça, então tal ponto de vista constituirá o caso central do ponto de vista jurídico. Porque apenas nesse ponto de vista é uma questão de primordial importância que o direito, como distinto de outras formas de ordem social, deva vir a ser, e consequentemente se tornar um objeto de descrição do teórico." (FINNIS, 1980, p. 14-15, tradução minha). No original: "The conclusion we should draw is clear. It there is a point of view in which legal obligation is treated as at least presumptively a moral obligation (and thus as of 'great importance', to be maintained 'against the drive of strong passions' and 'at the cost of sacrificing considerable personal interest'), a viewpoint in which the establishment and maintenance of legal as distinct from discretionary or statistically customary order is regard as a moral ideal if not a compelling demand of justice, then such a viewpoint will constitute the central case of the legal viewpoint. For only in such a viewpoint is it a matter of overriding importance that law as distinct from other forms of social order should come into being."

[200] Finnis prefere os termos "razão prática" e "praticamente razoável" ao termo "moral" que, segundo ele, tem conotação incerta (FINNIS, 1980, p. 15).

[201] No original: "[...] what the requirements of practical reasonableness really are."

Como mencionei no item 3.3, para Finnis, a maneira correta de se começar a construir uma boa teoria do direito é buscar esclarecer o significado focal ou o caso central do direito. Todavia, o significado focal ou o caso central não são de livre escolha do teórico. O teórico deve tomar uma posição acerca de qual das inúmeras atitudes que as pessoas têm em relação ao direito é a correta e, então, usá-la como o padrão de referência para caracterizar o direito. Assim, para elaborar uma teoria do direito adequada, o teórico deverá defender uma posição metodológica que resultará em considerar o direito um fenômeno moralmente justificado, pois a atitude que servirá como padrão de referência será a do ponto de vista em que a obrigação jurídica poderá ser tratada, ao menos de forma presumida, como uma obrigação moral (Finnis, 1980, p. 14-15; Dickson, 2001, p. 72).

Para Dickson, a abordagem de Finnis supõe que:

> [...] o teórico deve caracterizar o direito pelo ponto de vista de alguém que o considera justificado em suas pretensões, inclusive em suas pretensões de ter autoridade moral e de gerar uma obrigação moral geral de obediência a ele.[202] (Dickson, 2001, p. 72-73, tradução minha).

Porém, a autora defende que essas duas teses dizem respeito a questões diferentes e que a tese da justificação moral do direito não decorre necessariamente da tese da avaliação moral. O exemplo que ela utiliza para ilustrar esse ponto é a elaboração de uma teoria racial crítica (*critical race theory*).[203] Um teórico que pretenda elaborar uma teoria desse tipo pode adotar a tese da avaliação moral como preceito metodológico, pois pode considerar que, para o direito ser adequadamente compreendido, é sempre necessário avaliá-lo moralmente e definir se ele gera ou não injustiças distribuídas desigualmente do ponto de vista étnico-racial.

O teórico pode também se posicionar quanto às condições necessárias para o direito ser moralmente justificado do ponto de vista global – por exemplo, quando sua estrutura, seu funcionamento e sua orientação não

[202] No original: "[...] the theorist must characterise the law from the point of view of one who holds it to be justified in the claims which it makes, including the claims that it has moral authority and generates a general moral obligation to obey it."

[203] Segundo Dickson, além da teoria racial crítica (*critical race theory*), seria possível imaginar uma adesão similar à tese da avaliação moral por parte de teóricos marxistas e até mesmo anarquistas, sem que isso implicasse a necessidade de aderir à tese de que, compreendido corretamente, o direito é uma instituição social moralmente justificada (Dickson, 2001, p. 78-79).

gerarem injustiças para pessoas de determinadas raças ou quanto a regras específicas que sejam moralmente justificadas. Todavia, esse tipo de julgamento da moralidade do direito não implica afirmar, como Finnis parece fazer, que o caso central do direito é tal que ele seja, efetivamente, moralmente justificado[204,205] (DICKSON, 2001, p. 73-74, 80-81).

Em conclusão, Dickson defende quatro pontos para caracterizar as posições metodológicas de Finnis: (i) para ele, o direito, em seu significado

[204] Dickson admite que Finnis poderia dizer que ela deturpa seus argumentos ao afirmar que, para ele, é da natureza do direito ser um fenômeno moralmente justificado (DICKSON, 2001, p. 74-77). Todavia, ela mantém sua posição argumentando que, dentre outras estratégias, Finnis utiliza o conceito de direito em dois sentidos, direito no significado focal (i.e., fenômeno moralmente justificado) e direito no sentido puramente intrassistêmico, o que permite ajustar-se a diferentes contextos, pois a legalidade, para ele, é uma questão de grau (FINNIS, 1980, p. 276-281). Dickson conclui que essa ideia de "graus do direito" não parece levar a sério o projeto da teoria analítica do direito de identificar as propriedades essenciais do direito que ela defende, mas que, sobretudo, o próprio Finnis parece abraçar. Como nem a proposta de Dickson, nem a proposta desta tese é discutir as posições de Finnis minuciosamente, mas apenas apresentar uma interpretação possível delas como um exemplo de defesa das teses da avaliação moral e justificação moral, não me deterei nesse ponto.

[205] De qualquer forma, Dickson extrai do próprio Finnis elementos que sugerem que as duas teses são de fato independentes. O elemento que sugere a independência da tese da justificação moral diz respeito à função do direito como elemento de autoridade numa dada comunidade. No capítulo IX ("Authority") de *Natural law and natural rights*, Finnis (1980) argumenta que o sistema jurídico é a única maneira de organizar e fornecer os bens básicos necessários para a vida em comunidade, pois, a não ser que fosse possível resolver problemas de coordenação dos esforços da vida em comunidade por meio de acordos unânimes, o que é impossível, a melhor alternativa disponível é revolvê-los por meio da autoridade dada pelo direito. Assim, "[...] é o *status* do direito como o **único** meio pelo qual esses problemas de coordenação podem ser resolvidos que justifica suas pretensões de que é dotado de autoridade moral e deve ser obedecido [...]". (DICKSON, 2001, p. 79, destaque da autora, tradução minha). Ou seja, o direito é moralmente justificado visto que é a única forma de criar, manter e coordenar a existência dos bens básicos necessários à nossa vida em comunidade. O elemento que sugere a independência da tese da avaliação moral diz respeito à defesa de Finnis de qual deve ser o ponto de vista a ser adotado por um teórico para compreender o direito. O "argumento do ponto de vista" é que "[...] teóricos não alcançarão o requisito de compreensão a menos que entendam e tomem, eles mesmos, uma posição acerca disso [ponto de vista], e o tendo corretamente determinado, adotem o ponto de vista ou a atitude, perante o direito, de um homem verdadeiramente praticamente razoável." (DICKSON, 2001, p. 80, tradução minha). Isso porque um homem praticamente razoável é um homem que necessariamente adota as posições morais corretas com relação ao direito. A conclusão de Dickson, no entanto, é que, dado que Finnis pretende estabelecer que é da natureza dos sistemas jurídicos que eles sejam moralmente justificados, ele continua a precisar de um argumento poderoso para sustentar sua posição, ainda por ser fornecido (DICKSON, 2001, p. 81).

focal (i.e., o caso central do direito), é um fenômeno moralmente justificado que cria uma obrigação moral de obediência; (ii) em *Natural law and natural rights* (Finnis, 1980), esse primeiro ponto decorre do argumento de que é necessário avaliar moralmente o direito para entendê-lo adequadamente; (iii) Dickson, então, interpreta que o objetivo de Finnis ao longo de *Natural law and natural rights* (Finnis, 1980) é esclarecer qual é o caso central ou o significado focal do direito e, consequentemente, as características essenciais deste; (iv) sendo assim, para Finnis, o teórico que queira compreender a natureza do direito deve necessariamente avaliar moralmente o direito e, para compreendê-lo corretamente, deve fazê-lo à luz da ideia de que se trata de um fenômeno moralmente justificado que gera uma obrigação moral de obediência (Dickson, 2001, p. 78).

A discussão de Finnis e a crítica elaborada por Dickson vão muito além dessas breves linhas. Todavia, não se pode perder de vista que o objetivo deste item e do subsequente é ilustrar como a classificação alternativa sugerida por Dickson pode auxiliar a enxergar as teorias do direito de uma maneira que a dicotomia descritivo/prescritivo não permite. Para os fins deste trabalho, esse desafio de Dickson tem importância na medida em que o formalismo jurídico de Ernest Weinrib possa ser também visto por uma lente semelhante, pois, como sugeri, considero essa classificação alternativa apta a fornecer um ferramental mais interessante para a compreensão das escolhas metodológicas formalistas.

3.5.3. Joseph Raz e a tese da avaliação indireta do direito

Diferenciando-se da tradicional compreensão do positivismo como uma teoria descritiva, Joseph Raz é um positivista que abertamente defende que não é possível construir uma boa teoria do direito, isto é, uma teoria adequada e precisa do direito, sem que o teórico se engaje em um processo de avaliação que vá além dos "valores puramente metateóricos". Todavia, ele e Finnis discordam acerca do que consiste esse processo de avaliação. Para Raz, avaliar não é sinônimo de avaliar moralmente. Ele defende que, embora o teórico do direito necessariamente se engaje em avaliações para construir uma teoria do direito, estas não precisam ser avaliações morais. Portanto, Raz exemplifica o tipo de teoria do direito que Dickson nomeia de "teoria do direito indiretamente avaliativa".

De acordo com Dickson, Raz identifica dois tipos diferentes de proposições avaliativas: as diretas e as indiretas. As proposições avaliativas diretas expressam avaliações morais ou de mérito de alguma coisa, isto é, atribuem àquela coisa uma qualidade. Já as proposições avaliativas indiretas expressam simplesmente a identificação de que determinada coisa tem importância num dado contexto. As primeiras são proposições do tipo "X é bom" ou "X é moralmente justificado", enquanto as segundas são do tipo "X é importante" (Dickson, 2001, p. 51-52).

Para Raz, existe uma clara diferença entre avaliar a importância de determinada característica de uma prática social e avaliar o mérito dessa mesma característica, seja ele moral, seja político (Raz, 1994, p. 236-237). Dizer que algo é importante não implica necessariamente afirmar que esse algo é bom ou ruim. Em outras palavras, identificar o que é importante é diferente de identificar o porquê do que é importante ser importante, sendo que o porquê de ser importante, presumivelmente, estará ligado a ser bom em algum sentido.

A metodologia raziana parte da premissa de que é possível avaliar quais são as atitudes, crenças e autocompreensões mais importantes e significativas para as pessoas vivendo sob a égide do direito, sem adentrar uma discussão sobre o valor moral[206] de tais crenças, atitudes e autocompreensões e de que é assim que o teórico toma contato com o que é "exclusivamente jurídico", para usar uma expressão cara a Weinrib, embora não adotada por Dickson (Dickson, 2001, p. 48).

A tese da avaliação indireta do direito considera que existem proposições jurídicas verdadeiras do tipo "X é uma característica importante do direito", sem que isso implique uma tomada de posição acerca da substância ou do conteúdo de "X". (Dickson, 2001, p. 53).

Dessa feita, se a teoria analítica tem por objetivo aprofundar nosso conhecimento sobre o direito e se as características do direito que devem ser explicadas são aquelas que melhor revelam seu caráter distintivo como um método especial de organização social – e, portanto, possibilitam um conhecimento mais profundo do direito (Dickson, 2001, p. 58) –, então proposições avaliativas indiretas verdadeiras têm o condão de expressar as características mais importantes do direito, que, tomadas em conjunto, fornecem uma explicação precisa acerca de sua natureza.

[206] O termo "moral" aqui é utilizado em sentido amplo, designando o que é bom ou meritório (Dickson, 2001, p. 56).

Todavia, um teórico *a la* Finnis poderia objetar, por exemplo, que só podemos concluir que a qualidade de ter uma pretensão de legitimidade moral é uma característica central do direito de uma dada comunidade se, antes, for definido que essa característica é boa e encorajada naquela comunidade (Dickson, 2001, p. 57-58). Ou seja, as proposições avaliativas indiretas dependeriam da existência de prévias proposições avaliativas diretas verdadeiras. Uma avaliação direta da legitimidade moral do direito estaria dirigindo ou provendo o embasamento para uma proposição avaliativa indireta de que a aspiração do direito a ser moralmente legítimo é importante e deve ser explicada.

No entanto, Raz (1994) nega que a única maneira de chegar a avaliações indiretas seja por meio de avaliações diretas, isto é, a conclusão de que "X é importante" é possível independentemente da determinação prévia de que "X é bom" (Dickson, 2001, p. 58). Assim, Dickson apresenta alguns exemplos de como proposições avaliativas indiretas podem ser sustentadas de outras maneiras que não pelo sustentáculo fornecido por proposições do tipo "X é bom" ou "X é meritório".

Proposições avaliativas indireta independentes de proposições avaliativas diretas podem ser do tipo que identificam as características que o direito invariavelmente exibe e que, como consequência, revelam seu caráter distintivo e seu modo particular de operação (Dickson, 2001, p. 58-59). Essas proposições podem também se referir aos elementos que são importantes na maneira pela qual praticamos a autocompreensão à luz do direito, isto é, como tomamos decisões e agimos tendo como referência nossas crenças e atitudes sobre o direito. Em outras palavras, proposições avaliativas indiretas podem descrever os efeitos que o direito tem na orientação prática daqueles a ele sujeitos, sem que isso implique um posicionamento acerca da qualidade da orientação que fornece (Dickson, 2001, p. 59).

Outra maneira de sustentar avaliações indiretas independentes acerca de características do direito é identificar e explicar as características e a forma de operação do direito que incidem sobre questões de interesse prático das pessoas na condução de suas vidas, independentemente do fato de essas pessoas considerarem tais características como verdadeiras, justificadas, boas ou más. Mais uma vez, o exemplo apresentado por Dickson é o da pretensão do direito de ser dotado de autoridade moral. Especialmente em função das crenças e das atitudes dos agentes públicos em relação a essa pretensão, mesmo que a suposta autoridade moral do direito não se justifique, os agentes públicos que nela creem tratarão as pessoas sob a égide do direito como se a pretensão justificada fosse e atuarão sobre a liberdade dessas pessoas, restringindo-a, se houver desobediência às regras jurídicas (Dickson, 2001, p. 60).

Portanto, para Raz, é possível identificar as características centrais do direito ainda que não saibamos previamente se são boas ou más, pois defende que avaliações indiretas não dependem de uma prévia avaliação direta. Dickson, em consonância com Raz, argumenta justamente que a posição metodológica a se assumir deve ser a oposta, isto é, que a natureza do direito é tal que, para realizar avaliações diretas, é preciso primeiramente realizar avaliações indiretas e identificar as características centrais definidoras do direito (Dickson, 2001, p. 62-66).

Ambos, Raz e Dickson, entendem que, para conhecer o direito – entrar em contato com o objeto especificamente jurídico, saber o que faz o direito ser o que ele é –, é necessário conhecer e explicar suas características centrais, e esse processo de conhecimento, segundo eles, independe de saber se tais características são justas ou iníquas, morais ou imorais, boas ou más.

Conforme argumentam, mesmo um anarquista, para quem as pretensões de autoridade e obediência do direito nunca são justificadas, concordaria que o direito é composto por certas características centrais que incluem "[...] seu modo distintivo de operação e a maneira pela qual, via sua pretensão de autoridade moral, nos impõe certos padrões e, consequentemente, influencia questões concernentes ao nosso interesse prático."[207] (Dickson, 2001, p. 63, tradução minha).

Ademais, o anarquista também concordaria que algumas características do direito, identificadas na avaliação indireta, são relevantes para a elaboração de avaliações diretas. Por exemplo, a característica do direito de informar o que podemos e o que não podemos fazer e de impor uma sanção quando não obedecemos a determinada diretiva é importante para avaliar se tal diretiva é boa ou ruim[208] (Dickson, 2001, p. 63).

[207] "[...] its distinctive mode of operation, and the manner in which, via its claim to moral authority, it holds us to certain standards and hence has a bearing upon matters of practical concern to us." (Dickson, 2001, p. 630).

[208] Para ficar em um exemplo, a diretiva que impunha a segregação racial em alguns estados norte-americanos até meados do século XX era uma característica central do direito daqueles estados e da determinação dos direitos civis e da pretensão do direito em relação às preocupações práticas de cidadãos de uma ou outra raça, isto é, da determinação da maneira

Em suma, a conclusão de Dickson é de que Raz propõe que é possível elaborar uma teoria do direito indiretamente avaliativa, isto é, é possível articular uma explicação do direito precisa e adequada sustentada por proposições indiretamente avaliativas acerca de certas características importantes e significativas do direito, sem que seja necessário adentrar a esfera das avaliações diretas (morais ou políticas) dessas características (Dickson, 2001, p. 66-67).

Com base nisso, a autora também esclarece por que considera que as dicotomias (i) descritivo/prescritivo e (ii) livre de valor (*value-free*)/engajada em avaliação moral (*value-laden*) são inexatas e enganadoras. Sob essas dicotomias, a teoria positivista do direito formulada por Joseph Raz seria considerada descritiva e livre de valor. Todavia, como Dickson mostra, teorias do direito indiretamente avaliativas, como o positivismo raziano, envolvem julgamentos sobre as características centrais do direito que vão além dos "valores puramente metateóricos". São avaliações, sem serem avaliações morais, o que permite também esclarecer por que, não sendo descritivas, não se encaixariam perfeitamente no rótulo de teorias prescritivas (normativas) ou engajadas em avaliações valorativas morais ou políticas (*value-laden*) (Dickson, 2001, p. 67).

Vale repisar o seguinte ponto: Dickson constrói essa classificação alternativa com um objetivo que não é meramente propedêutico, mas para defender que a atitude metodológica mais apta a gerar uma boa (correta e precisa) teoria do direito é aquela baseada na elaboração de avaliações indiretas do direito, cujo exemplo contemporâneo mais bem acabado é a teoria positivista de Joseph Raz.

Embora não necessariamente aceite as conclusões de Dickson acerca do que constitui uma boa teoria do direito, considero correta sua crítica à organização do debate metodológico em torno da dicotomia descrição/prescrição ao pontuar que essa dicotomia limita o conjunto de ferramentas que se é capaz de fornecer para entender a maioria das teorias jurídicas contemporâneas que não são nem "puramente" descritivas,

como as pessoas naquelas comunidades deveriam agir. A importância dessa característica não poderia ser disputada nem por Raz, nem pelo anarquista. O ponto de Raz e Dickson é que a identificação dessa característica (avaliação indireta) é relevante para elaborar avaliações diretas sobre essa característica – se é boa ou ruim, justificada ou injustificada – e, por consequência, o que devemos fazer com ela, se devemos mantê-la ou propor mudanças no direito com o objetivo de aboli-la (Dickson, 2001, p. 63).

nem "puramente" prescritivas – e, no que efetivamente interessa ao presente trabalho, também a metodologia adotada pelo formalismo jurídico weinribiano.

3.6. O lugar do formalismo Weinribiano no debate metodológico

Neste item 3.6, passo a expor como a classificação sugerida por Julie Dickson – apresentada nos itens antecedentes – ajuda a visualizar com maior precisão a postura metodológica assumida pelo formalismo jurídico, para além daquilo que já foi objeto de conclusão parcial no item 3.4, isto é, que o formalismo jurídico tem como objetivo elaborar uma "descrição da normatividade imanente ao direito" e, consequentemente, não pode ser qualificado puramente como uma teoria descritiva nem como uma teoria prescritiva.

Dickson propõe questões que dizem respeito à adesão a uma das três teses que elabora (tese da avaliação moral, da justificação moral e da avaliação indireta do direto) e que caracterizam três possíveis atitudes metodológicas diante do desafio de se construir uma teoria do direito. Essas questões são: (i) é necessário avaliar moralmente o direito para construir uma teoria explanatoriamente adequada?; (ii) é necessário justificar moralmente o direito?; ou (iii) é possível apenas identificar e explicar as características consideradas importantes e significativas para o direito, sem necessariamente se engajar em julgamentos e justificações de ordem moral? (Dickson, 2001, p. 3, 38-39).

Recapitulando, a adesão à (i) tese da avaliação moral assume como premissa teórica que, para conhecer e entender o direito adequadamente, em razão de sua natureza, deve-se avaliá-lo à luz de valores morais (ou políticos). A adesão à (ii) tese da justificação moral implica assumir a premissa de que, para entender o direito adequadamente, o teórico deve defender a posição de que o direito é um fenômeno moralmente justificado. Por fim, a (iii) tese da avaliação indireta do direito sustenta que é possível elaborar uma teoria do direito precisa e correta identificando as características importantes e significativas do direito sem que, para isso, o teórico precise avaliar ou justificar moral ou politicamente o conteúdo do direito (Dickson, 2001, p. 9, 53, 66-67).

Essas teses podem guardar pelo menos três sentidos diferentes de avaliação em teoria do direito. O primeiro sentido é relativo aos "valores puramente metateóricos" que devem permear a construção de qualquer teoria.

Passado esse primeiro sentido, que, supostamente, qualquer teoria deve aspirar a preencher, as teorias podem se engajar em avaliações diretas ou indiretas do direito.

As avaliações diretas são elaboradas com base na premissa de que boas teorias do direito devem ser normativas, dado que o direito é, por natureza, um fenômeno normativo e que somente levando-se em consideração essa dimensão é possível fazer uma boa descrição dele.

Assim, teorias de avaliação moral são teorias que têm ao menos uma avaliação direta considerada válida. São teorias que entendem que fazer uma boa descrição do direito é avaliá-lo moralmente, de forma a captar a intencionalidade, o objetivo ou o *point* normativo a que ele serve ou está orientado a servir.

Já as avaliações indiretas são aquelas que embasam teorias do direito que considerem que a tarefa primordial do teórico é exclusivamente identificar os elementos importantes e significativos da prática jurídica, reconhecida por aqueles que dela participam, sem necessariamente avaliar suas qualidades, isto é, teorias caracterizadas pela tese da avaliação indireta do direito (Perry, 1995, 1998; Dickson, 2001, p. 35-37).

Do que foi exposto, conclui-se que o formalismo, nos termos da classificação de Dickson, é uma teoria que parte de proposições avaliativas diretas e pode ser classificada como uma teoria de avaliação moral.

Isso porque o projeto formalista, conforme exposto no item 3.4, está assentado na ideia de que se trata de uma teoria jurídica de justificação e avaliação da coerência do direito (Weinrib, 1993a, p. 583, 1996, p. 332). Consequentemente, Weinrib defende que o direito é um fenômeno dotado de racionalidade moral imanente e que essa racionalidade é coerentemente expressa pela imanência dos arranjos jurídicos às formas da justiça corretiva ou distributiva.

Sabe-se que as formas impõem restrições implícitas ao direito positivo ou, quando tais restrições não se concretizam e o direito positivo se materializa em arranjos incoerentes com sua correta forma imanente, aquelas podem ser usadas como um ponto de vista para criticar esses arranjos do direito positivo e também para criticar decisões judiciais cujo resultado esteja em desacordo com essas restrições.

No caso do direito privado, Weinrib argumenta que a principal restrição implícita ao direito positivo e às decisões dos tribunais é a de não se atribuir propósitos políticos (extrínsecos), pois a justiça corretiva é sua forma imanente. Como discutirei no próximo capítulo, esse é exatamente o problema da responsabilidade objetiva: trata-se de uma parte do direito privado que o formalismo, valendo-se desse ponto de vista crítico, rotula como um erro jurídico e uma monstruosidade, do ponto de vista conceitual, isto é, do ponto de vista da forma que é imanente à responsabilidade civil em geral.

O formalismo é uma teoria que procura descrever o fenômeno jurídico em sua relação, seja coerente, seja incoerente, com as formas da justiça, dada sua pretensão avaliativa. Dessa forma, o formalismo jurídico não pode ser visto como uma teoria apenas dotada de proposições indiretamente avaliativas, ainda que estas sejam importantes na primeira fase de implementação do método formalista, em que o teórico analisa os materiais jurídicos (*juridical materials*) para identificar os conceitos centrais e que unificam regras, princípios e práticas. Não se trata de uma teoria de avaliação indireta do direito, pois o objetivo do formalismo é explicitar como o direito pode ser conhecido e interpretado partindo-se da premissa de que é um fenômeno que tende a um tipo particular de coerência moral: a coerência com as estruturas mínimas de justiça formal representadas pelas formas da justiça corretiva e distributiva.

Isso equivale a afirmar que, para Weinrib, é necessário avaliar moralmente o direito para construir uma teoria explanatoriamente adequada. Acredito, assim, que, o formalismo jurídico de Ernest Weinrib, assim como as teorias do direito desenvolvidas por John Finnis e Ronald Dworkin, assume como a premissa metodológica que uma teoria explanatoriamente adequada não pode ser uma mera descrição da prática jurídica, até porque direito (ou o "especificamente jurídico" ou *ius*), para o formalismo, é um fenômeno mais amplo que o direito positivo (*lex*). O formalismo jurídico se propõe, em verdade, a desvendar as racionalidades especificamente jurídicas que devem guiar as escolhas dos legisladores e reformadores no processo de criação do direito positivo.

As formas da justiça impõem – de maneira antecedente à criação do direito positivo – a estrutura a qual o direito positivo deverá concretizar. O direito positivo poderá ou não refletir essa normatividade imanente e, caso não reflita, Weinrib defende que o judiciário pode agir no sentido de reinstaurar essa normatividade, dado que, segundo o formalismo, ela não é pré-jurídica, mas jurídica em sua plenitude, estendendo sua força sobre o direito positivo que se opõe a ela. Um julgamento, segundo ele, "[...] é declaratório dessa preexistente força moral."[209] (WEINRIB, 1988, p. 999, tradução minha).

Ademais, ele afirma que o direito, no formalismo, assume que, conceitualmente (*notionally*), o padrão declaratório dos julgamentos está presente nas interações no momento de sua ocorrência, isto é, de forma antecedente à análise pelos tribunais, atestando que a ordenação coerente das transações (voluntárias ou involuntárias) e distribuições (de ônus ou benefícios) por meio de suas respectivas formas corretiva e distributiva é um exercício inerentemente normativo (*inherently normative exercise*) (WEINRIB, 1988, p. 999).

Por fim, conclui-se que o critério de coerência, implícito no direito como uma aspiração constante e como o critério para avaliar se os arranjos jurídicos concretos são a materialização das racionalidades a eles imanente, exerce uma função reguladora (WEINRIB, 1995, p. 207).

O formalismo jurídico não é apenas uma teoria de avaliação moral do direito, mas é uma teoria que, na medida em que defende que a coerência é, ao mesmo tempo, o critério de juridicidade e uma aspiração permanente do direito, se constitui também em uma teoria de justificação moral do direito. O critério de coerência adotado sugere que, no formalismo, o direito (*ius*) deve ser um conjunto moralmente justificado. Todavia, diferentemente de outras teorias desse tipo, a justificação moral defendida pelo formalismo é formal, e não substantiva. A garantia da justificação moral do direito é fornecida pelo mínimo de racionalidade moral –mínimo de justiça formal – representado pela adesão coerente às formas da justiça.

[209] A afirmação completa de Weinrib a esse respeito é a seguinte: "The retrospective [operation of legal remedies] presumes that the standard had moral force at the time of the action at issue in the suit, and that **the judgment is declaratory of this pre-exiting moral force**." (WEINRIB, 1988, p. 999, destaques e tradução meus).

4
A relação entre a teoria formalista do direito e a Fundamentação da responsabilidade civil

"A responsabilidade civil é um corpo de ideias assim como um conjunto de normas."[210] (Weinrib, 1992a, p. 717, tradução minha).

Este capítulo pretende responder se o formalismo jurídico fornece uma fundamentação adequada para o campo da responsabilidade civil, em geral, e para a responsabilidade objetiva, em particular. Conforme expus na introdução a este livro, defendo a hipótese de que a tese da incomunicabilidade imposta pelo critério de coerência estrito adotado pelo formalismo impede que, do ponto de vista prescritivo, este seja uma boa teoria da responsabilidade civil.

Ademais, se, como concluo no capítulo 3, o formalismo não é uma teoria exclusivamente descritiva, mas sim uma teoria de avaliação e justificação moral – isto é, uma teoria com uma dimensão prescritiva –, como o formalismo avalia que o direito deve se desenvolver e como essa teoria deve lidar com a responsabilidade objetiva?

Diante disso, este capítulo tem por objetivo geral expor a relação entre essa teoria formalista do direito e a fundamentação da responsabilidade civil e apontar a razão por que o formalismo jurídico considera a responsabilidade objetiva um "erro jurídico" ou uma "monstruosidade conceitual", bem como por que essa rotulação enfraquece o potencial explicativo do formalismo ao invés de aumentá-lo. Em outras palavras, este capítulo

[210] No original: "Tort law is a body of thought as well as an ensemble of norms."

pretende explorar razões pelas quais o formalismo pode ser considerado uma teoria do direito insuficiente para explicar a responsabilidade civil e não, como pretende o próprio formalismo, uma teoria que fornece boas razões para uma mudança nas regras de responsabilidade civil.

Para isso, analiso como o tipo de teoria que o formalismo é – uma teoria geral do direito com pretensões avaliativas e justificatórias que dá a ela uma dimensão prescritiva – afeta as afirmações que ele faz acerca de uma área específica do direito que conhecemos como direito privado e, dentro dela, da área da responsabilidade civil, que o próprio Weinrib considera o *lócus* natural de atuação da teoria formalista, ou seja, o campo em que, por excelência, o formalismo se apresenta com toda a sua força explicativa e argumentativa.

Como dito anteriormente, embora o formalismo seja uma teoria geral que pretende explicar o direito em sua autonomia em relação a outras esferas normativas, o grande projeto teórico de Ernest Weinrib é explicar o direito privado à luz da forma da justiça corretiva (Weinrib, 1985, 1987a, 1988, 2002a, 1995) e, dentro do direito privado, ele se volta especialmente para a responsabilidade civil (Weinrib, 1983; 1989a; 1989b; 1989c; 1992a; 2001; 2002b; 2006). É ao campo da responsabilidade civil que Weinrib devota seus maiores esforços de aplicação das premissas teórico-filosóficas e do método pela teoria formalista do direito.

Em geral, os escritos de Weinrib sobre o formalismo são abstratos e carentes de exemplos que esclareçam e fundamentem suas afirmações. Portanto, é sobretudo nas obras em que ele trata do direito privado e da responsabilidade civil que é possível visualizar as teses formalistas do direito com mais clareza e perceber como elas definem a concepção de áreas específicas, o julgamento e a valoração de regras positivas e da atuação dos tribunais que sua dimensão prescritiva impõe.

O argumento weinribiano é que o direito privado é uma parte do direito em que é mais fácil e imediata a intelecção com base em uma concepção não instrumental coerente de direito que caracteriza o formalismo. Ele alega que no direito privado "o aspecto não instrumental do direito [definido nos moldes propostos pelo formalismo] brilha com particular esplendor [...]"[211] (Weinrib, 1987a, p. 62, tradução minha). Assim, dentro desse

[211] No original: "[...] the non-instrumental aspect of law shines forth with particular brilliance [...]"

campo privilegiado para a análise formalista, a responsabilidade civil é o exemplo preferido por Weinrib para ilustrar as teses da teoria jurídica formalista, e ele chega até a afirmar que desde os fins da década de 1980 é possível observar a emergência de um consenso no campo teórico acerca de sua fundamentação na justiça corretiva[212] (Weinrib, 2001).

Apesar disso, sabe-se que não são todas as áreas da responsabilidade civil que podem ser consideradas corretas materializações dos fundamentos atribuídos pelo formalismo ao direito privado, pois, tal como apontado na introdução, a responsabilidade objetiva é tachada como um "erro jurídico" ou uma "monstruosidade conceitual".

Logo, um ponto problemático, em termos das implicações da adoção da teoria formalista, é que, mesmo na responsabilidade civil, área do direito privado em que Weinrib considera que há um quase consenso de que a justiça corretiva seria o princípio formal de organização, permanece a questão da suposta incoerência entre a responsabilidade objetiva e o fundamento na estrutura da justiça corretiva em conexão com o conteúdo dado pelo conceito de direito (*right*) kantiano e a consequente rotulação da mesma como "monstruosidade conceitual" ou "erro jurídico".

É sabido que, no âmbito da prática da responsabilidade civil contemporânea, tem-se observado uma expansão da esfera de atuação da responsabilidade objetiva. Diante desse quadro, é preciso (i) perguntar o que faz o formalismo atribuir esse rótulo à responsabilidade objetiva e (ii) argu-

[212] É contestável o argumento de que se está forjando um consenso em torno do conceito de justiça corretiva como fundamento da responsabilidade civil, tendo como base as teorias desenvolvidas pelos filósofos da responsabilidade civil Jules Coleman, Stephen Perry, Arthur Ripstein e Martin Stone (Weinrib, 2001, p. 107-108). O máximo que Weinrib poderia afirmar é que, desde os anos de 1970, esses autores, que já tinham como ponto de partida alguma preocupação com os papéis da justiça corretiva e da distributiva na fundamentação da responsabilidade civil, foram deixando as grandes diferenças de lado e forjando uma espécie de "escola de pensamento" que hoje podemos chamar de "teóricos da justiça corretiva". No entanto, não se observa uma massiva mudança de posição – por parte de teóricos da análise econômica do direito, dos estudos críticos do direito (*critical legal studies*) ou mesmo de teóricos que entendem que a justiça distributiva deve ter um papel preponderante na organização do sistema de responsabilidade civil em prol de uma adesão a esse movimento – a justificar um argumento no sentido de um consenso em torno da justiça corretiva. A argumentação de Weinrib é algo falaciosa, pois dá a entender que houve um sensível movimento de adesão à ideia de justiça corretiva. Porém, o que de fato se observou foi uma diminuição das diferenças entres teorias da responsabilidade civil que, em alguma medida, sempre trabalharam com a ideia de justiça corretiva.

mentar, ao mesmo tempo, que as regras de responsabilidade baseadas na culpa (*negligence law*) seriam uma materialização correta da concepção de justiça corretiva que o formalismo supõe fundamentar a responsabilidade civil. É preciso indagar se, à luz do que foi discutido capítulo 3, essa estratégia de segregação conceitual da responsabilidade objetiva implica, em termos prescritivos, a defesa de uma agenda de reforma da responsabilidade civil tendo em mente a eliminação desta do âmbito do direito privado.

Weinrib parece adotar duas estratégias: uma estratégia de segregação conceitual, ao afirmar que a responsabilidade objetiva é conceitualmente incoerente com a correta concepção estrutural da responsabilidade civil, e, no âmbito da análise das regras de responsabilidade objetiva mais importantes do sistema de *common law*, Weinrib adota uma estratégia de reinterpretação. Ele reinterpreta algumas das principiais regras que, supostamente, seriam de responsabilidade objetiva, ora como extensões do modelo de responsabilidade baseada na culpa, ora como maneira de regular o uso da propriedade privada. Ao fim e ao cabo, a análise da prática da responsabilidade objetiva no sistema de *common law* equivale à afirmação de que não existem propriamente regras de responsabilidade objetiva, bastaria que o estudioso analisasse as situações com mais cuidado.

A pergunta final que este capítulo pretende responder é: essa reinterpretação da responsabilidade objetiva como responsabilidade baseada na culpa ou como mecanismo de regulação da propriedade se sustenta ou, para manter as premissas formalistas, Weinrib acaba por apresentar uma explicação simplista e reducionista da responsabilidade civil que, em verdade, não representa uma boa explicação da natureza jurídica da responsabilidade civil? A questão é determinar se o formalismo trabalha a favor de tornar mais clara nossa compreensão do direito ou se impõe sobre o direito um mecanismo de "compressão" para que caiba na estrutura que o formalismo alega representar corretamente sua natureza.

Por fim, vale repisar que o estudo da responsabilidade civil e do caso da incoerência da responsabilidade objetiva entram neste trabalho como instâncias para auxiliar na explicitação dos pontos fortes e dos problemas que a adoção da teoria formalista do direito impõe. Trata-se de bons exemplos justamente porque são áreas em que o próprio Weinrib sustenta que, por excelência, o argumento formalista funciona bem e em que seria mais fácil enxergar as "verdades" acerca da natureza do direito que o formalismo se propõe a mostrar.

O ponto crucial para este livro é que, se o formalismo não for uma teoria adequada a explicar a responsabilidade civil, torna-se mais fácil apresentar razões para a rejeição do formalismo como teoria geral do direito. Assim, para o projeto teórico geral desenvolvido por Ernest Weirnib, é fundamental que o argumento formalista funcione adequadamente como explicação dos fundamentos da responsabilidade civil.

4.1. O formalismo e a fundamentação da responsabilidade civil

O objetivo deste item 4.1 é fazer a ligação entre a discussão geral sobre a natureza do direito, conforme a teoria formalista discutida no capítulo 2, e a fundamentação da responsabilidade civil. É preciso levar em consideração que, para o formalismo, como a responsabilidade civil é uma das subáreas do direito privado, juntamente com o direito dos contratos e da responsabilidade pelo enriquecimento sem causa (*unjust enrichment*), tudo que for discutido neste item a respeito do direito privado valerá integralmente para a responsabilidade civil.

Do que foi exposto, sabe-se que o formalismo é uma teoria que procura explicar o direito com base em sua natureza apolítica e autônoma, isto é, como um fenômeno dotado de racionalidade própria e movido pela aspiração à coerência interna. Nesse sentido, o formalismo propõe um método em duas fases que parte dos materiais jurídicos disponíveis e, por um processo mental, vai chegando a conceitos organizadores mais gerais e abstratos até que se chegam às formas do direito. Identificar e compreender o direito e sua "racionalidade moral imanente" é apreender a forma jurídica. Para Weinrib, a forma revela a inteligibilidade. Consequentemente, conhecer o direito é conhecer sua forma imanente.

Assim, conforme o método formalista, sabe-se que a relação entre a teoria formalista do direito e a fundamentação do direito privado se estabelece por meio de uma construção interna ao material jurídico, isto é, por meio de um exercício mental de abstração da estrutura justificadora do direito privado partindo-se da análise de regras, princípios, doutrinas e decisões judiciais para chegar-se à forma da justiça corretiva.

Finda a avaliação em duas fases sugerida pela metodologia formalista, Weinrib conclui que a principal característica do direito privado é a conexão direta entre um autor e um réu específicos por meio da responsabilização, ou seja, a relação jurídica de direito privado é sempre bipolar e imediata, razão pela qual a relação de direito privado é a expressão da estrutura corretiva, e não a expressão de estruturas distributivas (WEINRIB, 1995, p. 1-10).

Essa bipolaridade e imediatidade da relação entre autor e réu é, segundo Weinrib, um fato óbvio da natureza das relações jurídicas de responsabilização no direito privado que as visões instrumentalistas, como a análise econômica do direito, são incapazes de explicar. A posição ocupada pelo autor só é inteligível quando avaliada à luz da posição ocupada pelo réu, e vice-versa. O que une ambas as partes e torna ambas as posições inteligíveis é a percepção de que são o polo passivo e o ativo de uma mesma injustiça (WEINRIB, 2001, p. 116).

O formalismo propõe duas teses que, juntas, expõem a natureza do direito privado. A primeira tese é de que a justiça corretiva é a unidade que estrutura as relações de direito privado e que, dado o caráter de teoria avaliativa do formalismo, atua como padrão de justificação, ou seja: "A justiça corretiva é o padrão justificatório coerente latente nas relações bipolares entre autor e réu características do direito privado"[213] (WEINRIB, 1995, p. 19, tradução minha).

Nas palavras de Aristóteles: "[...] a justiça nas relações privadas é de fato uma espécie de igualdade, e a injustiça nestas relações é uma espécie de desigualdade, mas não conforme à espécie de proporção mencionada acima, e sim conforme à proporção aritmética." (ARISTÓTELES, 1985, 1.132a).

A segunda tese diz respeito ao fundamento de normatividade da justiça corretiva, pois, segundo Weinrib, embora a justiça corretiva seja a abstração que explica a estrutura da relação privada – caracterizada pela imediata ligação entre dois polos, autor e réu, que são considerados iguais (proporção aritmética) –, essa estrutura, em si mesma, não traz qualquer subsídio para se determinar o conteúdo dessa relação.

Como ressaltado em diferentes passagens, para o formalismo jurídico não existe forma sem conteúdo e, se a justiça corretiva é a forma das relações privadas, Weinrib procura situá-la dentro da filosofia do direito de Kant para encontrar seu conteúdo, evitando incorrer em abordagens instrumentais/funcionais para encontrar a explicação para este[214] (WEINRIB, 1995, p. 84). A esse respeito, Weinrib afirma que:

[213] No original: "Corrective justice is the pattern of justificatory coherence latent in bipolar private law relationship of plaintiff to defendant."

[214] É interessante notar que Martin Stone, um dos teóricos mais simpáticos à teoria formalista de Ernest Weinrib, discorda do formalismo quanto à necessidade de suplementação do

> Apesar de sua realização [...] a exposição de Aristóteles, como o esforço de todo pioneiro, é seriamente incompleta. Aristóteles apresenta a justiça corretiva como uma igualdade transacional, mas ele não nos diz o que essa igualdade iguala[215] (WEINRIB, 1995, p. 57, tradução minha).

A teoria formalista do direito preenche essa lacuna deixada pela exposição aristotélica incorporando a filosofia jurídica de Kant. O formalismo, na versão defendida em *The idea of private law* (1995), integra ao seu conjunto de teses duas ideias distintas incorporadas da filosofia kantiana. A primeira, que posteriormente ele passa a chamar de "conceito de personalidade" (*personality*), diz respeito à ideia de que está implícita na relação jurídica de direito privado uma determinada concepção de pessoa. Pessoa, nessa concepção, é aquele dotado de capacidade para a ação independentemente da aceitação de qualquer propósito em particular para agir (*purposiveness without regard to particular purposes*). A segunda ideia diz respeito à postulação de que há uma conexão entre o direito privado e a concepção kantiana de vontade (*will*), que envolve tratar a noção kantiana de ação racional (*rational agency*) como correta (WEINRIB, 1995, p. 92-113).

O resultado da junção da abstração da estrutura (forma) corretiva com a abstração do conteúdo fornecida pela concepção de personalidade (*personality*) fornece a ideia do que o direito privado é (*idea of private law*), isto é, a compreensão conceitual do direito privado como uma prática normativa coerente. Essa compreensão conceitual do direito privado é interna

argumento aristotélico com a concepção de ação humana (*human agency*) tirada da filosofia kantiana. A leitura de Stone do texto aristotélico é de que não há necessidade de um padrão externo à justiça corretiva para explicar o conteúdo da igualdade porque, se a responsabilidade civil é uma expressão da justiça corretiva, seu objetivo racional pode ser elucidado por meio da avaliação da presença ou da ausência dos elementos da justiça corretiva. Todavia, para isso, a premissa é de que o teórico já aceitou que a responsabilidade civil expressa razões genuínas. A questão que o formalismo quer resolver é diferente. O formalismo não aceita o ponto de partida de que a responsabilidade civil expressa razões genuínas, mas pretende justamente apresentar mecanismos para julgar se as razões aduzidas, por exemplo, no direito positivo, são genuínas. Weinrib busca em Kant elementos para fechar a lacuna da normatividade que ele enxerga na justiça corretiva, isto é, Kant forneceria o ponto de vista avaliativo que o formalismo assume e que fundamenta os julgamentos sobre a aplicabilidade de certas razões à responsabilidade civil (STONE, 1996, p. 263-265).

[215] No original: "Despite his achievement [...] Aristotle's exposition, like all great pioneer efforts, is seriously incomplete. Aristotle presents corrective justice as a transactional equality, but he does not tell us what the equality is an equality of."

ao próprio direito privado e manifesta sua autonomia e seu caráter apolítico (WEINRIB, 1995, p. 114, 2001, p. 107).

No que se refere especificamente à responsabilidade civil, Weinrib tem uma conceituação peculiar. Em consonância com a abordagem formalista do direito, trata-se de uma conceituação mais ampla do que o conjunto de regras de direito positivo referentes à responsabilização civil. Para o autor, a responsabilidade civil é um "[...] corpo de ideias assim como um conjunto de normas. Perguntar, consequentemente, como a responsabilidade civil deve se desenvolver ou deve ser reformada é perguntar como devemos pensar sobre a responsabilidade civil."[216] (WEINRIB, 1992a, p. 717, tradução minha).

Weinrib acredita que desse acervo de ideias, que se constitui pela elaboração mental que o teórico faz com base na análise das normas, dos conceitos e das instituições jurídicas que compõem o substrato fático da responsabilidade civil, é possível extrair as características essenciais que unem todas as relações jurídicas de responsabilidade civil e, assim, encontrar a forma das relações jurídicas de responsabilidade civil as torna inteligíveis.

Se as formas da justiça corretiva e distributiva são as formas do direito – ou seja, as duas estruturas disponíveis para a organização e a intelecção conceitual de todas as relações jurídicas –, mas precisam ser complementadas por algum conteúdo igualmente abstrato e geral, compatível com a premissa formalista de inteligibilidade interna, especificamente a responsabilidade civil se caracteriza pela junção de duas ideias: estrutura (inspirada na filosofia aristotélica), que abstratamente caracteriza a interação, e conteúdo (inspirado na filosofia do direito kantiana), que abstratamente caracteriza as partes envolvidas na interação (WEINRIB, 1983, p. 37-38, 49-50).

Isso porque, observadas as relações jurídicas de responsabilidade civil, Weinrib conclui que há um elemento fundamental e constante nessas relações, do qual o teórico deve dar conta em sua explicação: nexo que se forma entre o autor e o réu em razão da causação do dano.

Esse nexo expõe a natureza bilateral da relação entre autor e réu, que é expressa pela justiça corretiva na formulação aristotélica. Esse nexo que

[216] No original: "[...] is a body of thought as well as an ensemble of norms. To aske, therefore, how tort law ought to develop or be reformed is to ask how we are to think about tort law." (WEINRIB, 1992a, p. 717).

expõe a bilateralidade da relação também implica uma correlação (*correlativity*) entre direitos e deveres, já que o que une autor e réu é o fato de que o réu, que tinha um dever de não causar danos a outrem, invade, com uma ação geradora do dano, a esfera de direitos do autor.

Para Weinrib, a correlação, a que faz Aristóteles referência como uma relação entre ganhos e perdas, deve ser compreendida em sentido normativo, e não factual, ou seja, se refere às discrepâncias entre o que as partes têm e o que deveriam ter, de acordo com as normas que governam a interação. As regras jurídicas e o arcabouço institucional no qual a responsabilidade civil opera existem para "desfazer" o dano (perda, em sentido normativo) que a ação de uma pessoa tenha gerado (ganho, em sentido normativo).

O desfazimento do dano se dá por meio da obrigação de reparar. Essa obrigação visa reequilibrar a relação entre os envolvidos, não bastando, ao que parece, uma mera expressão de desculpas ou uma demonstração de arrependimento por parte do causador do dano. O poder judiciário é colocado à disposição dos cidadãos para atuar como o terceiro que define os termos da reparação do dano, isto é, do reequilíbrio entre partes.

Mesmo a ideia tão amplamente difundida entre teóricos, doutrinadores e juízes de que, na responsabilidade civil, o réu compensa o autor pelo dano não é aceita por Weinrib, pois a compensação não une autor e réu numa mesma unidade normativa, uma vez que é uma justificação para a responsabilidade civil que está orientada exclusivamente para a vítima. A reparação significa o restabelecimento da igualdade conceitual (nocional) entre as partes, abalada pela injustiça.

Esse restabelecimento da igualdade entre perdas e ganhos depende da consideração de uma razão justificatória para a indenização que envolva ambas as partes numa unidade e que, portanto, seja fiel ao traço mais característico da responsabilidade civil, que é o nexo (ligação) criado entre as partes em virtude da ação causadora do dano. A compensação não é uma razão justificatória que envolva autor e réu numa unidade normativa, pois a compensação do dano sofrido pela vítima pode ser feita tanto pelo seu causador quanto por qualquer outro indivíduo ou organização que, por considerações das mais variadas, inclusive de políticas públicas, tenha recursos e disposição para fazê-lo.

A vedação a outras respostas ao cometimento ilícito do dano é um aspecto que ajuda na compreensão dos objetivos da teoria formalista.

Como o formalismo parte da análise do material jurídico, ele não fornece qualquer elemento para se pensar em um sistema "de responsabilidade civil" cuja resposta ao dano não seja a reparação, via indenização. Não vale "pagar numa moeda diferente". Pagar numa moeda diferente significa fazer outra coisa que não responsabilidade civil. Ou, então, significa ter um sistema de responsabilidade civil incoerente, que é o oposto do que o direito deve perseguir.

Para o formalismo, não faz sentido imaginar a possibilidade de a responsabilidade civil permitir que uma expressão de arrependimento valha para solucionar o conflito que nasce da causação ilícita de um dano. A mera atribuição de responsabilidade (imputação) ao autor não basta, bem como não basta que ele expresse arrependimento ou se desculpe por seu ato. Do ponto de vista do formalismo e do "conceito jurídico de justiça corretiva", essas ações posteriores por parte do autor não têm nenhum significado "especificamente jurídico", pois não são respostas juridicamente aptas a restabelecer o equilíbrio da relação entre as partes alterado pela injustiça.

Na visão de um teórico formalista, se fosse criada uma regra positiva que permitisse que expressões de arrependimento e pedidos de desculpas fossem considerados respostas legalmente válidas a danos causados, tal regra seria tão incoerente com a "concepção jurídica de justiça corretiva" quanto, como exporei a seguir, as atuais regras de responsabilidade objetiva.

É por isso que, para Weinrib, embora a justiça corretiva seja a expressão da estrutura organizadora da relação jurídica de responsabilidade civil (a forma dessa relação), ela não é suficiente para determinar o conteúdo e as normas que governam essa interação e que determinam, portanto, os direitos e os deveres das partes. Esse conteúdo, no formalismo, vem dos conceitos de direito e de dever enunciados por Kant (Weinrib, 1995, p. 114-115).[217]

Do que foi exposto até este ponto, sabe-se que, então, o direito privado será um empreendimento justificatório coerente se for a expressão da forma da justiça corretiva. Sabe-se também que a responsabilidade civil, os contratos e o direito restituitório são subáreas do direito privado, pois, na teoria formalista, este é visto sob o prisma da responsabilização.[218]

[217] Sobre a tese da bipolaridade entre autor e réu como elemento característico da responsabilidade civil, ver também Coleman (2001, 2010). Uma crítica a ela é apresentada por Zipursky (2003).

[218] A professora Jean C. Love, especialista em responsabilidade civil, chama a atenção para esse ponto. Ao procurar traçar, da perspectiva de "simples professora de responsabilidade civil", as

Sendo uma subárea do direito privado, a responsabilidade civil será compreendida como "especificamente jurídica" se suas regras, seus princípios, seus padrões, suas doutrinas e seu arcabouço institucional (isto é, seus materiais jurídicos) forem a materialização coerente da forma da justiça corretiva. A inteligibilidade propriamente jurídica da responsabilidade civil depende, portanto, de ela ser ou não um arranjo corretivo coerente.

A fundamentação formalista acerca da inteligibilidade e das justificativas coerentes para a responsabilidade civil ou da inteligibilidade "especificamente jurídica" da responsabilidade civil, portanto, depende da coerência entre os materiais jurídicos que compõem a área da responsabilidade civil e a forma imanente à responsabilidade civil.

Com essa noção de "inteligibilidade especificamente jurídica" fica mais fácil compreender o que Weinrib pretende quando, em um texto posterior a *The idea of private law* (1995) intitulado "Correlativity, personality, and the emerging consensus on corrective justice" (2001), abandona a expressão "forma da justiça corretiva" e passa a empregar exclusivamente a expressão "concepção jurídica da justiça corretiva" para se referir ao fundamento da responsabilidade civil.

Uma possível razão para essa mudança de nomenclatura é que, enquanto as expressões "formalismo" e "forma" remeteriam às acepções de formalismo discutidas na introdução a este trabalho, podendo gerar compreensões equivocadas da proposta weinribiana, a expressão "conceito jurídico" guardaria em si a ideia de inteligibilidade imanente, tão importante para o formalismo weinribiano. O conceito de justiça corretiva seria "jurídico" porque divisado "imanentemente" "de dentro" do material jurídico sob análise, e não "de fora" dele. Mais uma vez, "jurídico", para Weinrib, não se reduz ao legal ou ao positivo, mas indica um lócus de racionalidade moral imanente particular ao direito, em que o caráter autônomo e apolítico deste pode ser enxergado.

Assim, interpreto essa mudança de nomenclatura não como um sinal de abandono das teses formalistas, mas como uma tentativa, ainda que não explicitamente articulada, de enfatizar a possibilidade de uma concepção de justiça corretiva que não seja tributária nem da filosofia moral, nem de

potencialidades e os problemas do formalismo aplicado à análise da responsabilidade civil, o primeiro ponto para o qual ela chama a atenção é a escolha do formalismo em desenvolver uma teoria do direito privado que se concentra no fenômeno da responsabilização para explicar o direito privado, em vez de se concentrar no conceito de propriedade (Love, 1993, p. 629).

nenhuma outra área do conhecimento, mas que seja forjada internamente ao direito, com a função de explicá-lo seguindo as premissas epistemológicas adotadas pelo formalismo.

No entanto, se a mudança foi motivada por uma preocupação em esclarecer o leitor e não permitir eventuais confusões com outras acepções do termo "formalismo", não acredito que o uso da expressão "conceito jurídico", desacompanhada da devida explicação do que Weinrib considera "jurídico", tenha sido uma escolha feliz. "Conceito jurídico" é uma expressão ainda mais aberta do que "formalismo jurídico" e pode dar azo a um sem-número de interpretações equivocadas que uma explicação mais explícita do porquê do uso da expressão poderia evitar.

Essa mudança, no entanto, não é apenas de nomenclatura. À primeira vista, o uso do termo "conceito jurídico de justiça corretiva", conjunção das ideias de correlação (*correlativity*) e de personalidade (*personality*), parece ser apenas uma maneira distinta de se referir à ideia formalista exposta desde os textos da década de 1980 de "forma da justiça corretiva informada pelo conceito kantiano de direito (*right*)". Enquanto o conceito de correlação (*correlativity*) equivale à forma da justiça corretiva – entendida como a estrutura implícita nas relações jurídicas de direito privado e, consequentemente, a estrutura justificatória apropriada para avaliar essas mesmas relações–, Weinrib inicia, em 2001, uma importante mudança na maneira de incorporar a filosofia do direito kantiana ao formalismo.

Procurando aplacar as críticas daqueles que interpretaram a ideia de normatividade kantiana, com a qual ele vinha trabalhando desde a década de 1980, como uma necessidade de adesão à ideia de agente racional (*rational agent*) kantiano, ele passa a trabalhar com o conceito de personalidade (*personality*).

Em consonância com a teoria formalista, a "concepção jurídica de justiça corretiva" busca explicar as ideias mais gerais e abstratas implícitas nas relações jurídicas de responsabilização civil como uma prática normativa focada na relação entre autor e réu, polos passivo e ativo da injustiça. A inteligibilidade da responsabilidade civil se dá com base em duas abstrações que se complementam mutuamente – correlação (*correlativity*) e personalidade (*personality*) – e que compõem a "concepção jurídica de justiça corretiva" (Weinrib, 2001, p. 107-115).

Fiel também ao método formalista, na "concepção jurídica de justiça corretiva", parte-se da análise do material jurídico (regras, princípios, conceitos doutrinários e arcabouço institucional). Segundo a concepção jurídica, uma ação de responsabilidade civil tem como objetivo desfazer a injustiça que o réu tenha feito ao autor (WEINRIB, 2001, p. 108).

A correlação (*correlativity*), que estava presente na concepção aristotélica de justiça corretiva, reflete a ideia de que em todas as relações jurídicas de responsabilização no direito, independentemente de ser responsabilização contratual, civil ou decorrente do direito restituitório, existe uma conexão entre as partes, isto é, por um processo mental, abstrai-se da moldura institucional da ação processual entre o autor e o réu para se inquirir acerca da estrutura de justificações que coerentemente se amoldam a essa moldura institucional, estrutura essa em que o réu e o autor tenham causado e sofrido, respectivamente, a mesma injustiça (WEINRIB, 2001, p. 110-119). A correlação é uma reformulação da ideia da estruturação do ganho e da perda normativa entre as partes, exposta em *The idea of private law* (1995). É o conceito abstrato e geral que estrutura a injustiça como uma unidade coerente e que impõe que todos os conceitos jurídicos e todas as justificativas (razões) aplicáveis à responsabilização envolvam simultaneamente ambas as partes.

A principal diferença em relação às ideias expostas em artigos mais antigos, especialmente das décadas de 1980 e 1990, é que, em resposta aos críticos, Weinrib reformula a maneira como ele incorpora a filosofia do direito kantiana.

Ele afirma que a correlação se acopla a outro conceito fundamental para a compreensão das ideias normativas presentes no interior de um regime coerente de responsabilização: o conceito de personalidade (*personality*). Para a "concepção jurídica de justiça corretiva", personalidade é um conceito normativo que caracteriza uma noção de pessoa compatível com a natureza das relações jurídicas de direito privado.

O conceito de personalidade se refere às pressuposições de imputabilidade e direitos individuais implícitas no regime de direitos e deveres do direito privado. A pressuposição básica é de que indivíduos que se tornam partes numa relação jurídica sob o regime de responsabilidade no direito privado são vistos como seres que, apesar de dotados de propósitos (*purposive beings*), não estão sujeitos a nenhum dever de agir no sentido de nenhum propósito em particular, não importando quão meritório esse objetivo possa ser. Esse seria o conceito abstrato de pessoa o qual se compatibiliza com a concepção estrutural da responsabilização no direito privado como uma estrutura corretiva (WEINRIB, 2001, p. 111).

Segundo essa concepção de pessoa, todas as partes são vistas como detentoras de uma igual capacidade para direitos e deveres, sem serem obrigadas a agir em nenhum sentido em particular. Weinrib argumenta que essa concepção de pessoa está subjacente à estrutura dos direitos obrigacionais típica do direito privado, caracterizada por ser um sistema de deveres de não interferência na esfera de direitos de todos os demais (deveres negativos) (Weinrib, 2001, p. 111).

Assim, a noção de personalidade captura o ponto de vista normativo específico do direito privado e é a representação mais abstrata a que se pode chegar das partes em si mesmas consideradas. Enquanto isso, a correlação é a representação mais abstrata a que se pode chegar da interação entre essas partes. A correlação representa a estrutura das justificações pertinentes ao direito privado: justificações bipolares, que envolvam ambas as partes numa unidade e que tragam reequilíbrio quando a relação entre direitos e deveres é abalada.

Já a personalidade (*personality*) é o resultado da abstração do conteúdo das regras jurídicas que instituem direitos e deveres. A personalidade exibe a pressuposição que informa o conteúdo das relações jurídicas formadas a partir dos direitos e deveres das partes, isto é, a personalidade é a abstração de que as partes (pessoas) são detentoras de igual capacidade para direitos e deveres sem serem obrigadas a agir em nenhum sentido em particular (Weinrib, 2001, p. 111-123).

Weinrib defende que aceitar o conceito de personalidade não significa necessariamente aceitar como verdadeiras as concepções kantianas e hegelianas de ação racional (*rational agency*), mas apenas aceitar como verdadeira a asserção de que as ideias de correlação e personalidade são complementares e estão implícitas no direito privado, uma apontando para a estrutura da interação e outra para as características das partes em interação (Weinrib, 2001, p. 112-124).

Para Weinrib, o fato de ele, enquanto teórico, identificar na filosofia do direito de Kant e Hegel a inspiração para a conceituação abstrata do conteúdo dos direitos e dos deveres pertinentes às partes nas relações privadas não faz do formalismo ou da concepção jurídica de justiça corretiva o resultado, por derivação, da aplicação da abordagem kantiana e hegeliana da ação racional (*rational agency*) ao direito privado.

O formalismo e a concepção jurídica de justiça corretiva trabalham retrospectivamente, partindo das regras jurídicas, das doutrinas e das instituições de responsabilidade civil para, por um processo mental de abstração chegar às ideias mais gerais e abstratas implícitas na responsabilidade. Portanto, o formalismo não parte da postulação da concepção de ação racional (*rational agency*) para, por derivação, chegar à responsabilidade civil (WEINRIB, 2001, p. 124).

Ademais, o formalismo e a concepção jurídica não dependem da correção dessa concepção de ação racional (*rational agency*), pois essa concepção só importa para Weinrib na medida em que seja a correta pressuposição que informa o conteúdo das justificações pertinentes à responsabilidade civil (WEINRIB, 2001, p. 124).

Weinrib conclui que não é necessário aceitar a conexão que ele postulava em *The idea of private law* (1995) entre o direito privado e a concepção kantiana de vontade (*will*) – o que, de fato, envolve tratar a noção kantiana de ação racional (*rational agency*) como correta, e ele próprio admite que isso é bastante contestado – para aceitar o conceito de personalidade (*personality*) e a afirmação de que a ideia de capacidade para ação independentemente da aceitação de qualquer propósito em particular para agir (*purposiveness without regard to particular purposes*) está implícita no direito privado (WEINRIB, 2001, p. 125).

Para Weinrib, um intérprete de boa-fé poderá perceber e até concordar que a aceitação do conceito de personalidade, inspirada na filosofia do direito kantiana, como pressuposição implícita no direito privado é possível, ainda que se mantenha o ceticismo acerca das potencialidades explicativas da abordagem kantiana da vontade (*will*) para a compreensão do direito privado (WEINRIB, 2001, p. 125).

4.2. Responsabilidade baseada na culpa (negligence law): o perfeito encaixe teórico

Em linhas gerais, a responsabilidade baseada na culpa (*negligence law*) é um conjunto de regras jurídicas desenvolvida no *common law* que responsabiliza o réu quando este causa um dano decorrente de ação que materializa um risco desarrazoado, derivado de uma conduta que fica abaixo do nível normal de cuidado que todos devemos manter para com nossos concidadãos, ou seja, quando a conduta do réu é culposa (*faulty*), embora não intencional. Nas palavras de Weinrib: "A responsabilidade com culpa responsabiliza o réu por um dano que se materializa pela criação de um risco irrazoável." [219] (WEINRIB, 1995, p. 145, tradução minha).

[219] No original: "Negligence law holds the defendant liability for the harm that materializes form the creation of an unreasonable risk."

Segundo o autor, a responsabilidade baseada na culpa (*negligence law*) tem todos os seus conceitos formadores – tais como dever de cuidado, causa próxima, padrão de conduta razoável (também chamado de padrão de conduta do homem médio) – em conformidade com a forma da justiça corretiva. Para ele, cada um desses conceitos pode ser entendido como a expressão da correlação normativa entre o fazer (gerar) e o sofrer o dano (*unity of doing and suffering*), expressando, assim, as duas características basilares da relação de direito privado para o formalista: bipolaridade e correlação entre as partes, explicadas com base nas teses da correlação e da personalidade, tratadas no item anterior.

Cada um dos conceitos desenvolvidos pela doutrina e pela jurisprudência para explicar as regras jurídicas de responsabilidade civil pode ser esclarecido como uma representação dos diferentes elementos da ligação entre ofensor e ofendido. Segundo Weinrib, "[...] considerados em conjunto, eles explicam a responsabilidade que coerentemente conecta a criação de risco, pelo réu, e o dano do autor."[220] (Weinrib, 1995, p. 145-146, tradução minha).

A razão pela qual os materiais jurídicos e as práticas institucionais que formam o arcabouço da responsabilidade com culpa (*negligence law*) fazem dela uma expressão da forma da justiça corretiva é que seus conceitos constitutivos têm sido trabalhados pela doutrina e pelos tribunais ao longo dos anos de forma a se apresentarem cada vez mais internamente coerentes.

Assim, o campo da responsabilidade civil é, na visão de Weinrib, a mais perfeita representação da estrutura imanente e do conteúdo que o formalismo atribui ao direito privado. Ele afirma que:

> Dada a necessidade jurídica de tal sistema [direito privado em um sistema jurídico sofisticado no *common law*] de ter seus conceitos e discurso expressando relações bipolares coerentes, a justiça corretiva e o direito kantiano são noções teóricas que devem ser vistas como **implícitas ao funcionamento do sistema.**[221] (Weinrib, 1995, p. 146, destaque e tradução meus).

[220] No original: "[...] taken as a group, they construct the liability that coherently connects the defendant's risk creation and the plaintiff's injury."

[221] No original: "Given the juridical necessity for such system to have its concepts and discourse express coherent bipolar relationships, corrective justice and Kantian right are theoretical notion that must be implicit in the system's functioning."

Se não for esse o caso – como não será na responsabilidade objetiva, para o teórico formalista –, essa área do direito terá falhado em alcançar sua aspiração intrínseca, que é ser um verdadeiro fenômeno justificatório.

A responsabilidade baseada na culpa (*negligence law*) se constitui em uma sequência normativa única que começa com a ação do réu e termina no dano ao autor (WEINRIB, 1995, p. 147). Ao analisar as características essenciais da responsabilidade com culpa, Weinrib conclui que cada uma delas contribui para a compreensão da progressão entre a ação do réu (fazer, ou *doing*) e dano do autor (sofrer, ou *suffering*) como uma sequência normativa única, fornecendo, assim, razões para enxergá-las como condizentes com a estrutura unificadora da justiça corretiva. O fazer e o sofrer são correlativos: "o valor do 'fazer' está na possibilidade de gerar em alguém um 'sofrer', e o valor do 'sofrer' está nesse 'sofrer' ser a consequência do 'fazer' de alguém."[222] (WEINRIB, 1995, p. 168, tradução minha).

Em conclusão, Weinrib afirma que, analisada conforme a teoria formalista do direito, as relações jurídicas na responsabilidade civil baseada na culpa (*negligence law*) são uma concretização coerente da racionalidade imanente ao direito privado, fundada na estrutura justificatória advinda da forma da justiça corretiva e no conteúdo fornecido pelo conceito de direito (*right*) kantiano. Ou, sob o ponto de vista do "conceito jurídico de justiça corretiva", os elementos da correlação (*correlativity*) e da personalidade (*personality*) se expressam coerentemente no conjunto de conceitos que conformam as regras e o arcabouço institucional na responsabilidade civil baseada na culpa (*negligence law*) (WEINRIB, 1995, p. 147-171; 2001, p. 116-117). Como mostrarei a seguir, o mesmo não se pode concluir sobre a responsabilidade objetiva.

4.3. A responsabilidade objetiva: monstruosidade conceitual?

Conforme mencionado na introdução, Weinrib escreve sua teoria da responsabilidade civil contra, de um lado, (i) os teóricos céticos que defendiam a abolição da responsabilidade civil em prol de um sistema geral de seguro social contra acidentes, em razão da insuperável incoerência interna daquela, e, de outro lado, contra (ii) uma das alternativas ao ceticismo em voga no debate norte-americano, especialmente nas décadas

[222] No original: "[...] significance of doing lies in the possibility of causing someone to suffer, and the significance of suffering lies in its being the consequence of someone else's doing."

de 1970 e 1980, que defendia a instituição de um sistema de responsabilização por ilícitos civis integralmente organizado em torno da responsabilidade objetiva, em que não mais se indagasse sobre a culpa do agente.[223,224]

O consenso que Weinrib identifica em torno da responsabilidade civil fundamentada na ideia de justiça corretiva seria a demonstração de que nenhuma das opções anteriores – abolicionismo ou responsabilidade objetiva – é correta, tendo ambas sucumbido ao teste do tempo e ao longo escrutínio ao qual foram submetidas (Weinrib, 2001, p. 109-110).

No entanto, embora nenhum país tenha optado pela completa abolição da responsabilidade baseada na culpa e pela total substituição por um sistema integralmente focado no nexo de causalidade entre ação e dano – e, portanto, ainda que não haja um exemplo de sistema jurídico que se organize em torno da responsabilidade objetiva –, Weinrib é especialmente cuidadoso em apresentar razões para rejeitar a responsabilidade objetiva e também em explicar e justificar os casos, segundo ele, em que a responsabilidade objetiva é usada no sistema de *common law*, derrogando a regra geral.[225]

[223] Dois autores que exemplificam as duas posições combatidas por Weinrib são, respectivamente, Sugarman (1985) e Epstein (1973).

[224] Vale esclarecer que Epstein (1973) considera que um sistema organizado em torno da responsabilidade objetiva seria uma expressão da justiça corretiva, e não uma expressão da justiça distributiva. Weinrib a considera a tentativa mais ambiciosa de construir um projeto de responsabilidade civil baseado da responsabilidade objetiva – vista como expressão da justiça corretiva – e, embora a considere equivocada, afirma que é uma das poucas visões da responsabilidade objetiva que valem a pena ser discutidas (Weinrib, 1983, p. 49). Mas, para Weinrib, Epstein interpreta a justiça corretiva como um princípio substantivo, e não como uma forma, não deixando espaço para a ideia de que uma concretização da forma não precisa ser exclusiva, mas apenas coerente. Desde que coerente com uma das formas, Weinrib defende que é possível lidar com os danos corretiva ou distributivamente. Ademais, dada a coerência justificatória da relação de direito privado, estabelecida por meio das teses formalistas, Weinrib nem sequer considera argumentos para arranjos privados baseados na justiça distributiva, diante da vedação à combinação entre as formas imposta pela tese da incomunicabilidade (Weinrib, 1995, p. 172).

[225] Quanto à completa abolição do sistema de responsabilidade civil, baseada na culpa ou não, e à substituição por um sistema de seguro social contra acidentes, isto é, quanto à mudança completa de uma estrutura de justiça corretiva para uma estrutura de justiça distributiva, tem-se pelo menos um exemplo de país: a Nova Zelândia. Ver nota n. 121. Dado que o formalismo é indiferente à adoção de uma ou outra estrutura ordenadora, desde que o faça coerentemente, o teórico formalista não teria nenhuma razão para criticar a mudança feita na Nova Zelândia.

Na verdade, segundo o formalismo, há diferentes níveis de coerência interna dos sistemas jurídicos que compõem o *common law*, no que diz respeito à responsabilidade civil. O ordenamento jurídico dos Estados Unidos seria o mais incoerente, pois é o que mais largamente se organiza em torno da responsabilidade objetiva e de concepções instrumentais (Weinrib, 1992a).[226]

Já os ordenamentos jurídicos da Inglaterra e, especialmente, o do Canadá são muito mais resistentes a abrir mão do critério da culpa e da doutrina de *negligence law* e mais voltados para uma visão não instrumental e bipolar da relação jurídica entre autor e réu (Weinrib, 1995; 2006). Embora Weinrib não o afirme categoricamente, é de se concluir que, para o formalismo, isso significa que esses são sistemas jurídicos com maior grau de coerência interna do que o sistema norte-americano e, consequentemente, são sistemas mais sofisticados.

Weinrib admite que, à primeira vista, a responsabilidade objetiva parece ser uma manifestação mais plausível da justiça corretiva do que a responsabilidade baseada na culpa (*negligence law*), pois, na primeira, é o nexo de causalidade entre a ação e o dano que é fundamental, sendo inegável a presença da bipolaridade. As partes são conectadas como agente e vítima (*doer and sufferer*) imediatamente, sem que seja preciso indagar sobre a culpa nem, muito menos, que haja qualquer consideração distributiva que interrompa a imediatidade da relação (Weinrib, 1995, p. 171). Afinal, qual é o grande problema da responsabilidade objetiva? Por que Weinrib sustenta que a responsabilidade objetiva é um "erro jurídico" ou uma "monstruosidade conceitual"?

Apesar do caráter teórico e conceitual da rejeição da responsabilidade objetiva, como explicarei no subitem 4.3., Weinrib examina cada uma das doutrinas jurídicas que, no sistema de *common law*, são normalmente interpretadas como concretizações de regras de responsabilidade objetiva: *respondeat superior*, responsabilidade por atividades anormalmente perigosas

Aliás, como sugere Jean Love, o formalismo auxilia na compreensão da mudança estrutural realizada naquele país (Love, 1993, p. 636).

[226] É possível apenas especular como Weinrib enxergaria a cláusula geral de responsabilidade objetiva expressa pelo art. 927, parágrafo único, do Código Civil brasileiro. O conhecimento da existência dessa cláusula faria com que o sistema jurídico brasileiro, no mínimo, passasse a rivalizar com o norte-americano em termos de incoerência.

(*abnormally dangerous activities*), *nuisance* e responsabilidade pelo uso da propriedade alheia para preservação da própria (Weinrib, 1995, p. 172). Ele argumenta que essas doutrinas não são capazes de desafiar a posição formalista, pois, se analisadas em sua estrutura, é possível identificar que ou se trata de extensões da responsabilidade baseada na culpa, ou se trata de alternativas que os sistemas jurídicos de *common law* encontraram para regular o uso da propriedade em consonância com a justiça corretiva.

Se do ponto de vista conceitual Weinrib adota uma estratégia de segregação da responsabilidade objetiva, do ponto de vista da análise da prática – isto é, no momento de aplicar a dimensão prescritiva do formalismo na avaliação do direito – ele efetua uma reinterpretação da responsabilidade objetiva ora como responsabilidade baseada na culpa, ora como mecanismo de regulação da propriedade. Analiso, ao final deste item 4.3, essa estratégia adotada por Weinrib para defender que ela não é bem-sucedida, na medida em que, para manter as premissas formalistas, Weinrib simplifica e reduz arbitrariamente o escopo da responsabilidade civil, tornando o formalismo uma teoria inapta a explicar a natureza jurídica da responsabilidade civil. Argumento que o formalismo torna a responsabilidade objetiva mais obscura ao impor sobre ela um mecanismo de "compressão" para que caiba na estrutura que o formalismo alega representar corretamente a natureza da responsabilidade civil.

4.3.1. Os defeitos da responsabilidade objetiva

Para a teoria formalista do direito, a natureza da justiça corretiva é irredutivelmente bipolar e correlativa, ou seja, enquanto critério de ordenação das relações entre agentes e vítimas (*doers and sufferers*), a estrutura da justiça corretiva necessariamente conecta não mais e não menos do que duas partes. A justiça corretiva é sempre uma ordenação entre duas partes, enquanto a justiça distributiva pode ser uma ordem com múltiplas partes. Ademais, sabe-se também que, inspirado na filosofia do direito kantiana, o formalismo afirma que o que representa o conteúdo da igualdade entre as partes enquanto portadores de direitos e deveres é o conceito de personalidade (*personality*).

Weinrib trabalha com um exemplo para ilustrar seu ponto. Pessoa A é proprietária de um valioso vaso da dinastia Ming. Pessoa B acidentalmente esbarra no vaso, que se choca contra o chão. O resultado é que o que antes era um precioso vaso agora é um monte de cacos de porcelana sem nenhum valor. Ainda assim, como Weinrib observa, os cacos são de propriedade da A do mesmo jeito que anteriormente era o vaso Ming (WEINRIB, 1995, p. 176). Qual é a conexão normativa entre a propriedade de A e a ação de B? O que, no direito de propriedade, impõe limites morais à ação de outras pessoas?

Para a justiça corretiva, o conceito kantiano de direito (*right*) fornece a ideia de espaço moral, que delimita quais ações são consideradas violações ao direito de propriedade de alguém e quais não são. Fundamentado na dimensão normativa do conceito de ação livre e intencional (*free and purposive agency*), de acordo com a concepção de direito (*right*) kantiana, o direito de propriedade é visto como concretização (materialização) da liberdade do agente no mundo exterior.

Governando a interação entre pessoas livres e iguais, o princípio kantiano de direito (*right*) exige que a ação de uma pessoa seja capaz de coexistir com a liberdade de outra. No formalismo, esse princípio reflete a igualdade entre as partes sob a forma da justiça corretiva. A responsabilidade surge quando a ação de alguém é inconsistente com seu dever de não interferência na esfera de direito de outra.

Todavia, ao contrário do argumentado por Weinrib, não me parece que seja possível compreender o porquê da rejeição à responsabilidade objetiva apenas com apoio no conceito de personalidade (*personality*) (WEINRIB, 2001, p. 123). O cerne da rejeição à responsabilidade objetiva está na exposição formalista das ideias de igualdade, sob a justiça corretiva, e do conceito de ação (*agency*), sob o direito (*right*) kantiano (WEINRIB, 1983, p. 50, 1995, p. 177).

Sob as regras de responsabilidade objetiva, o réu paga pelo dano causado por sua conduta ao autor, independentemente da culpa. Weinrib defende que a responsabilidade baseada na culpa (*negligence law*) é o critério-padrão para atribuição de responsabilidade (*liability*) justamente porque se conforma ao "conceito jurídico de justiça corretiva" implícito na responsabilidade civil se for considerada internamente coerente.

Aceitar a responsabilidade baseada na culpa (*negligence law*) como o critério padrão para atribuição de responsabilidade (*liability*) implica rejeitar outras duas possibilidades com pretensões normativas aparentemente plausíveis: responsabilidade objetiva e padrão subjetivo de responsabilização (WEINRIB, 1995, p. 177). Ambas as possibilidades alternativas ao critério padrão não se conformam ao "conceito jurídico de justiça corretiva" por padecerem de defeitos similares: darem atenção à capacidade moral de uma das partes, ou seja, não se conformarem ao critério de personalidade (*personality*).

Para Weinrib, a responsabilidade objetiva reflete a ideia de que as invasões que uma pessoa perpetra no espaço moral de outra não devem ficar impunes. Num outro sentido, o padrão subjetivo reflete a ideia de que não se deve exigir dos indivíduos um padrão de conduta que, em razão de circunstancias subjetivas,[227] sejam incapazes de atingir (Weinrib, 1995, p. 177).

O defeito do padrão subjetivo de responsabilização é dar atenção apenas à capacidade moral subjetiva do réu, ao definir unilateralmente, com base em sua inabilidade subjetiva (estupidez, falta de destreza etc.), a esfera de não interferência de que gozará o autor, o que é totalmente inconsistente com a igualdade transacional entre as partes que a estrutura do conceito jurídico de justiça corretiva exige (Weinrib, 1983, p. 51-52, 1995, p. 178). Ou seja, se o sistema de responsabilidade civil adotar um padrão subjetivo de responsabilização, a fronteira entre o direito do réu de agir e a liberdade do autor de estar livre das consequências dessa ação (dever do réu de não interferência no direito do autor) ficará condicionada exclusivamente ao

[227] Circunstâncias subjetivas, nesse caso, dizem respeito a inteligência, destreza, perspicácia etc. O caso inglês *Vaughan v. Menlove* (132 Eng. Rep. 490 [Comm. Pl., 1837]) mencionado por Weinrib (1995) ilustra a rejeição desse padrão subjetivo. Os fatos do caso são os seguintes: O demandado, Menlove, havia colocado um monte de feno próximo ao limite de sua propriedade e próximo ao celeiro do demandante, Vaughan, ignorando avisos de que, por combustão espontânea, o monte de feno poderia incendiar o celeiro. Menlove respondeu que ele tinha um seguro e que arriscaria. Finalmente o monte pegou fogo e acabou se espalhando e danificando o celeiro de Vaughan. Este processou Menlove alegando negligência por manter o feno em condições perigosas. Na primeira instância, o júri foi instruído a analisar se foi um caso de *gross negligence*, em que o demandado não seguiu o padrão de cuidado que uma pessoa razoável deve manter (regra relativa à doutrina de *negligence law*). O júri, assim, decidiu em favor do demandante. O demandado apelou à Corte para que fosse permitido um novo júri sob a alegação de que este deveria ter sido instruído a considerar se Menlove estava agindo no seu melhor juízo. O advogado argumentou que ele deveria ser absolvido pois era um homem estúpido, sem inteligência, mas que não tinha tido a intenção de causar nenhum dano. A Corte rejeitou esse argumento e manteve a decisão do júri, rejeitando esse padrão subjetivo de responsabilização e consagrando a regra do dever de cuidado do homem razoável (*reasonable man*) ou do homem de prudência ordinária (*man of ordinary prudence*) (Weinrib, 1983, p. 50-51; 1995, p. 178).

poder de avaliação do réu. Isto é, uma característica pessoal do réu definirá unilateralmente os termos da relação.

O outro lado da moeda é o defeito da responsabilidade objetiva. A responsabilidade objetiva implica o estabelecimento de uma desigualdade entre as partes incompatível com o conceito jurídico de justiça corretiva, já que "o réu deve ser considerado responsável por qualquer penetração no espaço do autor" (WEINRIB, 1995, p. 177, tradução minha). Para Weinrib, apenas os interesses de não interferência do autor (vítima) são levados em consideração, delineando-se unilateralmente a relação, que, segundo a forma da justiça corretiva, é bilateral (WEINRIB, 1995, p. 170-177).

Em ambos os casos a desigualdade entre as partes significa um sério problema: a inexistência de direitos e deveres correlatos: "[...] a responsabilidade objetiva tem direito sem dever, o padrão subjetivo tem dever sem direito."[228] (WEINRIB, 1995, p. 178, tradução minha). Assim, porque é desencadeada exclusivamente pela causação do dano, a responsabilidade objetiva se preocupa apenas com o direito do autor que sofre o dano. Cria-se um descompasso pelo fato de o ofendido ter o direito a que sua esfera de liberdade (sua integridade pessoal e sua propriedade) não seja invadida pelo ofensor, mas não haver, por parte do ofensor, um dever correlato àquele direito, isto é, um dever de se abster do ato que causa o dano. Segundo Weinrib, sob um regime de responsabilidade objetiva, a pessoa e a propriedade do autor são vistas como um "[...] sacrossanto domínio de autonomia.", não havendo "[...] espaço para uma concepção inteligível do dever do réu."[229] (WEINRIB, 1995, p. 179, tradução minha).

Um dever deve estar "operativo" no momento do ato que desencadeia a responsabilização, isto é, precisa existir previamente ao fato. Todavia, no caso da responsabilidade objetiva, o dever é tratado como um reflexo analítico do direito da vítima; ele não existe previamente ao dano, e é somente retrospectivamente que, ocorrido o dano, se identifica a ação do ofensor como ilícita, o que é inconsistente com a igualdade transacional da justiça corretiva e com a natureza correlativa entre direito e dever conforme o princípio do direito (*right*) kantiano.

[228] No original: "[...] strict liability has right without duty, the subjective standard has duty without right."

[229] No original: "[...] sacrosanct domain of autonomy [...] without allowing room for an intelligible conception of the defendant's duty."

Na responsabilidade objetiva, a vítima tem o direito a estar livre de sofrer qualquer dano ou lesão a sua pessoa ou a sua propriedade, mas esse direito não é correlativo a um dever de se abster de ações que causem danos operativos no momento da ação potencialmente danosa (WEINRIB, 1995, p. 179). Por essas razões, conforme as teses formalistas, Weinrib conclui que a responsabilidade objetiva é incoerente com o "conceito jurídico de justiça corretiva" – isto é, a forma da justiça corretiva informada pelo princípio do direito (*right*) kantiano.

Já no caso do padrão subjetivo, observa-se a mesma incoerência, mas pela razão oposta. Nesse caso, o ofensor-réu deve manter um nível de cuidado que está condicionado a suas capacidades pessoas, e quando essas capacidades falham e ele causa um dano, o ofendido-autor pode requerer uma indenização. A liberdade do ofendido-autor, isto é, da vítima, é um subproduto da capacidade pessoal do ofensor de estar ciente da probabilidade de ocorrência do dano. Essa liberdade não equivale a um direito, pois, na concepção formalista, "pessoas são dotadas de direito em virtude de serem fins em si mesmas, não derivativamente da situação moral de outros."[230] (WEINRIB, 1995, p. 179, tradução minha).

A questão relevante é que, no sistema de *common law*, o padrão subjetivo nunca foi seriamente cogitado como critério de organização do sistema de responsabilidade civil, enquanto a responsabilidade objetiva não apenas foi cogitada como uma alternativa ao sistema fundamentado na responsabilidade com culpa (*negligence law*) como – embora essa ideia de reorganização do sistema, muito em voga nos anos de 1970 e 1980, tenha perdido força – arranjos de responsabilidade objetiva, seja via decisões judiciais, seja via legislação positiva (*statutes*), têm crescido em número e a percepção da importância desse modelo dentro do sistema de responsabilidade civil baseada na culpa também tem se alterado (WEINRIB, 1995, p. 183).

Weinrib não fornece uma interpretação contundente desses avanços da responsabilidade objetiva sobre o campo da responsabilidade com culpa (*negligence law*). O que ele faz é reinterpretar situações que, na prática jurídica, são vistas por doutrinadores, juízes e teóricos como pertencentes ao campo da responsabilidade objetiva, como extensões do conceito de culpa ou formas de regulação da propriedade privada.

[230] No original: "Persons have rights by virtue of being ends in themselves, not derivatively from the moral situation of others."

Desta maneira para se chegar ao foco do defeito da responsabilidade objetiva, segundo a posição exposta em *The idea of private law* (1995), isto é, o conceito de capacidade de agir (*agency*), é preciso levar em consideração que, pelo processo de conhecimento do direito exposto pelo método formalista, isto é, pelo paradigma da inteligibilidade imanente, não apenas se chega ao conceito mais abstrato e geral da estrutura justificatória da relação jurídica de responsabilidade civil, que é a forma da justiça corretiva, como também se chega ao conceito de pessoa (*person*), que é capaz de representar de maneira abstrata e geral a ideia de partes da relação jurídica, sem sair dos limites da epistemologia formalista (i.e., ser interno ao direito).

Sabe-se que a justiça corretiva é reapresentada por Weinrib em termos kantiano como "[...] a ordenação de interações imediatas que pessoas morais kantianas reconheceriam como expressivas de sua natureza."[231] (Weinrib, 1988, p. 998, tradução minha). As pessoas morais (*moral persons*) devem agir e interagir de forma a não infringir a condição de igualdade formal de que todas gozam. Suas ações, enquanto ações de seres livres e iguais, devem coexistir com a liberdade de todos.

Weinrib argumenta, assim, que a estrutura justificatória expressa pela justiça corretiva pressupõe a ideia de personalidade moral (*moral personality*) e, por consequência, as obrigações expressas pela filosofia do direito kantiana relativas aos seres livres agindo de acordo com leis morais (*free beings under moral laws*) estariam implícitas na inteligibilidade das interações imediatas entre partes (Weinrib, 1988, p. 998).

No caso da responsabilidade objetiva, o que se observa é a ausência de igualdade entre as partes envolvidas. Essa desigualdade é um reflexo da adoção de uma concepção incoerente de capacidade de agir (*agency*) implícita nas regras de responsabilidade objetiva (Weinrib, 1995, p. 179).

Weinrib afirma que: "Porque a igualdade da justiça corretiva está baseada na igualdade de agentes sob o direito kantiano, uma desigualdade sob a justiça corretiva também representa uma incoerência com relação ao exercício exterior da capacidade de agir de alguém."[232] (Weinrib, 1995, p. 179, tradução minha). Ele considera que, por isso, "A responsabilidade

[231] No original: "[...] as the ordering of immediate interactions that Kantian moral persons would recognize as expressive of their natures."

[232] No original: "Because the equality of corrective justice is grounded in the equality of agents under Kantian right, an inequality under corrective justice also represents an incoherence regarding the outward exercise of one's agency."

objetiva [...] falha em respeitar a capacidade de agir [*agency*] enquanto um fenômeno normativo."[233] (WEINRIB, 1995, p. 180, tradução minha).

Aqui a coerência, critério de verdade no formalismo jurídico, aparece para apontar para um problema na maneira de conceber o status de pessoa (*person*) e de agentes (*agents*), que as partes da relação jurídica em questão gozam.

Weinrib defende que Oliver Wendell Holmes estava correto ao apontar que a responsabilidade sem culpa é inconsistente com a posição adotada no *common law* de que o réu não é responsável civilmente por comportamentos involuntários, isto é, que não expressam uma vontade. O fundamento desta posição é resguardar a oportunidade de escolha por parte daquele que age. Holmes sustenta, e Weinrib concorda, que uma vez que o dano é dissociado de uma concepção de capacidade para ação normativamente viável, a lesão será um infortúnio, um fruto da má-sorte e não de um ilícito civil (WEINRIB, 1995, p. 180-181).

No entanto, na responsabilidade objetiva, assume-se que a produção em si mesma de efeitos externos à ação pode gerar responsabilização do agente. Todavia, a produção de efeitos é uma parte constitutiva da própria ideia de capacidade de agir (*agency*) e, portanto, a responsabilização deve ocorrer apenas quando o réu-agente agir de maneira inconsistente com o igual *status* como agente que tanto ele quanto a vítima gozam.

Toda ação tem efeitos e, assim, "efeitos são meramente a fruição da atividade."[234] (WEINRIB, 1995, p. 181, tradução minha). Atribuir responsabilidade a uma ação por qualquer efeito danoso dela resultante, sem indagar da culpabilidade do agente, ou seja, simplesmente em razão de ser um efeito, é responsabilizar o agente por agir e, assim, por atualizar a capacidade para a ação que caracteriza a sua natureza de agente (WEINRIB, 1995, p. 181).

Na responsabilidade objetiva está pressuposto um julgamento da ação feito à luz de seus efeitos, mas se produzir efeitos é inerente a toda ação, ao fazê-lo, "a responsabilidade objetiva trata a capacidade de agir do réu como um fenômeno normativo incoerente."[235] (WEINRIB, 1995, p. 181, tra-

[233] No original: "Strict liability [...] fails to respect agency as a normative phenomenon."

[234] No original: "Effects are merely the fruition of activity."

[235] No original: "[...] strict liability treats the defendant's agency as an incoherent normative phenomenon."

dução minha). Nela, o agente tem uma capacidade para agir com intencionalidade (*purposiveness*) que, retrospectivamente, se revela moralmente incapaz de ser exercitada, pois, somente se e quando o dano ocorre ela é considerada uma invasão da esfera moral de outrem.

Em suma, a responsabilidade objetiva nega totalmente a capacidade para agir (*agency*) ao agente-réu na medida em que reduz a ação a um mero potencial (potencialidade) ao responsabilizar o agente pelas contingências inerentes à atualização da ação (*act's completion*) e, como consequência, ao sugerir que a realização da ação está além da esfera de direitos do agente (Weinrib, 1995, p. 181-182).

Weinrib afirma que esta ideia pode ser expressa em termos do princípio de direito (*right*) kantiano, pois este princípio requer que a liberdade de um agente coexista com a liberdade de todos os demais e o que ocorre na responsabilidade objetiva é que a proteção do direito do autor-vítima interrompe o poder moral do réu-agente de atualizar sua capacidade para intencionalidade (*purposive capacity*), de maneira que a defesa do status de agente do autor-vítima é feita às expensas da negação deste status ao réu.

No entanto, o que essa avaliação da responsabilidade objetiva e a subsequente conclusão de que ela é incoerente com a forma da justiça corretiva informada pelo conceito de pessoa advindo da filosofia kantiana significa e quais são seus efeitos? Tal afirmação significa ao menos um juízo de que é um erro, um desvio de um padrão de coerência que tem um valor em si e que, por essa razão, deve ser preservado. Se a coerência é o critério de verdade adotado pelo formalismo, sua manutenção – ou, como prefere Weinrib, sua persecução enquanto uma aspiração do direito – é um valor a ser perseguido para que as relações jurídicas sejam inteligíveis (Patterson, 1996, p. 28-29).

Em face dessa discussão, ao chegar à conclusão de que, conceitualmente, a responsabilidade objetiva é uma excrescência, um erro ou uma monstruosidade, de acordo com a teoria formalista do direito, Weinrib poderia ter escolhido o caminho, condizente com a dimensão prescritiva do formalismo, que envolvia afirmar que não apenas o sistema jurídico de responsabilidade civil não pode manter sua estrutura institucional corretiva (poder judiciário) e ao mesmo tempo abandonar o padrão da responsabilização baseada na culpa para organizá-lo, mas também todas as regras pontuais de responsabilidade objetiva que são vistas como parte da responsabilidade civil não o são do ponto de vista conceitualmente correto e, por gerarem incoerências e, portanto, injustiças, deveriam ser expulsas da responsabilidade civil e possivelmente redesenhadas como regras de direito público.

Como uma teoria de avaliação direta e de justificação do direito, não é possível escapar da conclusão que, no que concerne às regras específicas de responsabilidade objetiva (*legal doctrines*), elas devem ser excluídas da responsabilidade civil e do direito privado como um todo.

No entanto, embora sustente a primeira dessas afirmações, Weinrib não defende abertamente a última. Essa, sem dúvida, está implícita em sua discussão sobre a responsabilidade objetiva, mas ele não chega a enunciá-la. Em vez de sustentar o caminho da segregação de fato, embora sustente o caminho da segregação conceitual, Weinrib prefere reinterpretar as exceções mais importantes à regra geral da responsabilidade baseada na culpa (*negligence law*) nos sistemas jurídicos de *common law*, conforme descrevo brevemente a seguir.[236]

4.3.2. A solução para a responsabilidade objetiva

Em vez de enunciar a conclusão de que a única maneira de tornar o campo da responsabilidade civil uma estrutura justificatória totalmente coerente é excluindo todas as regras pontuais de responsabilidade objetiva e buscando barrar o movimento de ampliação do espaço de atuação dessas regras dentro da responsabilidade civil, Weinrib faz um esforço analítico para argumentar que as principais "doutrinas" (*doctrines*) de responsabilidade objetiva, isto é, as principais regras jurídicas de responsabilidade objetiva presentes na responsabilidade civil contemporânea nos sistemas jurídicos de *common law*, não desafiam a avaliação realizada pela teoria formalista, pois se tratam ora de extensões da regra da culpa, ora de modos alternativos de regulação do uso da propriedade. O resultado é que poderiam ser compatibilizadas com a fundamentação formalista da responsabilidade civil e reforçariam a ideia de que o sistema de *common law* atende ao requisito da tendência à coerência que orienta valorativamente o direito.

[236] Quanto à estratégia de exclusão conceitual que o formalismo opera, Jules Coleman interpreta que, onde a suposta estrutura básica da responsabilidade civil está ausente, não é possível mais reconhecer aquele determinado conjunto de regras como parte da responsabilidade civil. O que não tiver o caráter, a forma ou a estrutura da responsabilidade civil não será responsabilidade civil. A relação entre os conceitos formais e o mundo deve ser estrita (Coleman, 1995, p. 201).

Weinrib argumenta que, em verdade, as mais importantes regras de responsabilidade objetiva no *common law* – *respondeat superior,*[237] responsabilidade por atividades extraordinariamente perigosas (*abnormally dangerous activities*), responsabilidade por *nuisance*[238] e por danos causados pelo uso de propriedade alheia, como no famoso caso *Vincent v. Lake Erie Transportation Co.* – são compatíveis com a racionalidade imanente atribuída pelo formalismo à responsabilidade civil.

O autor argumenta que, nos dois primeiros casos, o elemento de culpa está presente, ainda que não da forma usual. No caso da regra de *respondeat superior,* é preciso demonstrar a culpa ou a negligência do empregado no curso do trabalho, e, portanto, há uma conduta ilícita e culposa como base para a responsabilização, ainda que quem responda seja o empregador (Weinrib, 1995, p. 185).

No caso da responsabilidade por atividades excepcionalmente perigosas (*abnormally dangerous activities*), o autor defende que não há incompatibilidade com a responsabilidade baseada na culpa, pois, muito embora a atividade não seja em si ilícita, a anormalidade do risco potencial que nela está implícita carrega consigo uma obrigação de cuidado também extraordinária. Segundo Weinrib: "A ocorrência da lesão desencadeia a responsabilidade que prolonga, em vez de negar, o princípio da culpa."[239] (Weinrib, 1995, p. 190, tradução minha).

No terceiro caso, da doutrina *nuisance* (*nuisance doctrine*), um conjunto de regras jurídicas regula conflitos entre proprietários quando há interferência danosa. No *common law,* essa doutrina foi historicamente considerada como uma fonte de responsabilidade objetiva por atividades excepcionalmente perigosas. Weinrib argumenta que se trata de situações distintas, já que, em *nuisance,* a preocupação não é com o alto risco inerente à atividade,

[237] *Respondeat superior* é a regra segundo a qual o empregador, sem culpa ou negligência sua, é responsável pelo dano causado, com culpa ou negligência, por um empregado no curso do emprego (Weinrib, 1995, p. 185).

[238] *Nuisance* é a interferência danosa no uso ou na fruição da propriedade de terceiro (Weinrib, 1995, p. 191). Conforme o Black's Law Dictionary (Nuisance, 2004), trata-se de uma condição, uma atividade ou uma situação (tal como ruído) que interfere no uso ou no aproveitamento da propriedade. Essa figura se aproxima da turbação da posse, no direito brasileiro, embora esta, em geral, envolva interferências mais graves na fruição e no gozo da propriedade do que uma mera perturbação, tal como ruídos ou cheiros desagradáveis, exemplos clássicos de *nuisances.*

[239] No original: "The occurrence of injury triggers a liability that extends, rather than denies, the fault principle."

mas com a interferência no uso e na fruição da propriedade. Ele defende que tal forma de responsabilização está em consonância com o princípio do direito kantiano, pois, ao considerar o uso e a fruição da propriedade um interesse protegido, ela protege a possibilidade de o agente livre agir como tal na esfera externa. Ao considerar os proprietários como portadores de igual *status*, devendo o uso e a fruição de um coexistir com o uso e a fruição de todos os demais proprietários, essas regras incorporam o princípio do direito kantiano e, portanto, são uma concretização coerente da racionalidade imanente que o formalismo enxerga no direito privado (Weinrib, 1995, p. 190-191).

O quarto e último caso analisado, ilustrado por *Vincent v. Lake Erie Transportation Co.*,[240] é o mais controvertido. Ele é considerado por comentadores como um caso em que a responsabilização objetiva do agente causador de um dano foi utilizada pelo tribunal para sustentar a legalidade do exercício de um privilégio de uso da propriedade alheia para resguarda a própria, em virtude de uma situação de necessidade (*privilege of private necessity*). Os fatos pertinentes ao caso são, resumidamente, os seguintes: um navio a vapor pertencente à empresa-ré, Lake Erie Transportation Co., estava ancorado na doca da autora, Vincent, para descarregamento de uma carga. Uma forte tempestade caiu naquele local e, para que a embarcação não afundasse, a ré manteve-a atracada à doca da autora, causando danos na estrutura da doca. Vincent processou Lake Erie Transportation Co. exigindo uma indenização no valor dos danos causados pelo contínuo choque da embarcação contra a doca. Em primeira instância, o júri decidiu a favor de Vincent. A ré apelou, argumentando não ser responsável pelo dano sob a alegação de estado de necessidade. O tribunal considerou que a ré não poderia ser considerada responsável por *trespass*[241] devido ao estado de necessidade, mas que deveria indenizar a autora pelos danos causados no curso do uso da propriedade desta.

A interpretação tradicional do caso *Vincent v. Lake Erie Transportation Co.* é de que a responsabilidade é objetiva porque o tribunal considerou a

[240] *Vincent v. Lake Erie Transportation Co.* (UNITED STATES, 1910).

[241] *Trespass* é uma invasão ilegal na propriedade de outrem, sem que haja necessariamente comprovação de um dano material. Usa-se o mesmo termo para se fazer referência ao tipo de ação judicial (*remedy*) apropriado para responsabilizar o invasor ilegal. Não encontra um equivalente direto no direito brasileiro, sendo algumas vezes traduzido por turbação da posse (Trespass, 2004).

conduta da ré lícita, já que amparada juridicamente pelo estado de necessidade, e não indagou, portanto, da presença ou ausência de culpa em sua ação. Ainda assim, concluiu que, pelo mero fato de usar, ainda que justificadamente, a propriedade da autora, se impunha o dever de indenizar.

A justificativa teórica para a solução encontrada pelo tribunal para conectar ação lícita e dever de indenizar vem, desde então, sendo amplamente discutida. Ernest Weinrib fornece uma explicação diferente para a prevalência do dever de indenizar, mesmo sem culpa, em *Vincent v. Lake Erie Transportation Co.*

Para ele, trata-se de um caso de direito restituitório (*restitutionary law*).[242] Ele afirma que, ao considerar a ré responsável pelos danos, mesmo reconhecendo a licitude da conduta, o tribunal divorciou a resposta ao dano da avaliação da conduta danosa (Weinrib, 1995, p. 196-197). O problema, para Weinrib, não está na resposta do judiciário a esse caso concreto, mas na interpretação da doutrina de que se trata de um caso de responsabilidade objetiva.

Segundo ele, os intérpretes e os comentadores do caso, ao considerarem a responsabilidade civil divorciada da área à qual pertence, o direito privado, tentam, equivocadamente, explicar o caso *Vincent v. Lake Erie Transportation Co.* como parte da responsabilidade civil e, para isso, têm de permitir a responsabilização na ausência de ilícito, o que é vedado pela consideração da forma da justiça informada pelas concepções kantianas vistas anteriormente. No entanto, considerado como um caso, antes de tudo, inserido no direito privado, mas não necessariamente de responsabilidade civil como comumente faz a doutrina, é possível compreendê-lo como um exemplo de direito restituitório – mais especificamente, como um caso de responsabilização por enriquecimento sem causa (*unjust enrichment*) (Weinrib, 1995, p. 197).

O direito restituitório é a resposta do direito privado para casos em que não há uma razão jurídica para que alguém retenha um benefício recebido a expensas de outrem. Em *Vincent v. Lake Erie Transportation Co.*, o fato de a ré ter justificadamente feito uso da doca da autora não significa que ela possa reter o benefício advindo desse uso se esquivando de pagar pelos res-

[242] *Restitutionary law* é um conjunto de regras que regula a responsabilização, que não é civil (*torts*) nem contratual, mas gerada pelo enriquecimento sem causa da parte, ou seja, envolve um ganho injustificado de uma parte às expensas de outra (Restitution, 2004).

pectivos custos. Diante disso, Weinrib conclui que a restituição, ao autor, do benefício indevidamente gozado em função do uso de sua propriedade é necessária, pois a possibilidade de usar a doca não foi um presente dado pela autora à ré. Em consonância com as regras do direito restituitório, e não com as regras de responsabilidade civil, o dono da embarcação tinha o dever jurídico de remover os efeitos prejudiciais do uso que fez da doca – nesse caso, os danos causados pelo choque de sua embarcação contra a doca (Weinrib, 1995, p. 198).

Weinrib conclui que todas essas regras comumente interpretadas como ligadas à responsabilidade objetiva são extensões do paradigma da culpa ou expressões da "concepção jurídica de justiça corretiva" dentro do direito privado, mas fora da responsabilidade civil, em geral envolvendo formas de regulação do uso da propriedade.

O problema da solução weinribiana de reinterpretar essas regras, afastando a compreensão destas como expressões da responsabilidade objetiva, recoloca a questão da coerência como critério de verdade e a questão da tese da incomunicabilidade.

Ainda que Weinrib abertamente afirme que o formalismo é uma teoria que descreve a normatividade imanente ao direito quando este é internamente coerente e, portanto, que a teoria formalista tem uma pretensão normativa de servir de ponto de referência para a crítica das práticas concretas da responsabilidade civil, ele afirma, ao mesmo tempo, que essa normatividade é uma concepção compartilhada pelos praticantes do direito, principalmente pelos advogados. Em suas palavras:

> [...] advogados engajados na prática do direito sempre tiveram a sensação de que seu mundo intelectual não refletia integralmente as conclusões acadêmicas. A atividade jurídica invariavelmente acontece de forma estruturada, ainda que frouxa [...] O formalismo jurídico é um esforço para compreender essa percepção dos advogados de uma ordem inteligível.[243] (Weinrib, 1988, p. 951, tradução minha).

[243] No original: "[...] lawyers engaged in the practice of law have always sensed that their intellectual world is not fully reflected in these academic conclusions. Legal activity invariably takes place within some structure, however lax [...] Legal formalism is the effort to make sense of the lawyer's perception of an intelligible order."

Seria, então, essa reinterpretação uma justa percepção do direito como uma ordem inteligível? Ainda que nenhuma das regras anteriores seja efetivamente exemplificação da responsabilidade objetiva, o direito não pode se desenvolver no sentido de incorporar outras que o sejam sem cair em incoerências? Como a compreensão intuitiva dos praticantes sobre o que é a responsabilidade civil pode conviver com uma suposta descrição da normatividade imanente à responsabilidade civil que exclui a responsabilidade objetiva do âmbito do direito privado?[244]

O maior problema do formalismo weinribiano, conforme tenho argumentado desde o início deste trabalho – inclusive no que concerne à estratégia de segregação e de reinterpretação da responsabilidade objetiva –, não está nos conceitos de liberdade e igualdade que Weinrib defende nos moldes kantianos, mas sim na defesa da inteligibilidade interna (ou imanente), ancorada na epistemologia não instrumentalista, e na suposta cogência do critério de coerência adotado.

A teoria formalista traz uma contribuição importante para a compreensão das estruturas implícitas nas regras jurídicas substantivas, inclusive no que concerne à descrição das estruturas subjacentes à responsabilidade objetiva; a incoerência desta, em termos do igual *status* das partes como portadores de direitos e deveres, aponta para a interferência – Weinrib diria, indevida – de fatores distributivos na *rationale* corretiva implícita na responsabilidade com culpa (ENGLARD, 1993, p. 49-54).

A fraqueza da teoria formalista se encontra em sua dimensão prescritiva. Como afirma Englard, parece implausível que categorias formais úteis para compreender e descrever as racionalidades em jogo na responsabilidade civil ou em qualquer outra área do direito possam dominar completamente as soluções substantivas (ENGLARD, 1993, p. 57). Especialmente quando, como o próprio Weinrib afirma, o formalismo não leva em consideração preocupações com o bem-estar na definição dos direitos e dos deveres na avaliação da coerência (WEINRIB, 2001, p. 120).

Nos moldes propostos pelo formalismo, a desconsideração dos fins sociais, que a inteligibilidade imanente do direito impõe, não é somente

[244] Em sua crítica ao formalismo weinribiano, Stephen Perry pergunta, exatamente, o que acontece quando a perspectiva interna dos indivíduos submetidos ao direito não coincide nem nenhuma das estruturas justificatórias permitidas no formalismo? (PERRY, 1993, p. 620). Como argumento, esse parece ser o caso do direito de família.

um problema para a definição das soluções substantivas futuras, mas, ao contrário do que defende Weinrib, essa faceta do formalismo vai contra sua maior virtude, que é descrever as racionalidades em jogo nos arranjos jurídicos.

É verdade que a estratégia weinribiana de reinterpretação de algumas regras de responsabilidade objetiva como extensões do critério da culpa – como no caso da responsabilidade objetiva do empregador por atos do empregado no curso do trabalho (*respondeat superior*) – não é necessariamente um equívoco. Outros exemplos de situações similares e bastante conhecidas do direito brasileiro seriam a responsabilidade objetiva dos pais pelos atos dos filhos menores e dos donos de animais pelos danos causados por estes. No entanto, as reinterpretações que mudam o sentido corrente de compreensão desses casos – de casos de responsabilidade objetiva para casos de responsabilidade baseada numa espécie de culpa por extensão – não eliminam a possibilidade de haver casos em que não haja essa extensão da culpa, mas apenas a avaliação do nexo direto entre a ação e o dano.

Nesses casos, a rejeição do formalismo à responsabilidade objetiva, em vez de fornecer a condição de sua inteligibilidade, virtude que o formalismo tanto defende, limita a inteligibilidade, pois, a meu ver, a rotulação como erro jurídico não é a única – e muito menos a melhor – maneira de compreender a responsabilidade objetiva.

A teoria formalista do direito se torna uma teoria inapta a explicar a responsabilidade civil na medida em que é possível observar semelhanças significativas entre a responsabilidade baseada na culpa e a responsabilidade objetiva. Reinterpretar alguns casos tidos como responsabilidade objetiva como casos referentes a outras áreas do direito privado é, no máximo, uma solução parcial. Casos de responsabilidade objetiva existem, se não nos sistemas analisados por Weinrib, em outros sistemas jurídicos complexos, e, nesses sistemas, a estratégia de segregação poderá ser genuinamente uma estratégia que cria mais confusão e desentendimento do que esclarecimento.

É preciso considerar que, ainda que as formas da justiça corretiva e distributiva efetivamente auxiliem na compreensão das estruturas intrínsecas presentes no direito, a inteligibilidade imanente explica menos do que Weinrib pretende conceder e que nem toda teoria que não defende a inteligibilidade imanente aos materiais jurídicos cai necessariamente nos erros da análise econômica do direito, por exemplo, que é uma versão do funcionalismo que não fornece uma explicação da relação imediata e bipolar que se cria em razão da interação entre agente e vítima na responsabilidade civil.

Na sociedade contemporânea, o direito institui muitas regras compulsórias de solidariedade entre seus membros – por exemplo, a previdência social e os seguros obrigatórios de veículos, comuns em vários países, inclusive no Brasil. A instituição, pelo direito, de regras de responsabilidade objetiva cria esquemas semelhantes de solidariedade compulsória definidos com base na noção básica de que algumas atividades devem ter seu potencial ônus espalhado por um determinado grupo de pessoas. É uma escolha de determinada comunidade, por exemplo, que a empresa responsável pela manufatura de um produto se responsabilize, independentemente da comprovação de culpa – ou seja, objetivamente – quando esse produto causa um dano ao consumidor, pois essa comunidade compreende que, para além da relação imediata e bipolar que se estabelece entre o empresário e o consumidor quando há um dano de consumo, todos os consumidores daquela sociedade estão organizados num grupo que arca com alguns ônus e alguns bônus de ser consumidor.

Segregar a regra da responsabilidade objetiva pelo fato do produto presente no direito do consumidor brasileiro no âmbito do direito privado, tachando-a de incoerente com a forma da justiça corretiva, é negar a dimensão da moralidade reconhecida por aqueles sujeitos à prática, é desenraizá-la de sua matriz social, que tem tanto uma dimensão corretiva específica quanto uma dimensão distributiva geral reconhecida.

Assim, o caso da responsabilidade objetiva, nesse sentido, é exemplar. A noção de coerência essencialista defendida pelo formalismo força o teórico a ignorar que os indivíduos que participam dos esquemas de responsabilização no âmbito do direito do consumidor compreendem e perseguem essa dupla natureza corretiva e distributiva e, ademais, que aceitam a dimensão de moralidade distributiva que esquemas compulsórios de solidarização instituem. Insistir em compreender uma regra de responsabilidade objetiva apenas por meio da abstração da natureza bipolar e imediata entre as partes em processo judicial (em uma ação de responsabilidade civil) faz com que o formalismo deixe de ser uma teoria que fornece condições de inteligibilidade para se converter em uma teoria que impõe arbitrariamente um limite à inteligibilidade interna da responsabilidade civil.

Por conseguinte, uma teoria que descreve a dimensão normativa de uma parte do direito em desconexão com o enraizamento social desta será, no mínimo, uma teoria limitada. No capítulo 5, a seguir, analiso os pontos que impõem esse limite à teoria formalista. Argumento que abandonando alguns deles o formalismo poderia se tornar uma teoria mais apta a fundamentar a responsabilidade civil contemporânea.

5
Problemas do Formalismo Jurídico: padrão de inteligibilidade e Critério de coerência

> "Ernest Weinrib fornece a mais distinta abordagem da racionalidade jurídica correntemente oferecida em nossa teoria do direito."[245] (STICK, 1992, p. 773, tradução minha).

Neste último capítulo discuto criticamente a premissa de que a inteligibilidade imanente é a melhor maneira de se conhecer o direito e a premissa de que um certo critério estrito de coerência, que impõe a adoção da tese da incomunicabilidade entre as formas da justiça, é necessário, segundo o formalismo jurídico. Argumento que esses são os fatores que levam o formalismo a sustentar concepções equivocadas acerca da racionalidade implícita no direito privado e, especificamente, conforme discutido no capítulo anterior, que levam à conclusão de que a responsabilidade objetiva é um erro jurídico.

Cada um dos capítulos precedentes teve por objetivo responder a questões básicas sobre as principais teses e os objetivos da teoria formalista do direito, bem como estabelecer de que maneira o formalismo condiciona as posições assumidas por Ernest Weinrib em sua teoria de fundamentação da responsabilidade civil.

É possível afirmar, com base no que foi discutido anteriormente, que, ao definir a relação jurídica como elemento básico de análise, o formalismo

[245] No original: "Ernest Weinrib serves the most distinctive account of legal rationality currently offered in our jurisprudence."

jurídico promove um afunilamento do universo de possíveis fenômenos jurídicos à disposição do teórico. De saída, o formalismo elege domar a complexidade dos problemas jurídicos analisando-os pela lente das relações jurídicas – mais precisamente, pela lente das relações jurídicas quando se tornam demandas judiciais, ou seja, quando há conflito. Os problemas desse afunilamento do olhar formalista para a relação jurídica são de diferentes ordens.

O primeiro problema está na pouca atenção dada ao papel da autoridade do direito positivo na compreensão e na inteligibilidade do conceito formalista de direito. Ainda que se procure compreender o direito como um fenômeno mais amplo do que apenas o conjunto formado pelo direito legislado e advindo dos precedentes, o formalismo não trata da questão da autoridade do direito positivo e não fornece nenhuma ferramenta para entender o papel preponderante que este ocupa nos sistemas jurídico sofisticados, seja em *common law*, seja em *civil law*.

Para o formalismo, as normas jurídicas legisladas e aquelas provenientes dos precedentes judiciais, o que aqui chamo de direito positivo, são importantes enquanto dados, elementos que compõem o conjunto de materiais jurídicos (*juridical materials*) que entram na primeira fase do método formalista e voltam a ser importante quando, definida a forma à qual uma determinada área do direito deve se conformar, o teórico garante um ponto de vista crítico – a forma – para avaliar em que medida o direito positivo é ou não coerente com a forma. Essa desconsideração da questão da autoridade do direito pode ser observada especialmente na ausência de uma teoria das fontes. Regras jurídicas aparecem como dados à disposição do teórico formalista, que, embora seja capaz de criticá-las à luz de sua coerência ou incoerência com as formas da justiça, não é capaz de explicar sua criação.

O segundo problema é que o formalismo não enfatiza o papel desempenhado pelas regras jurídicas, nem faz qualquer análise das diferentes funções que elas podem executar dentro do direito.

Esse ponto é visível quando se reflete sobre a maneira como o formalismo explica o direito privado. Uma das características mais marcantes desse campo é possibilitar que indivíduos usem os poderes facultados pelo direito positivo – as regras secundárias às quais se referiu H. L. A. Hart (2005, p. 103-109) – para criar situações jurídicas por meio da construção de novas relações jurídicas que possibilitem a eles se conduzir na vida social como queiram, dentro dos limites permitidos pelo direito. Esse é o caso de casamentos, testamentos e contratos, para ficar nos exemplos mais simples e corriqueiros.

O foco na relação jurídica e, sobretudo, na responsabilização – segundo o afunilamento que o formalismo executa – faz com que essa teoria deixe de considerar todos esses outros momentos em que o fenômeno jurídico é, por falta de melhor palavra, mais "criador", em que ele não está resolvendo um conflito, mas dando elementos para que os membros daquela comunidade atuem buscando seus interesses. O foco no problema, no conflito ou nas situações em que as relações privadas são determinadas por um fato negativo – a quebra de um contrato, a causação intencional ou negligente de um dano etc. – faz com que o teórico formalista perca de vista as situações em que o direito viabiliza, criativamente, a vida em sociedade.[246]

Portanto, não é sem razão que as relações jurídicas de direito de família e sucessões não se encaixam na forma da justiça corretiva. O direito de família é um campo do direito privado em que prevalecem valores como pessoalidade, solidariedade, dever de assistência material e moral e reciprocidade, além de ser marcado por uma forte dimensão de moralidade pública.

A relação entre pais e filhos exemplifica esse ponto. Especialmente quando envolvem filhos menores, essas são relações nas quais o interesse da comunidade pela proteção do menor tem um grande peso. Todavia, mesmo nas relações envolvendo filhos maiores ou entre cônjuges há uma dimensão de moralidade pública, que diz respeito ao interesse da comunidade pela família, por exemplo, e que transborda os limites da relação imediata entre os envolvidos.

É possível argumentar que elas podem ser vistas pelas lentes da forma corretiva, como ocorre em uma ação de alimentos ou em uma ação de investigação de paternidade. Todavia, essa lente não será capaz de explicar a dimensão de moralidade pública implícita nessas relações jurídicas

[246] Esse ponto fica evidente quando nos lembramos da lição de H. L. A. Hart, que expõe o quanto a desconsideração do formalismo jurídico em relação às diferentes funções das regras jurídicas é problemática. As regras que Hart chama de "secundárias" são aquelas que atribuem poderes aos indivíduos para criar e alterar sua situação jurídica sob o domínio das regras primárias, que impõem obrigações. Desconsiderar as regras secundárias – regras privadas de atribuição de poder, como as regras de outorga de testamentos, contratos, transferência de propriedade e casamento – seria obscurecer uma importante faculdade que o direito confere aos indivíduos sob a égide deste na condução de suas vidas (HART, 2005, p. 106).

que se formam entre pais e filhos, entre cônjuges etc. Esse é um caso em que a dicotomia entre forma corretiva–direito privado e forma distributiva–direito público não captura a natureza da relação e, assim, impede, ao invés de viabilizar, a correta intelecção do fenômeno.

Algo semelhante acontece em algumas áreas do direito contratual e também na responsabilidade civil – por exemplo, casos de responsabilidade objetiva, como o já citado caso de responsabilidade por fato do produto no direito do consumidor. Alguns contratos, como os de seguro, até podem ser descritos como contratos-promessa típicos, pela abstração da bipolaridade e da imediatidade da relação entre A e B e pelo imperativo da autonomia da vontade das partes, mas essa não será uma boa descrição de sua natureza.[247]

Para a boa intelecção e mesmo para uma boa crítica a contratos desse tipo, uma descrição com base na sua suposta incoerência com a forma da justiça corretiva é um equívoco, porque não é capaz de visualizar que, para além daquele contrato específico – digamos, o contrato entre a Sra. A e a seguradora de planos de saúde B –, há um conjunto de contratos de seguro do mesmo tipo que fazem a relação imediata e bipolar entre A e B ter uma segunda dimensão, que é a dimensão de solidariedade que A estabelece mediatamente com os outros segurados – A^2, A^3, A^4 ... An – que também contratam com a seguradora os mesmos serviços.

Desconsiderar que contratos de seguro representam uma maneira de criar uma relação de solidariedade por meio da formação de grupos

[247] Em tese em que se discute especificamente a natureza não exclusivamente corretiva dos contratos, a autora defende que a vontade, elemento considerado fundamental na concepção contratual clássica, especialmente no século XIX, não explica a racionalidade subjacente a todas as estruturas contratuais modernas. Segundo Muñoz, ainda que autores como Charles Fried afirmem que a justiça comutativa – ou corretiva, como prefere Weinrib – não se manifesta em confronto com a vontade, a melhor explicação para as práticas contratuais clássicas está em fundamentá-las na justiça corretiva, como defende James Gordley. Todavia, a justiça corretiva não exaure a fundamentação de todo o universo contratual contemporâneo. Há uma terceira matriz teórica para explicar os contratos que, ora afirma que a vontade pode ser submetida aos requisitos da distribuição com a finalidade de aumentar a riqueza de uma dada sociedade, como defende Anthony Kronman, ora afirma que os contratos estão submetidos à lógica distributiva com o objetivo de homogeneizar os recursos obtidos pela via contratual, como defende Ian Macneil em sua elaboração do conceito de contratos relacionais. (MUÑOZ, 2010, p. 23-24). Sobre o conceito de contratos relacionais, ver Macedo Jr. (2007).

entre indivíduos que sequer se conhecem, mas que aderem voluntariamente, fazendo uso de um contrato bilateral e imediato com a empresa administradora do grupo, com o objetivo de criar algum tipo de divisão de ônus e benefícios, é desconsiderar a natureza desse contrato e o que ele representa.

Tentar compreendê-lo exclusivamente à luz da racionalidade corretiva é não fazê-lo corretamente. Tentar segregá-lo à condição de contrato incoerente ou reinterpretá-lo enxergando nele todos os elementos da forma da justiça corretiva – o que é bem possível de ser feito, e, com base na conclusão do capítulo 4 precedente, é exatamente o que Weinrib procura fazer no campo da responsabilidade civil – não corrige o problema fundamental: a teoria formalista do direito, com a defesa da inteligibilidade imanente como paradigma para o conhecimento do direito e com a imposição de um critério estrito de coerência e da tese da incomunicabilidade entre as formas da justiça, gera soluções equivocadas do ponto de vista de sua dimensão prescritiva.

Uma razão para essa desconsideração do problema das fontes do direito positivo e da função criadora de obrigações jurídicas está no fato de o formalismo considerar mais promissor o estudo da oposição entre o formal e o substantivo em vez da tradicional oposição entre o formal e o informal (Stick, 1992, p. 773). Outras causas desse estreitamento da visão do formalismo jurídico são a adoção do paradigma da inteligibilidade imanente, que encerra uma visão essencialista do direito pouco defensável, e a adoção de um critério estrito de coerência como critério de verdade, que gera a necessidade da adoção da tese da incomunicabilidade entre justiça corretiva e distributiva.

5.1. O paradigma da inteligibilidade imanente e a visão essencialista do direito

O formalismo jurídico weinribiano sustenta a clássica tese formalista da separação entre direito e política com base na premissa epistemológica de que, para garantir o contato com o objetivo jurídico – com o direito em si – e, assim, captar a racionalidade que lhe é própria e que lhe torna autônomo em relação a outras esferas, como a política, a economia e até mesmo a moral, é necessário adotar um método que garanta o contato apenas com o que é próprio do direito, não incorporando elementos de outras esferas que impeçam a intelecção do que lhe é característico e distintivo.

Esse contato direto e exclusivo com o que é característico e distintivo do direito só é garantido se for adotado o "paradigma da inteligibilidade imanente"; ou seja, a correta intelecção do direito depende da análise do material jurídico disponível – regras, conceitos e arcabouço institucional – para, por um processo de abstração, extrair desses materiais as estruturas ordenadoras neles implícitas. São essas estruturas, as formas, que constituem estruturalmente e caracterizam o direito como ele deve ser.

Sendo um paradigma, a inteligibilidade imanente é um padrão de inteligibilidade que serve como modelo para o teórico, e não uma subclasse entre um conjunto de possíveis maneiras de compreender o direito. Trata-se de paradigma de inteligibilidade porque é a única maneira autossuficiente de conhecer o direito; é o único modelo de compreensão do direito integralmente interno ao próprio direito, sendo capaz de esclarecer quais são suas características essenciais e como elas se constituem em uma unidade coerente (WEINRIB, 1988, p. 963).

A racionalidade própria e distintiva do direito é imanente aos materiais jurídicos, e é por isso que a inteligibilidade imanente é a única maneira de garantir que o teórico não esteja usando conhecimentos e conceitos de outras áreas do conhecimento, racionalidades externas, para explicar o direito, isto é, um olhar "de fora" para conhecer o que o direito é – o que, segundo Weinrib, não garante que o teórico efetivamente esteja em contato com o objeto jurídico (WEINRIB, 1988, p. 961-962).

Assim, no formalismo, uma boa descrição do direito só é possível se o teórico entrar em contato com o que é "especificamente jurídico", livre das interferências de visões, conceitos e discursos importados ou impostos por outras áreas do conhecimento. Conhecer o direito é conhecer sua racionalidade própria, expressa pelas formas corretiva e distributiva da justiça, unidades estruturais às quais as relações jurídicas devem se adequar se quiserem concretizar a aspiração à coerência que caracteriza o empreendimento jurídico.

Diante disso, podem surgir dúvidas acerca do verdadeiro potencial da inteligibilidade imanente para gerar um conhecimento seguro sobre o direito. A inteligibilidade do direito deve mesmo se dar internamente pela apreensão da forma ou será que essa concepção é uma espécie de essencialismo pouco defensável, do ponto de vista epistemológico? Por que o critério de coerência precisa ser tão estrito, isto é, por que esse critério impõe a tese da incomunicabilidade entre as formas corretiva e distributiva da justiça?

Esses pontos são importantes por duas razões. A primeira razão é que assumir a premissa de que somente a inteligibilidade imanente ao direito, nos termos defendidos pelo formalismo, permite acessar o objetivo jurídico não apenas serve de argumento para rechaçar algumas teorias funcionalistas – como a análise econômica do direito – ou para servir de contraponto à posição cética dos teóricos dos estudos críticos do direito (*critical legal studies*), mas resulta em uma posição muito mais ambiciosa. Estivesse Weinrib correto acerca dessa questão, praticamente nenhuma teoria jurídica contemporânea atenderia a esse critério.

Essa ambição não necessariamente seria, em si mesma, um problema, afinal, o paradigma da inteligibilidade imanente pode muito bem fazer o trabalho que Weinrib lhe atribui e, assim, ser uma razão definitiva para uma completa mudança de rumos na teoria do direito contemporânea. No entanto, apesar de fornecer contribuições valiosas para a compreensão das racionalidades em jogo dentro do direito, especialmente dentro do direito privado, no qual Weinrib elabora uma discussão muito mais completa e detalhada, entendo que a inteligibilidade imanente não cumpre todas as promessas que o autor lhe atribui.

No caso da responsabilidade objetiva, assim como no direito de família e em algumas áreas do direito contratual, a conclusão a que se chega aplicando o paradigma da inteligibilidade imanente nos termos formalistas – isto é, que a forma da justiça corretiva é o princípio ordenador do direito privado, sem o qual este se torna incoerência e, consequentemente, conceitual e juridicamente ininteligível – é simplesmente um equívoco. E a fonte do embaraço que a teoria formalista cria para si mesma está no caráter essencialista do modelo de conhecimento proposto e no critério de coerência que leva à tese da incomunicabilidade entre as racionalidades corretiva e distributiva num mesmo arranjo jurídico.

Esses problemas do formalismo provêm da adoção da inteligibilidade imanente como única posição epistemologicamente defensável e correta e da completa rejeição de qualquer avaliação e justificação que combine as formas da justiça num mesmo campo do direito ou de qualquer teoria que abandone a lente da relação jurídica para olhar o fenômeno jurídico – lente essa que, como argumentei, é extremamente restritiva – em prol de uma perspectiva mais ampla.

Convém perguntar se uma teoria que tente compreender o enraizamento social de um fenômeno jurídico, como a responsabilidade objetiva, e que enxergue nela um mecanismo de solidarização social compulsória está simplesmente adotando uma perspectiva instrumentalista, repelida pelo formalismo como uma interferência espúria de critérios não jurídicos sobre a coerência intrínseca do direito, ou se, simplesmente, se trata de uma teoria que está mais apta a descrever a natureza normativa daquele fenômeno.

O problema não é propriamente assumir que uma boa teoria do direito deve procurar compreender o direito de um ponto de vista interno. H. L. A. Hart (2005, p. 98-100), por exemplo, é um dos pioneiros em sugerir que o teórico do direito deve assumir um ponto de vista interno ao direito para compreendê-lo, para além da mera observação de regularidades do direito, que, enquanto uma prática social, pode ser feita por quem assume apenas o ponto de vista externo. O problema está na maneira como o formalismo jurídico caracteriza esse ponto de vista interno e este, apesar dos protestos de Weinrib, é eminentemente essencialista.[248]

[248] Weinrib tenta, no trecho a seguir, se esquivar da crítica de que o formalismo seria uma posição essencialista: "Na visão essencialista, uma entidade tem certas propriedades essencialmente, no sentido de que não poderia falhar em ter tais propriedades; se falhasse, não seria a entidade que inicialmente pensamos que era. As propriedades essenciais fornecem a medida última para compreendê-la como a entidade que é. Considerada em termos essencialista, a relação jurídica seria uma entidade em que a presença de certas propriedades essenciais juntas constituem o critério da inteligibilidade da relação. Ver o formalismo jurídico como uma versão do essencialismo envolve ignorar a primazia da unidade sobre o caráter e o tipo." (Weinrib, 1995, p. 30). No original: "On an essentialist view, an entity has certain of its properties essentially, in the sense that it could not fail to have those properties; if it did so fail, it would not be the entity we initially thought it was. The entity's essential properties supply the ultimate measure for understanding what the entity is. Considered in essentialist terms, a juridical relationship would be an entity having certain essential properties that together constitute the criterion of the relationship's intelligibility. Seeing legal formalism as a version of essentialism involves ignoring the primacy of unity over character and kind." No entanto, é difícil identificar as diferenças entre o essencialismo e o formalismo se a forma é constituída pelo caráter, pelo tipo/classe e pela unidade (coerência). Como é possível pensar em características essenciais que não formem uma unidade, a unidade de serem características centrais e necessárias da coisa, é difícil de imaginar (Stick, 1992, p. 780). Ainda que a coerência seja um critério de unidade mais exigente do que a mera união contingente de partes, não está claro em que medida isso anularia a importância que o formalismo atribui à identificação das características centrais como um requisito para a identificação do que a coisa é e, nesse caso, do que o direito é.

O paradigma da inteligibilidade imanente, que busca determinar a forma jurídica implícita nos arranjos jurídicos concretos, isto é, na combinação de regras e conceitos jurídicos com um determinado arcabouço institucional, somado à necessidade de apreender a forma jurídica com base em seus três elementos constitutivos – caráter, unidade e tipo/classe –, levam o teórico formalista a tentar controlar a complexidade do fenômeno jurídico elaborando classificações por características essenciais coerentes numa estrutura conceitual hierárquica.

No formalismo, o "ponto de vista interno" ao direito se traduz na busca da intelecção imanente da forma jurídica subjacente aos materiais jurídicos, gerando o que Stick chama de "teoria taxonômica do significado" dos conceitos jurídicos (Stick, 1992, p. 778).

O formalismo weinribiano, ancorado na crença racionalista da possibilidade de dominar a realidade pelo uso da razão, assume que, por um processo intelectual (mental) levado a cabo pelo teórico, o conhecimento sobre o direito é adquirido pela organização dos conceitos jurídicos em uma ordem conceitual hierárquica que vai do "caos" dos particularismos encontrados no mundo concreto até a "ordem" mais abstrata e geral, onde o que se retêm são as características essenciais do direito, por meio das quais é possível classificar hierarquicamente o mundo jurídico.

O exemplo que Weinrib usa recorrentemente para ilustrar esse ponto é o da responsabilidade baseada na culpa (*negligence law*). Em artigos diversos ele chama a atenção para o fato de que os juristas organizam sua maneira de entender a plêiade de casos concretos com base em regras jurídicas, princípios e arcabouço institucional que são organizados em alguns conceitos: ação e dano ou fazer e sofrer (*doing and suffering*), nexo de causalidade, dever de cuidado, culpa, ausência de conformidade ao padrão do homem médio, criação de um risco irrazoável ainda que previsível, causa próxima etc. Segundo Weinrib, esse seria o nível conceitual em que trabalha a doutrina jurídica, os juízes e os advogados quando raciocinam juridicamente e se expressam em termos de conceitos jurídicos. O teórico formalista observa esses conceitos e eleva-os a outro grau de abstração, encontrando as ideias de: bipolaridade, imediatidade, ligação normativa entre um particular ofensor e um particular ofendido, igualdade de consideração das partes enquanto detentoras de direitos e deveres, etc. E, daí, acaba por encontrar a forma da justiça corretiva, que encapsula todas as características essenciais que estão ou devem estar presentes em todas as relações jurídicas de responsabilidade civil baseada na culpa numa unidade internamente coerente (WEINRIB, 1988, p. 970-988; 1989a, p. 410; 1989b, p. 511-524; 1995, p. 145-170; 2001, p. 116-117).

Trata-se de um estilo de análise que, segundo Stick, a filosofia do direito contemporânea tem dificuldade em aceitar justamente por seu caráter mentalista e essencialista e, portanto, pré-contemporâneo acerca do significado dos conceitos jurídicos. Stick argumenta que a "teoria taxonômica" que a inteligibilidade imanente pela forma oferece pode ser criticada com base em duas diferentes linhas (STICK, 1992, p. 774-778).

A primeira diz respeito ao problema da perspectiva. Contra o método formalista é possível levantar a crítica de que um particular não pode ser classificado exclusivamente como membro de uma espécie, uma classe ou um gênero, mas que a atribuição de pertencimento a espécie, classe ou gênero sempre dependerá dos objetivos que motivam o investigador em sua análise. Ou seja, nenhum objeto material ou conceito é parte de uma classe *per se* e indisputavelmente, pois classificações são realizadas com base nos propósitos a que atendem. Um exemplo simples ilustra essa crítica. Um mesmo objeto pode ser considerado, segundo uma classificação que vise catalogar objetos de mobiliário, como uma cadeira; segundo outra classificação, como um tipo de combustível, se for uma cadeira de madeira; ou em uma terceira classificação, como um símbolo de *status*, se for um trono de madeira (STICK, 1992, p. 778-779). Ou seja, o mesmo objeto pode encerrar características particulares que não permitem alocá-lo numa classe indisputavelmente. A perspectiva do classificador e o objetivo da classificação alteram a classe ou o gênero ao qual o mesmo objeto pode pertencer.

O mesmo ocorre com atos humanos e com criações humanas abstratas, como conceitos jurídicos. Um mesmo ato humano ou um conceito pode ser descrito e classificado de diversas maneiras, dependendo do propósito por trás da classificação. Assim, assumir, como faz o formalismo, que os conceitos jurídicos possuem um conjunto fixo de características essenciais que permite classificá-los precisa e indisputavelmente, diferenciando-os uns dos outros por meio dessa classificação, é, segundo Stick, no mínimo uma ilusão, se não um grave equívoco (STICK, 1992, p. 779).

Claro que a proposta formalista tem uma vantagem sobre outras propostas que assumam o problema da perspectiva: o formalismo evita o relativismo e pretende, embora sem sucesso, evitar também a arbitrariedade de se aceitar que cada teórico escolha um propósito distinto e classifique diferentemente uma mesma coisa. O preço que o formalismo paga por incorporar essa postura antirrelativista é desconsiderar algumas diferenças que qualquer pessoa vivendo sob a égide do direito e raciocinando juridicamente aceitaria. O preço que a posição oposta paga é precisar de um metacritério de avaliação para distinguir entre boas e más classificações.

Voltando ao caso da responsabilidade civil, o formalismo afirmará que o verdadeiro e único propósito da responsabilidade civil é concretizar a estrutura da justiça corretiva. A vantagem da postura formalista é estabelecer um ponto de vista fixo para compreender a responsabilidade civil e criticar outras visões. Aqui, não há relativização em função da perspectiva do teórico. O problema desse ponto de vista já foi ilustrado anteriormente. A resposta do formalismo a qualquer situação que não se encaixe na classificação canônica, especialmente em face da dimensão prescritiva que assume, é a exclusão, a definição como erro, aberração ou monstruosidade conceitual, para usar expressões do próprio Weinrib ao rotular a responsabilidade objetiva.

A segunda linha de crítica à "taxonomia" conceitual proposta pelo formalismo provém das correntes wittgensteinianas que adotam a ideia de "semelhança de família". Essa linha rechaça a possibilidade de se definir, com base em características essenciais, a classe ou o gênero a que pertenceriam conceitos usados na linguagem ordinária. Um exemplo trabalhado por Wittgenstein que ilustra esse ponto é o conceito de "jogo". Jogo não é um termo que designa um conceito unívoco, não sendo possível identificar um conjunto definido de características a que qualquer pessoa que use a expressão esteja se referindo. Quando as pessoas falam em jogos, não parecem compartilhar qualquer conjunto definido de características; ao contrário, parecem trabalhar com a ideia de que certas práticas, expressas em nossa linguagem ordinária pelo termo "jogo", guardam semelhanças significativas entre si, que Wittgenstein chamou de "semelhanças de família" (Stick, 1992, p. 779).

Em face dessas duas possíveis críticas, concluo que o método formalista, com sua proposta de inteligibilidade imanente do direito contemporâneo por sua forma – que pressupõe o que Stick chama de "teoria taxonômica" do significado dos conceitos jurídicos –, não pode ser tratado como um paradigma, ou, pelo menos, essa ideia não é, como parece pressupor Weinrib, autoevidente e acima de controvérsias.

Ademais, ante os exemplos tratados anteriormente – responsabilidade objetiva, contratos de seguro, direito de família –, o caráter essencialista do formalismo jurídico não se mostra inteiramente apropriado para compreender as práticas, o raciocínio e o discurso jurídico. Todavia, os problemas do método de conhecimento proposto pelo formalismo não se encerram no seu caráter essencialista ou "taxonômico", pois o formalismo não exige apenas que um conceito tenha semelhanças significativas entre suas características mais proeminentes.

O formalismo exige que determinado conjunto de características consideradas essenciais tenham uma estrutura unitária. A exigência de unidade é ainda mais elevada pois essa unidade não pode ser somente uma reunião de elementos circunstancialmente agrupados; a unidade deve formar um todo maior do que a soma das partes individuais, em que cada parte somente seja inteligível à luz de sua relação com todas as outras partes na formação do todo. Esse tipo especial – e particularmente exigente – de unidade Weinrib chama de coerência, e o direito, segundo ele, é um fenômeno cuja aspiração é alcançar a coerência (Weinrib, 1988, p. 969-971; 1995, p. 32-36).

5.2. A coerência e a tese da incomunicabilidade

Weinrib aproxima seu conceito de coerência ao de um mínimo de racionalidade interna fornecido pelas formas da justiça, isto é, pelas duas estruturas justificatórias que podem estar subjacentes ao direito. Já que se trata de uma aspiração nem sempre concretizada, no direito privado, por exemplo, a coerência aponta para a possibilidade de haver um tipo particular de conexão interna entre as características que ele enxerga como essenciais, como bipolaridade, imediatidade, igualdade capacidade para direitos e deveres, etc. A coerência é um atributo das relações jurídicas quando suas "[...] características [...] não podem subsistir em mútua indiferença que desconecte os elementos da demanda do autor uns dos outros e de seu ambiente processual e de adjudicação."[249] (Weinrib, 1995, p. 30, tradução minha).

Esse sentido de coerência é necessário porque é o único que não entra em conflito com outro aspecto do formalismo: a teoria do conhecimento

[249] No original: "[...] features [...] cannot subsist in a mutual indifference that disconnects the elements of the plaintiff's claim from one another and from their litigational and adjudicative environment."

baseada no paradigma da inteligibilidade imanente ao material jurídico, de que tratei no item anterior[250] (PERRY, 1993, p. 600).

Como inteligibilidade imanente e coerência se apoiam mutuamente e Weinrib considera essa circularidade não problemática, elas se sustentam ou falham juntas. Segundo Stick, Weinrib pretende fornecer uma abordagem compacta e altamente abstrata dos fundamentos de racionalidade do direito que se mantêm ou colapsam como uma unidade (STICK, 1992, p. 783).

Assim, o edifício teórico construído pelo formalismo jurídico depende da demonstração da necessidade do critério de coerência adotado e, consequentemente, da necessidade da tese da incomunicabilidade entre as formas da justiça corretiva e justiça distributiva num mesmo arranjo jurídico que, como no caso da responsabilidade objetiva, implica considerá-la um erro conceitual.

Conforme expus no capítulo 2, só é inteligível juridicamente o que aderir, de maneira coerente, às formas da justiça corretiva ou distributiva. Dado que o direito ordena as relações jurídicas, o conteúdo dessas relações deve ser a concretização estruturalmente coerente de uma dessas duas formas. Ademais, se o "jurídico", no formalismo, é mais amplo do que o "positivo", o que de "jurídico" um certo conteúdo tiver será inteligível na medida de sua adequação coerente a uma das duas formas da justiça (WEINRIB, 1988, p. 982).

No entanto, o problema com esse critério de coerência deriva da tese da incomunicabilidade entre as formas da justiça. A não ser que Weinrib tenha uma boa razão para adotar esse critério sobre outros modelos de coerência, a vedação à combinação entre as estruturas justificatórias que esse critério impõe – tese da incomunicabilidade – e que leva o formalismo a considerar a responsabilidade objetiva um erro jurídico não se sustentará.

[250] Perry afirma que a teoria formalista do direito é uma teoria sobre a justificação jurídica e que ela pode ser resumida em três teses que se sustentam mutuamente. A tese internalista afirma que as justificações devem ser internas ao direito e que, para isso, a perspectiva do teórico também deve ser interna, o que a torna equivalente à tese da inteligibilidade imanente. A tese integracionista afirma que as justificações válidas para o formalismo estão expressas num tipo especial de unidade, a coerência, em que o todo é maior do que suas partes constitutivas. Ele critica essa tese em função da pureza principiológica que impõe e por ser uma forma de antipluralismo moral e jurídico insustentável. Por fim, a tese racionalista, centra-se na justificação da normatividade do direito com base em um conceito controvertido – e longe de ser autoexplanatório – de agente racional (*rational agent*) (PERRY, 1993, p. 598-600).

Essa abordagem da coerência, no entanto, é diferente da noção de coerência que atualmente se atribui às teorias que tem sido chamadas de "coerentistas" – como a teoria do direito como integridade, defendida por Ronald Dworkin –, e uma breve explicação dessas diferenças será útil para a compreensão da posição weinribiana.

5.2.1. Teorias coerentistas

Sobre o cenário contemporâneo em teoria do direito no mundo anglo-saxão, William Edmundson, provocativamente, afirma que: "Agora todos somos coerentistas, assim como todos fomos keynesianos em algum momento."[251] (EDMUNDSON, 1994, p. 1, tradução minha). Segundo ele, embora o coerentismo metafísico e epistemológico[252] seja, desde muito tempo, influente na filosofia geral, trata-se da última moda na teoria do direito, capitaneada sobretudo pelas ideias de Ronald Dworkin, que lhe atribui um papel central em sua teoria da adjudicação. O autor cita também Michael Moore, Jack Balkin e Ernest Weinrib como autores que, cada um à sua maneira, aderiram à ideia de que a coerência é um elemento indispensável na elaboração de suas teorias do direito (EDMUNDSON, 1994, p. 1).

Todavia, eles não são os únicos. Julie Dickson cita ainda, no contexto anglo-saxão, Neil MacCormick, Susan Hurley e Barbara Levenbook e destaca também o importante papel que a coerência desempenha, como uma virtude especial na interpretação jurídica, no trabalho de filósofos do direito contemporâneos da tradição europeia-continental, como o polonês Aleksander Peczenik, o alemão Robert Alexy e o finlandês Aulius Aanio (DICKSON, 2010, p. 22).

[251] No original: "We are all coherentists now, just as surely as we were all Keynesians once upon a time."

[252] O coerentismo metafísico é a visão de que a verdade de um conjunto de enunciados não consiste em sua correspondência com nada "lá fora" (reação à teoria da correspondência), mas em sua coerência uns com os outros. Já o coerentismo epistemológico é uma reação ao fundacionalismo, que defende que há crenças que estamos justificados a aceitar sem argumentos, desde que haja pelo menos uma crença que seja autojustificada e da qual decorram todas as demais. O coerentismo epistemológico se ocupa não da verdade, mas da justificação ou dos critérios de garantia de algo para ser verdadeiro. É a visão de que, para um certo conjunto de enunciados, é justificado acreditar em um enunciado particular dentro daquele conjunto apenas se o enunciado for coerente com algum outro conjunto de enunciados em que já se acredita (EDMUNDSON, 1994, p. 2-3).

Portanto, Ernest Weinrib não está sozinho em suas preocupações com a coerência do direito. Em vista disso, teço algumas considerações gerais sobre as teorias coerentistas do direito contemporâneas para esclarecer em que medida o papel desempenhado pela coerência no formalismo dialoga com o que vem sendo elaborado por outros teóricos dessa mesma linha.

Como não seria possível fazer uma comparação direta entre o coerentismo weinribiano e as posições de todos os autores citados, diante dos limites desta tese e em face de seus objetivos gerais, este item conterá uma apresentação geral dos objetivos das teorias coerentistas e da versão mais discutida delas no mundo anglo-saxão: a ideia de direito como integridade, defendida por Ronald Dworkin.

Ainda que seja crítico da suposta importância que as teorias coerentistas do direito atribuem a essa ideia, Edmundson afirma que a coerência, no sentido de inteligibilidade e de consistência lógica entre proposições jurídicas, é uma virtude que deve ser perseguida em todas as esferas, inclusive, evidentemente, na esfera jurídica (EDMUNDSON, 1994, p. 5).

Essa coerência filosoficamente "pouco ambiciosa" seria, por exemplo, a coerência que a dogmática jurídica tenta alcançar. O esforço de organizar um campo do direito por meio da junção da legislação vigente e da jurisprudência dos tribunais com a produção de uma teorização que forneça diretrizes para uma leitura coerente da prática é o espaço que Edmundson vê para a coerência no direito (EDMUNDSON, 1994, p. 5).

Todavia, ele sublinha que não é isso que as teorias coerentistas pretendem fazer. A maioria dos coerentistas considera que a coerência é uma espécie de virtude maior do direito, com grande potencial explicativo para guiar o teórico ou o intérprete, algumas vezes ambos, na direção da melhor teoria ou da melhor solução para o caso (EDMUNDSON, 1994, p. 6).

Dickson chama a atenção para o mesmo fato. Aqueles que defendem a coerência no direito defendem-na assumindo que se trata de uma virtude especial global do direito ou uma virtude a ser perseguida no âmbito da interpretação do direito. O papel que a coerência desempenha no raciocínio jurídico deve ser ir além da mera consistência lógica entre proposições. Em termos gerais, a coerência é vista como a congruência de proposições e normas jurídicas no sentido da realização de um valor comum ou de um conjunto de valores (DICKSON, 2010, p. 23-25).

Ken Kress partilha dessa mesma ideia básica, mas sugere que a coerência é um conceito que pode incluir até sete propriedades, em diferentes combinações e graus: (i) consistência, quando princípios e proposições que compõem a teoria são logicamente congruentes entre si; (ii) abrangência, quando a teoria fornece respostas para todas as possíveis questões dentro de seu escopo, sendo uma das respostas possíveis a de que "a teoria não pode resolver essa questão"; (iii) completude, quando a teoria fornece respostas corretas únicas para cada uma das possíveis questões contidas em seu escopo, sem deixar lacunas, sem deixar questões sem solução. São teorias em que vale a teoria da bivalência, cada uma de suas proposições é ou verdadeira, ou falsa, não havendo indeterminação ou outros valores de verdade atuando em seu âmbito; (iv) monismo principiológico, quando a teoria provém de um único princípio; (v) unidade (ou relações internas), quando seus princípios implicam, justificam ou sustentam uns aos outros; (vi) expressividade (ou inteligibilidade), quando os métodos para decidir questões, integrar e unificar os princípios propostos pela teoria e resolver conflitos entre princípios rivais são expressados articuladamente pela linguagem e, portanto, vão além de "técnicas intuitivas"; por fim, (vii) justificação, a propriedade da teoria que usa razões na resolução de conflitos (Kress, 1996, p. 533-534).

Kress acredita que o que motiva os teóricos a elaborar teorias coerentistas, sejam elas do direito, sejam da moral ou da verdade, é o apelo quase intuitivo que exerce a ideia de que é desejável ou até mesmo necessário que uma teoria, para ser uma teoria, seja coerente. Isso porque o que é coerente é "[...] inteligível e forma uma unidade racional, compreensível, em vez de uma colcha de retalhos. [...] parece que verdade, moralidade, justiça (e talvez crenças justificadas) devem ser coerentes."[253] (Kress, 1996, p. 536, tradução minha).

Ademais, sobretudo no direito, parece haver muitos elementos que, à primeira vista, fornecem boas razões para sustentar uma teoria coerentista; por exemplo, a ideia de que o direito é uma "trama sem costuras" (*seamless web*), de que ele consiste em um fenômeno holístico, de que seus precedentes (e, eu acrescentaria, também a legislação) exercem uma força gravitacional por todo ele, de que o argumento, por analogia, tem um significado especial no direito ou de que todos são iguais perante a lei (Kress, 1996, p. 536).

[253] No original: "[...] intelligible and forms a rational, understandable unity rather than a patchwork quilt. [...] it appears that truth, morality, justice (and perhaps justified belief) must be coherent."

Contudo, o mesmo Kress afirma que, em geral, os autores coerentistas discordam sobre um ponto absolutamente fundamental: o que coerência significa. Cada teórico dá um peso e defende uma combinação distinta das sete propriedades da coerência citadas, de modo que, além de discordar dos teóricos que rejeitam a ideia de que o direito seja ou possa vir a ser coerente, como alguns positivistas e os *crits* (teóricos críticos do direito), os coerentistas discordam também entre si (KRESS, 1996, p. 536).

Apesar desse contexto de dissonância, há um reconhecimento generalizado de que Ronald Dworkin é o mais influente teórico coerentista contemporâneo.[254] Ele defende que um sistema jurídico coerente, nos termos do direito como integridade, é moralmente mais legítimo do que sistemas menos coerentes (DICKSON, 2010, p. 24, KRESS, 1996, p. 533-539).

Na abordagem dworkiniana do direito como integridade, os juízes devem perseguir o valor da coerência em suas decisões por meio da interpretação do direito como se estivesse falando "como única voz", isto é, identificando direito e deveres como se tivessem sido criados por um único autor, "a comunidade personificada" (*the community personified*) ou, para usar o termo escolhido por Dworkin, como uma "comunidade de princípios" em que os membros da comunidade aceitam que estão ligados pelo fato de que seus direitos e suas responsabilidades são governados por princípios comuns (DWORKIN, 1998, p. 214, DICKSON, 2010, p. 24).

Para Stick, o desafio de ser um coerentista como Dworkin é fornecer uma descrição da relação entre proposições novas e proposições já existentes que justifique a nova proposição sem se utilizar do processo de implicação dedutiva. Dworkin procura explicar esse processo usando a noção de adequação (*fit*) (STICK, 1992, p. 781-782).

Edmundson, que é um crítico das teorias coerentistas, afirma que no caso de Dworkin, o problema começou justamente com o ataque de H. L. A. Hart ao positivismo em *Levando os direitos a sério* (DWORKIN, 2002). Para Edmundson, movido pela tentativa de resolver o problema da legitimidade, Dworkin transformou o direito em uma "espuma de poliuretano, fluindo e buscando lacunas e se expandindo para preenchê-las."[255] (EDMUNDSON, 1994, p. 6, tradução minha).

[254] Sobre o modelo coerentista do direito como integridade, ver Dworkin (1998), especialmente os capítulos 6 e 7.

[255] No original: "[...] polyurethane foam, flowing and seeking out the gaps and expanding into them to shut them up."

Isso porque a atividade de preencher as lacunas do direito é uma função legislativa que, portanto, os juízes não podem legitimamente exercer. Assim, é preciso rejeitar a concepção hartiana de que em certas circunstâncias o juiz age discricionariamente preenchendo lacunas e criando regras jurídicas novas. E, para isso, é preciso que o direito, por natureza, seja algo diferente do que foi descrito por Hart, pois a adjudicação só estaria legitimada se fosse um exercício de aplicação de direitos e deveres preexistentes. Assim, segundo Edmundson, a ideia dworkiniana de coerência transforma o direito nessa "espuma" capaz de preencher todos os espaços (Edmundson, 1994, p. 6). Nessa concepção, o direito não tem lacunas (Dickson, 2010, p. 9).

Stick acrescenta que a tarefa enfrentada pelos coerentistas é descrever uma relação racional entre proposições que seja menos rígida e restritiva do que a implicação lógica, mas que, no entanto, tenha força suficiente para invalidar certas proposições e interpretações novas. Dworkin procura resolver esse desafio defendendo o modelo do direito como integridade. O formalismo weinribiano altera a visão do que seja a tarefa das teorias coerentistas, apresentando uma compreensão de coerência que é mais rígida e exigente do que a mera implicação lógica contra a qual as teorias coerentistas costumam se insurgir (Stick, 1992, p. 783).

5.2.2. Formalismo e coerência: uma segunda análise

A concepção de Weinrib de coerência é muito diferente da concepção dworkiniana ou mesmo das concepções mais comuns de coerência citadas por Ken Kress e apresentadas no item anterior. No capítulo 2, apresentei os contornos gerais da ideia de coerência como critério de verdade para o formalismo e, para a discussão desse critério, vale uma breve recapitulação.

Weinrib defende que a unidade, representada pela coerência, é o elemento mais importante da forma, sobrepondo-se, em importância, aos dois outros elementos que são caráter e tipo/classe, e que esse seria o fator de diferenciação entre formalismo e essencialismo. Ainda que Weinrib não tenha sido bem-sucedido em diferenciar o formalismo do essencialismo, é preciso analisar o critério da coerência separadamente.

A inteligibilidade do direito depende da apreensão da forma, e a apreensão desta dependa da identificação de seus três aspectos constitutivos: caráter, tipo/gênero e unidade, sendo a unidade especialmente caracterizada. A essa unidade especial, Weinrib dá o nome de "coerência" (Weinrib, 1995, p. 12-29).

Para o formalismo weinribiano, o conceito de coerência é de importância basilar. Como critério de verdade no formalismo jurídico, a coerência é a medida do acerto de um sistema jurídico, pois, quanto mais coerente, mas sofisticado será considerado. Ao revés, a incoerência é a medida do erro. Não se trata de negar que a realidade seja da maneira como é, mas de ter um ponto fixo para a crítica, contrastando a prática jurídica com a correta conceptualização do formalismo sobre o direito, isto é, com a adesão às formas da justiça.

Outra maneira de colocar esse ponto é que a coerência com a forma da justiça corretiva ou com a forma da justiça distributiva permite avaliar o grau de convergência entre *lex*, direito positivo, e *ius*, conceito de direito que marca o território do "especificamente jurídico" para o formalismo (WEINRIB, 1988, p. 972-973).

Assim, enquanto um critério de inteligibilidade a que a prática jurídica pode ou não se adequar, Weinrib sustenta que a coerência é uma aspiração que marca os sistemas jurídicos como sofisticados ou não. Para ele, o direito, nos sistemas jurídicos sofisticados, valoriza e tende à coerência, o que não significa que não possa conviver com algum grau de incoerência, por exemplo, em regras jurídicas ou decisões judiciais específicas (WEINRIB, 1995, p. 12-13).

Se a coerência é o valor de verdade do formalismo e isso implica dizer que, no formalismo, o direito tem um impulso em direção à coerência pois aspira a ela, então se trata de um valor global do direito. Na divisão sugerida por Raz entre abordagens coerentistas do direito e abordagens coerentistas da adjudicação, vejo o formalismo, antes de tudo, como uma teoria do primeiro tipo. A preocupação com a tomada de decisão coerente pelo juiz decorre da possibilidade de se enxergar a coerência como valor global atribuído ao fenômeno jurídico como um todo, do qual o processo de adjudicação é apenas uma parte (DICKSON, 2010, p. 25).

Se determinado arranjo jurídico é coerente com a forma da justiça que, conceitualmente, torna esse arranjo juridicamente inteligível, então é possível julgá-lo como um acerto. Esse é o caso, segundo o formalismo, da responsabilidade baseada na culpa de que tratei no capítulo 4.

No formalismo, os elementos que devem ser coerentes entre si incluem, no nível da prática, a legislação (constituição, códigos, leis, etc.), os precedentes e até os votos dissidentes, que, como observa Weinrib, podem ser mais coerentes com as formas da justiça do que o voto vencedor. Num nível de abstração acima, a coerência deve estar na dogmática jurídica e na teoria jurídica, isto é, em todo o conhecimento especializado sobre o direito, que ainda deve levar em conta o arcabouço institucional e as crenças dos profissionais do direito (e até dos cidadãos comuns). Acima do nível conceitual das doutrinas e dos comentadores, estariam as formas da justiça. Diferentemente de Dworkin, aqui não há "comunidade de princípios". Cada elemento deve aspirar à coerência entre os elementos que o compõem – coerência horizontal –, mas tudo isso à luz do mais alto nível de abstração e generalidade, o nível das formas – coerência vertical –, de maneira que, para Weinrib, a coerência tem um papel muito mais abrangente do que normalmente se atribui às teorias coerentistas da adjudicação.

Segundo Kress, uma teoria coerentista deve, além de prover uma base, explicar como modificar essa base para produzir direito novo ou o que deve ocorrer quando as normas jurídicas não são coerentes. Ele afirma que, em geral, os teóricos coerentistas concordam que alguma modificação da base deve ser permitida (KRESS, 1996, p. 533-539). Como afirmei anteriormente, o formalismo weinribiano largamente ignora essas questões, já que não trata da autoridade do direito positivo e não traz nenhum elemento para explicar como se produz direito novo. O direito positivo é encarado como um dado à disposição do formalismo, que irá analisá-lo à luz das formas da justiça. A dimensão prescritiva da teoria também é vaga no que se refere às normas jurídicas incoerentes. Mesmo no caso do direito privado, Weinrib não afirma taxativamente que, para ser coerente, o direito privado contemporâneo deve passar por profundas reformulações e não explora as dificuldades de uma tal agenda de reformas.

O foco do formalismo é a coerência justificatória entre o material jurídico e as formas da justiça. O formalismo jurídico se encaixa no que Kress chama de "teorias de coerência normativa". Estas se caracterizam por serem teorias coerentistas focadas numa área normativa, como sugere Weinrib quando fala do direito privado, no qual a coerência faz o trabalho justificatório (KRESS, 1996, p. 540).

Assim, como na teoria coerentista defendida por Dworkin, a coerência é, no formalismo weinribiano, uma exigência que se observa ao longo do tempo, e o direito, como uma prática que aspira à coerência, deve persegui-la no tempo. Assim, algumas incoerências pontuais são aceitáveis e não infirmam o critério de coerência adotado. No formalismo, a coerência é uma ideia reguladora (KRESS, 1996, p. 540; DWORKIN, 1998, p. 217-219).

No que concerne às sete técnicas para reduzir ou resolver conflitos entre princípios, isto é, para diminuir a indeterminação, Kress sugere que o formalismo é uma teoria que adota duas das técnicas mais importantes: o monismo e a unidade de relações internas.

A visão formalista do direito privado, na qual este está justificado e é inteligível pelo princípio da justiça corretiva, seria uma versão do monismo estrito, que requer que a teoria inteira "flua" de e para um princípio mestre, de maneira que cada subprincípio esteja implícito no e vinculado ao princípio mestre e, ao mesmo tempo, todos os subprincípios fluam do princípio mestre em harmonia entre si, formando um todo (KRESS, 1996, p. 543-544).

Na mesma linha, Izhak Englard caracteriza como monista a teoria da responsabilidade civil desenvolvida por Weinrib. Para Englard, diferentes teorias monistas têm em comum a visão idealista da possibilidade de dominar a realidade pelo uso da razão (ENGLARD, 1993, p. 30-47).

Todavia, essa interpretação do papel da coerência no formalismo é parcialmente correta. O formalismo jurídico é mais amplo do que a teoria formalista do direito privado e engloba duas formas que tornam as diferentes áreas do direito inteligíveis e justificadas. A teoria do direito privado é apenas uma parte da teoria geral do direito, que é composta de dois "princípios" – para usar o mesmo termo com o qual Kress equivocadamente se refere às formas –, que são a justiça corretiva e a justiça distributiva.

Assim, seguindo a classificação apresentada por Kress, conclui-se que a teoria weinribiana, vista como uma teoria geral do direito, não é uma versão do monismo estrito, mas se trata de um quase-monismo ou de um dualismo estrito: a coerência, na teoria formalista, é alcançada quando tudo flui de e para um dos dois princípios estruturais (formais) irredutíveis um ao outro. Cada área do direito tem um ou outro desempenhando a função de "princípio mestre" (KRESS, 1996, p. 544).

A segundo técnica citada – unidade das relações internas – aplica-se ao formalismo. Sabe-se que, no formalismo, a coerência representa o elemento relativo à unidade requerida pela forma. A coerência formal é um tipo específico, extremamente estrito, de unidade, pois nela o todo não é a mera justaposição das partes, mas um tipo especial de unidade em que o todo é maior do que a mera soma (agregação) das partes. Na visão de Weinrib, as formas da justiça expressam essa unidade irredutível e incomunicável entre si, as formas da justiça são a representação mais abstrata e geral desse todo que é maior do que a agregação de suas partes. O critério de unidade só é satisfeito se houver coerência interna nos arranjos jurídicos. Dentro do escopo de cada forma, a coerência atuará como o "princípio mestre". Por exemplo, para o direito privado ser uma correta concretização de sua forma (justiça corretiva), deve apresentar elementos internamente coerentes entre si. Juntas, essas duas unidades (justiça corretiva e distributiva) dão conta de todo o direito (Kress, 1996, p. 545).

Vale ressaltar que, embora não faça referência a Weinrib quando discute o conceito de unidade, Kress expressamente afirma que, em geral, versões "fortes" do monismo implicam alguma versão do conceito da unidade, isto é, algum tipo especial de relação interna entre os elementos que devem ser coerentes (Kress, 1996, p. 545).

Então, no formalismo, o direito globalmente considerado não tem um único "princípio mestre", mas sua coerência global é o produto final da coerência de cada uma de suas áreas com uma das duas formas. Juntas, as duas formas da justiça, que impõem uma coerência interna entre todos os elementos sob seu abraço normativo, fornecem as condições de inteligibilidade do direito.

No entanto, voltando ao ponto enunciado no item anterior, embora a coerência no formalismo jurídico tenha alguns elementos similares a outras teorias coerentistas, o ponto central de diferenciação é o rigor de seu critério de coerência, que, argumenta Stick, é mais austero do que o modelo de implicação lógica contra o qual as teorias coerentistas costumam se insurgir. Essa característica é fruto de um aspecto surpreendente da teoria formalista: o formalismo jurídico é, ao mesmo tempo, formalista e coerentista, quando, em geral, teorias coerentistas costumam ser definidas – por oposição a teorias formalistas – como teorias que negam que todo argumento jurídico cogente possa ser explicado em termos de implicações lógico-dedutivas (Stick, 1992, p. 782).

Desta forma, Weinrib defende o que chamei de "tese da incomunicabilidade das formas da justiça", por sustentar, por exemplo, que a responsabilidade civil só será coerente com a estrutura do direito privado se for coerente com a justiça corretiva. A ideia de que sistemas jurídicos sofisticados, tanto em *common law* como em *civil law* igualmente, só serão coerentes se suas estruturas justificatórias tenderem à adequação às formas da justiça mostra, ao mesmo tempo, o quanto Weinrib enxerga, para o direito, somente esse modelo de intelecção, avaliação e justificação jurídica como possível e quão elevada é sua expectativa de que esse modelo seja útil para explicar tantos sistemas jurídicos distintos.

Stick argumenta que mesmo a teoria coerentista defendida por Dworkin, a qual defende a tese da resposta certa, considera que essa resposta certa é determinada pela história institucional de cada país e pelas características particulares de cada sistema jurídico (Stick, 1992, p. 783). Dworkin esclarece que a teoria do direito que ele defende está direcionada para uma democracia liberal ocidental nos moldes da norte-americana. Já Weinrib acredita que a combinação entre inteligibilidade imanente das formas da justiça corretiva e distributiva, critério de coerência e tese da incomunicabilidade formam um conjunto de ferramentas útil para a compreensão das racionalidades em jogo em qualquer sistema jurídico sofisticado e que, se levarmos a sério a dimensão prescritiva do formalismo, essa também é uma teoria cujo critério estrito de coerência estrutural deveria ser igualmente aplicável a qualquer sistema jurídico sofisticado.

Ao mesmo tempo, o exemplo preferido de Weinrib, a responsabilidade civil, parece ser o único campo em que a teoria realmente mostra algum potencial explicativo claro, apesar dos problemas que concluí estarem presentes na análise formalista.

Fato é que, conforme discutido no capítulo 2, a coerência desempenha tanto o papel de critério de "juridicidade" do direito na concepção ampliada de direito defendida pelo formalismo, em que *ius* é um fenômeno mais amplo que *lex*, quanto de aspiração a que o direito deve tender. Isso mostra que o que de mais "coerentista" o formalismo weinribiano possui é a evidenciação, em face dessa dupla função, de que a coerência é o ponto intencional ou o valor para o qual o direito deve se orientar.

Diferentemente das teorias coerentistas, no entanto, nesse nível mais geral e formal em que o formalismo fala de coerência – isto é, coerência como uma expressão de um tipo especial de unidade, que, junto com os demais elementos (caráter e tipo/classe), permite compreender a forma subjacente a uma determinada área do direito – não parece ser necessário recorrer a técnicas para atingir a coerência, como equilíbrio reflexivo, ordem lexical, escopo, preempção ou metaprincípios. Embora neste ponto Weinrib seja silente, é possível afirmar que é este o caso, posto que o formalismo não se indaga da coerência entre princípios substantivos presentes dentro do direito, mas olha apenas para a coerência estrutural deste.

5.2.3. Irredutibilidade e incomunicabilidade entre justiça corretiva e justiça distributiva

Um dos pilares do formalismo de Weinrib é sua convicção quanto a ter encontrado as duas ideias mais gerais e abstratas capazes de expressar as características essenciais das relações externas. Nele, justiça corretiva e justiça distributiva não são princípios substantivos, são as formas – estruturas justificatórias – mais gerais e abstratas implícitas no direito, das quais as áreas específicas do direito devem ser a concretização coerente.

Weinrib afirma que as formas da justiça corretiva e distributiva são o topo da hierarquia de racionalização dos elementos que estruturam os conceitos jurídicos. Não há nada que possa ser racionalmente pensando acima delas, não há uma supra abstração que as combine coerentemente; trata-se do limite à abstração racional que o método formalista de conhecimento do direito defende.

Por serem as formas mais gerais e abstratas de organização das relações jurídicas, elas também não podem ser combinadas coerentemente numa mesma relação. Cada uma traz em si as características essenciais de um tipo de relação. A combinação geraria incoerência, advinda da mera justaposição de características não internamente coerentes.

O formalismo sustenta, assim, duas teses: (i) a tese da irredutibilidade das formas da justiça a uma supraforma que as combine, reduzindo-as a uma única; e (ii) a tese da incomunicabilidade entre as duas formas numa mesma relação jurídica ou numa mesma área do direito, sob pena de incoerência. É essa segunda tese que condena a responsabilidade objetiva a ser considerada um erro jurídico ou uma monstruosidade conceitual, justamente porque a responsabilidade objetiva promove essa combinação de estruturas justificatórias.

Como discuti no capítulo 4, é verdade que algumas regras de responsabilidade objetiva podem ser reinterpretadas como extensões do critério da culpa, como no caso da responsabilidade objetiva do empregador por atos do empregado no curso do trabalho (*respondeat superior*). No entanto, outras regras de responsabilidade objetiva efetivamente afastam o critério da culpa e, ainda que a razão por trás desse afastamento seja a impossibilidade prática de a vítima provar a culpa, isso gera uma mudança na lógica de enfrentamento do problema. Essas regras passam a operar na lógica de implementação de esquemas compulsórios de solidarização entre todas as possíveis vítimas de um mesmo dano. O exemplo sugerido anteriormente foi o dos danos de consumo. A regra da responsabilização objetiva do fabricante ou do distribuidor de um produto torna todos os consumidores daquele produto potencialmente solidários uns com os outros, numa estrutura claramente distributiva.

Esses consumidores estão numa relação mediata uns com os outros enquanto partes do grupo compulsoriamente solidarizado via regra de responsabilização. No entanto, essa dimensão do fenômeno escapa ao formalismo, pois, no momento do afunilamento efetuado pelo formalismo para a relação jurídica e, sobretudo, para a ação de responsabilidade civil, esta somente lhe permite enxergar as relações bipolares entre duas partes, ou seja, a relação que se forma entre o fabricante ou o distribuidor quando o consumidor o processa em virtude de um dano. A *rationale* da responsabilidade objetiva se reduz à estrutura corretiva, e o teórico formalista conclui pela sua incoerência com essa estrutura.

Consequentemente, é a tese da incomunicabilidade das formas da justiça que permite ao formalismo sustentar, do ponto de vista conceitual, que a responsabilidade objetiva é um erro jurídico, se considerada como parte do direito privado. A dimensão prescritiva do formalismo faz com que a solução para a incoerência seja a exclusão de regras de responsabilidade objetiva do âmbito do direito privado, possivelmente devendo ser "coerentemente" realocada no direito público.

O ganho descritivo que a teoria formalista do direito promove é permitir enxergar a intencionalidade distributiva que anima as regras de responsabilidade objetiva em combinação com a estrutura corretiva de solução de conflitos. Todavia, mesmo esse ganho descritivo só é possível se se abandonar a relação jurídica como único ponto de vista de análise, se o teórico expandir o olhar para além da ação de responsabilidade civil e, portanto, se o formalismo se reformular de maneira a incorporar uma dimensão que explique como as regras jurídicas positivas coordenam esforços sociais, e não apenas quais estruturas formais elas concretizam.

Assim, a coerência interna e a tese da incomunicabilidade geram problemas tanto para o potencial descritivo quanto para o potencial prescritivo do formalismo. Do ponto de vista prescritivo, isto é, do ponto de vista avaliativo e justificatório que o formalismo assume, como já expus, afirmar que a responsabilidade objetiva é incoerente com a forma da justiça corretiva deixa apenas uma alternativa: sua exclusão do campo do direito privado e sua possível reestruturação dentro do direito público. Vale ressaltar, no entanto, que as questões de factibilidade e viabilidade política de uma possível reestruturação do direito privado dessa natureza não estão dentro da esfera de preocupações do teórico formalista, e Weinrib não chega sequer a assumir textualmente essa hipótese.

O que fica evidente – pela observação da demanda formalista por coerência no caso da responsabilidade objetiva, dos contratos e do direito de família – é que essa exigência fica enfraquecida pela incapacidade da teoria formalista de dar conta dos interesses, das razões e das necessidades humanas.

Patterson observa que as razões e os interesses humanos formam um ponto de vista, uma perspectiva por meio da qual elementos materiais são definidos, criados e alocados sob um conceito ou uma categoria. Mas, diferentemente do que sugere a defesa da inteligibilidade imanente, esse ponto de vista orientado por razões, necessidades e desejos humanos é que forja a relação entre forma e conteúdo, pois os conceitos não têm a existência *per se* que o essencialismo formalista lhes atribui (PATTERSON, 1996, p. 41-42).

Por isto, não é possível falar de uma relação imutável entre os elementos formais e materiais de um conceito. Os desejos, as necessidades e as razões humanas que forjam essa relação são mutáveis e, então, esses conceitos também o serão.

Em conclusão, não é possível encontrar boas razões que justifiquem a necessidade de adoção desse critério de coerência e, consequentemente, da tese da incomunicabilidade, pois, como observado no caso da responsabilidade objetiva, mas também nos já citados contratos de seguro e no direito de família, a epistemologia formalista, diante do que considera erro conceitual, em vez de ser um requisito para a intelecção, impede a correta intelecção das circunstâncias mais amplas que levam o direito a regular a comunidade daquela forma.

Não é necessário abandonar a proposta formalista de montar um ferramental analítico preciso para demonstrar que não há razões a sustentar a total incomunicabilidade entre justiça corretiva e justiça distributiva. A relação entre forma e conteúdo e o olhar primeiro sobre a forma auxiliam na inteligibilidade dos fenômenos jurídicos ao trazer à luz as duas estruturas de racionalidade que podem estar presentes no direito. Mas a apreensão da estrutura subjacente não é suficiente para a compreensão do direito como um todo. A compreensão do que faz uma coisa o que ela é passa por compreender quando e por que essa coisa é híbrida ou por que é o resultado da combinação de diferentes racionalidades. As formas ajudam a entender essas combinações, mas não é necessário nem prudente aceitar o aspecto prescritivo do formalismo.

O formalismo deixa de fora inúmeros elementos importantes – como a questão da autoridade do direito positivo, o processo de criação e de mudança do direito, a visualização das relações jurídicas por uma perspectiva mais ampla do que a do processo judicial – que qualquer indivíduo vivendo sob a égide do direito consideraria fundamental.

Uma postura epistemologicamente defensável é afirmar que o formalismo auxilia na compreensão conceitual das coisas no mundo, mas que deixa de auxiliar nesse processo quando para ao encontrar o que considera um erro. O caso da responsabilidade objetiva é exemplar. O formalismo ajuda a enxergar que responsabilidade objetiva expressa a racionalidade distributiva numa moldura de justiça corretiva, o que a torna, daquele ponto de vista conceitual específico, um erro. O formalismo, no entanto, nada nos ensina acerca do modo como lidar com a responsabilidade objetiva no mundo.

Como afirma Stick, deve-se incorporar "[...] as lições importantes da tentativa algo fora de moda e heroica do professor Weinrib de enrolar toda a responsabilidade civil numa bola e colocar para nós a decisiva questão de nossos deveres para com os outros."[256] (STICK, 1992, p. 803, tradução minha).

Nesse espírito, uma alternativa é assumir que Weinrib está parcialmente correto em afirmar que interpretar e justificar o direito com base nas formas é uma ferramenta útil, mas que o critério de coerência estrito e a tese da incomunicabilidade devem ser abandonados em prol de uma visão que busca explicar as estruturas híbridas ou combinadas.

Um exemplo de teoria que vai à fonte weinribiana é a teoria da complementaridade, desenvolvida pelo filósofo e teórico do direito israelense Izhak Englard (1993). Ele usa o exemplo do "*deep pocket doctrine*", a regra da atribuição do ônus da indenização para aquele réu que tiver mais recursos, para ilustrar seu ponto. É evidente que uma regra que leve em consideração a relativa riqueza do ofensor-réu é uma regra cuja *rationale* é dada pela

[256] No original: "[...] the substantial lessons of Professor Weinrib's unmodern and heroic attempt to roll all of tort law in a ball and pose for us the overwhelming question of out duties to one another."

forma da justiça distributiva. Sabe-se que Weinrib objetaria a essa regra afirmando que a combinação de aspectos distributivos à estrutura conceitual e institucional da responsabilidade civil, que é corretiva, geraria uma incoerência, pois os elementos fazem parte de formas de ordenação (racionalidades) distintas.

Ainda assim, fazendo uso de argumentos dotados de uma dimensão mais pragmática, Englard insiste que, intuitivamente, nosso senso de justiça não parece caminhar no sentido de repelir tal combinação de justificativas quando o réu rico, o *deep pocket*, é efetivamente culpado.

Assim, a manutenção do conceito de culpa é elemento fundamental. Presente a culpa do agente, mas em face de situação contextualmente determinadas, a combinação do elemento corretivo com o elemento distributivo parece mais racional do que a aplicação estrita do elemento corretivo. Englard defende uma abordagem mais dualista, que conceba a relação entre as formas da justiça não como racionalidades mutuamente excludentes, mas como racionalidades que podem ser complementares uma em relação à outra. A coerência, na teoria da complementaridade, é alcançada usando as técnicas já conhecidas das teorias coerentistas. As eventuais contradições são resolvidas pelo desenvolvimento de mecanismos adicionais como ordem de prioridade, sopesamento ou acomodação (Englard, 1993, p. 54-55).

Englard usa esse exemplo para ilustrar como razões não instrumentais, relativas à estrutura da relação entre as partes, podem ser combinadas com razões instrumentais: a causalidade pode ter o papel de determinar a moldura da relação, isto é, de definir que determinado autor está em relação com um determinado réu, mas, definido esse ponto, poder-se-á combiná-lo com o objetivo de dissuasão, sendo a responsabilidade imposta tanto com o objetivo de restaurar o autor à posição ocupada anteriormente à ocorrência do dano causado pela ação do réu quanto para que a indenização tenha um efeito dissuasório em outros potenciais ofensores.

Englard argumenta que essa abordagem pluralista pode gerar incoerências formais que não seriam resolvidas pelo critério estrito proposto por Weinrib, mas que o sistema, ainda assim, pode adotar critérios suplementares para diminuir a ocorrência ou eliminar incoerências e funcionar satisfatoriamente bem, quando comparado a alternativas mais incoerentes ou a alternativas de mudança politicamente inexequíveis, pois é dessa maneira que esse autor enxerga a alternativa weinribiana de transferir todas as preocupações distributivas para o campo do direito público (Englard, 1993, p. 55).

Weinrib poderia argumentar que nenhum desses críticos nem suas alternativas são fiéis à ideia de que justiça corretiva e justiça distributiva, no formalismo, são formas, e não princípios substantivos. Essa contra-objeção me parece equivocada, pelo menos no caso de Englard, que assume textualmente a importância de se levar em consideração as estruturas formais. [257]

De qualquer maneira, o ponto central deste capítulo não é articular uma alternativa ao formalismo weinribiano, mas apenas apontar como a assunção, pelo formalismo, das premissas da inteligibilidade imanente e da coerência como critério de verdade explica as conclusões equivocadas que essa teoria é forçada a elaborar, mesmo no campo do direito privado, em que ela própria defende ter elevado poder explicativo, e principalmente na área da responsabilidade civil.

[257] Essa conclusão é uma reformulação da conclusão que tracei em sede de dissertação de mestrado, onde argumentei que Englard havia cometido um equívoco na interpretação do formalismo weinribiano. Sobre essa conclusão, ver Barbieri (2008), especialmente capítulo 3.

6
Conclusão

A proposta deste livro foi analisar a relação entre o formalismo jurídico – teoria geral do direito elaborada por Ernest Weinrib – e a teoria mais específica e localizada que ele desenvolveu para explicar os fundamentos da responsabilidade civil enquanto uma subárea do direito privado, considerado por ele um campo inteligível com base na estrutura justificatória da justiça corretiva, ou "forma da justiça corretiva".

O objetivo geral do trabalho era compreender de que maneira a teoria formalista do direito determina a posição assumida por Weinrib acerca da responsabilidade civil e como e por que ele chega à conclusão de que a responsabilidade objetiva é um erro jurídico.

A principal hipótese do trabalho era que a rotulação da responsabilidade objetiva como erro jurídico era uma decorrência direta da aplicação de duas premissas básicas do formalismo: a premissa de que a inteligibilidade imanente é um paradigma para a compreensão do direito e a premissa de que a coerência estrita às estruturas representadas pelas formas da justiça é o critério de verdade do formalismo.

Com base nisso, o trabalho se desenvolveu seguindo as seguintes etapas. No capítulo 2, apresentei as principais teses que explicam as características, os objetivos e o escopo do formalismo jurídico. No capítulo 3, analisei onde e como o formalismo jurídico se posiciona no debate contemporâneo sobre metodologia na teoria do direito e, assim, como o caráter avaliativo e justificatório da teoria formalista fazem dela uma teoria prescritiva do direito. No capítulo 4, uni algumas das discussões do capítulo 2 – sobre as principais teses formalistas – e do capítulo 3 – sobre o seu caráter avaliativo e justificatório – para avaliar a relação entre a teoria formalista e a posição weinribiana de fundamentação da responsabilidade civil e de definição da responsabilidade objetiva como erro jurídico. Por fim, no capítulo 5, discuti criticamente as premissas da inteligibilidade imanente e da coerência que, argumentei, explicam a equivocada posição do formalismo jurídico de exclusão conceitual da responsabilidade objetiva do âmbito do direito privado. Com base nas conclusões parciais alcançadas ao longo dessas etapas, finalmente, concluo o que segue.

O formalismo jurídico weinribiano difere das visões tradicionais do formalismo, pois, embora defenda a clássica tese da separação entre direito e política e proponha olhar para o direito como um *lócus* de racionalidade autônoma, o faz com base em uma visão muito particular do que significa assumir um ponto de vista interno ao direito necessário para conhecê-lo corretamente, isto é, o faz com base em uma teoria do conhecimento a que ele nomeia "inteligibilidade imanente do direito" e que, segundo argumenta, lhe permite focar, com segurança, apenas nos elementos estruturais que compõem a racionalidade própria do direito.

Ademais, embora Ernest Weinrib tenha escrito quase exclusivamente sobre direito privado, o desenvolvimento do formalismo jurídico é um projeto teórico ambicioso e amplo, e Weinrib o considera uma teoria geral do direito. Essa pretensão de fazer uma teoria geral fica prejudicada pela insuficiência do desenvolvimento do argumento de que o direito público é o campo, por excelência, da forma da justiça distributiva e pela ausência de demonstração do modo como as relações mediatas e multipartes características dessa estrutura justificatória poderiam auxiliar na compreensão e no desenvolvimento das áreas que, imagino, seriam cobertas por ela, como o direito tributário e o direito administrativo.

A dicotomia entre justiça corretiva e justiça distributiva e o afunilamento que o formalismo propõe ao definir a relação jurídica como elemento básico de análise, mas dando especial ênfase às relações jurídicas quando chegam ao poder judiciário, são, por si só, problemáticas.

Se é difícil determinar a vantagem de se visualizar o direito público por essa lente – mesmo no direito privado, no qual Weinrib considera que o formalismo é especialmente esclarecedor –, o foco na relação jurídica – e, especialmente, nas ações de responsabilidade – se mostra um equívoco.

O direito privado, para o formalismo, é composto de três áreas – contratos, direito restituitório e responsabilidade civil –, e a razão para essa definição mínima de direito privado, excluindo direito de família, sucessões, fideicomissos e direito de propriedade, é que o formalismo escolhe explicar o direito privado pelo fenômeno da responsabilização, enxergando-o pelo prisma da relação que se estabelece entre duas partes quando há uma razão para iniciar uma ação de responsabilidade, ou seja, quando há quebra de um contrato, quando há enriquecimento sem causa de uma parte às custas de outra ou quando há um dano que uma parte causa, por sua ação, a outra.

Se o formalismo é uma teoria que procura trazer à luz as racionalidades implícitas no direito e se estas são representadas pela forma da justiça corretiva e pela forma da justiça distributiva, ele enxerga no direito privado elementos como bipolaridade, imediatidade da relação entre as partes, igual capacidade para direitos e deveres e outros que, tomados em conjunto, parecem expressar a forma da justiça corretiva, considerando-se o recorte fenomenológico já executado previamente com a escolha da relação jurídica como elemento básico de análise.

No entanto, esse foco esconde tensões que o formalismo simplesmente ignora. Uma delas diz respeito ao direito de família. Weinrib simplesmente não trata do assunto e não é à toa que restringe a análise formalista em termos da justiça corretiva apenas a contratos, responsabilidade civil e direito restituitório.

No direito de família, os deveres que os indivíduos guardam entre si não se encaixam nesse modelo de relação jurídica bipolar, imediata e estruturada pela forma da justiça corretiva. São deveres de pessoalidade, reciprocidade, solidariedade, auxílio e não abandono e até de afetividade – pois há doutrinadores e julgados que definem que os pais podem ser responsabilizados não apenas pelo abandono material, mas também psicológico e afetivo dos filhos –, que têm não apenas uma dimensão distributiva, mas também são fortemente condicionados pela moralidade pública. A relação jurídica entre pais e filhos e entre cônjuges não pode ser descrita apenas sob o prisma da responsabilização; e mesmo quando isso ocorre, como numa ação de alimentos, uma explicação que a reduza à ideia de que o pai deve indenizar o filho em função de um dano causado pela recusa no provimento de alimentos implica perder de vista outras dimensões normativas que afetam a intelecção da relação na esfera jurídica e que a estrutura formal corretiva não capta. Encaixar o direito de família na estrutura distributiva, embora pareça mais consentâneo com a ideia de solidariedade, também parece estranho se se pensar que, no formalismo, a estrutura distributiva é a estrutura subjacente ao direito público. Assim, também não é possível afirmar que o direito de família encerre a mesma racionalidade que áreas do direito público como o direito administrativo, o direito tributário ou o direito previdenciário.

Seria consentâneo com sua intelecção pelas formas da justiça concluir tanto que o direito de família deve ser parte do direito público – dada a racionalidade distributiva que informa muitas de suas regras e muitos de seus princípios constitutivos e que extrapola a relação imediata entre os envolvidos, abrangendo o interesse de toda a comunidade, especialmente no que concerne à proteção dos filhos menores –, quanto que pode ser parte do direito privado – dado que a estrutura da relação jurídica, quando levada à análise judicial (pais e filhos, maridos e esposas etc.), parece se adequar à forma da justiça corretiva de bipolaridade e imediatidade. Nenhuma dessas soluções, no entanto, capta a intencionalidade ou os valores que explicam essas regras e esses princípios, colocando em xeque o efetivo potencial explicativo atribuído por Weinrib ao formalismo.

Além do direito de família, que Weinrib não discute, o que verifiquei é que é preciso no mínimo cautela na análise das áreas do direito privado que o formalismo pretende explicar. O direito contratual traz inúmeros exemplos de contratos em que as abstrações da bipolaridade e a imediatidade da relação corretiva são um equívoco.

Os contratos de seguro são exemplos da aplicação da racionalidade formal da justiça distributiva no mundo contemporâneo, e não da racionalidade da justiça corretiva. Esses contratos permitem a formação de grupos de pessoas que não se conhecem, que não estão em relações imediatas umas com as outras, mas que se solidarizam em razão de um objetivo comum – em geral, usufruir, por meio do compartilhamento dos custos e do ônus de possíveis perdas entre todos, de certos benefícios que um contratante não conseguiria gozar plenamente sozinho. Exemplos que ilustram essa situação são os contratos de seguro de saúde e também de seguros contra acidentes pessoais.

Observei que, diante das pretensões prescritivas do formalismo jurídico weinribiano, conforme conclusão parcial elaborada no capítulo 2, Weinrib poderia argumentar que esses contratos são incoerentes com a forma da justiça corretiva que informa o direito privado e, portanto, no limite, a dimensão prescritiva do formalismo imporia a não criação de novos contratos desse tipo ou a sua exclusão do âmbito do direito privado, passando para o campo do direito público, onde já se encontram esquemas compulsórios de solidariedade, como o seguro obrigatório de veículos e o sistema geral de previdência social.

Todavia, essa solução gera uma distorção que enfraquece o apelo explicativo do formalismo. Os indivíduos que aderem voluntariamente a esses grupos de solidarização, por meio desses contratos, sabem que o contrato envolve uma relação jurídica entre ele, indivíduo que decide aderir ao fundo, e a empresa que o administra; portanto, existe uma maneira de olhar esses contratos que se encaixa na estrutura corretiva. Entretanto, o mesmo contrato tem outra dimensão implícita, pois, ao aderir a um fundo desse tipo, cada contratante passa a participar de uma relação mediata com todos os demais contratantes que tomaram a mesma decisão.

A primeira relação, entre o segurado-contratante e a seguradora-contratada, tem uma estrutura corretiva; é possível isolar essa relação jurídica contratual e afirmar que se trata de uma relação bipolar e imediata entre duas partes dotadas de interesses distintos, mas esse olhar não é capaz de captar a intencionalidade implícita nesse contrato. Assim, olhar apenas para as relações jurídicas contratuais individualizadas é, nesses casos, contar apenas uma parte da trama. Há outra dimensão desses contratos que envolve não apenas as relações contratuais individualizadas, mas a consideração do que elas representam em conjunto e a constatação de que envolvem todos os outros indivíduos que também aderiram ao grupo de solidarização e que estão em relação mediata entre si. Essa outra parte da trama diz respeito à intencionalidade das partes envolvidas ao criar esses fundos, que é distributiva. A estrutura subjacente ao conjunto de contratos individuais desse tipo pode ser considerada a expressão da justiça distributiva.

A dimensão de solidariedade implícita nesses contratos é perseguida pelos envolvidos. Eles só têm suas expectativas atendidas e compreendidas se o teórico que se propuser a explicá-las for capaz de perceber que a moralidade nela implícita tem uma dimensão distributiva, sem a qual ela deixa de ser o que é. Weinrib provavelmente afirmaria que os contratos desse tipo não são propriamente parte do direito privado, visto imiscuírem de maneira espúria questões distributivas na estrutura corretiva, gerando uma incoerência conceitualmente inaceitável. Todavia, o ponto é que compreender certos contratos, como os contratos de seguro, tendo como parâmetro o contrato descontínuo entre Caio e Tício – isto é, como o contrato promessa típico, que coerentemente concretiza os elementos da justiça corretiva – é um equívoco. O foco da análise apenas na relação jurídica entre as partes A e B não permite perceber que existem outras partes – B^2, B^3, B^4, ... Bn – que estão em relações imediatas do mesmo tipo com A e em relação mediata com B.

Conforme a conclusão preliminar traçada no capítulo 4, uma conclusão similar pode ser construída para a responsabilidade objetiva. Para um autor formalista, a responsabilidade objetiva será considerada um animal híbrido; os afetados pelas regras de responsabilidade objetiva estão numa relação mediata entre si, pois essas regras criam formas de solidarização compulsória, mas a estrutura de adjudicação une apenas duas partes: agente e vítima. O exemplo que citei foi da responsabilização no direito do consumidor. Todos que são consumidores são compulsoriamente solidarizados em função da regra positiva que define a responsabilidade objetiva do fabricante ou do vendedor do produto. O custo das indenizações é, no tempo, absorvido por todos os consumidores, mas, quando há um dano, aquele consumidor afetado somente precisa comprovar o dano para receber a indenização. A *rationale* é distributiva, mas a regra está inserida num arcabouço institucional característico da justiça corretiva. O consumidor afetado vai ao poder judiciário buscar a satisfação de seu dano apenas contra o fabricante ou o vendedor.

A importância de saber que o formalismo é uma teoria prescritiva (avaliativa e de justificação) reside na ideia de que a mera confrontação da teoria formalista com a presença da responsabilidade objetiva na prática não encerra a discussão. Ao contrário, nada impede que o formalista sustente que a prática está totalmente errada; embora não afirme algo tão forte textualmente, essa é uma interpretação possível.

Weinrib mais uma vez poderá afirmar que a responsabilidade objetiva faz parte do direito privado apenas porque é assim que as pessoas "falam" ou porque autoritativamente e erroneamente o direito positivo assim impôs, mas que, como é incoerente com a forma da justiça corretiva, não deveria ser parte do direito privado. Provavelmente, deveria ser deslocada para o direito público.

Já que a teoria formalista é prescritiva, concluo que é necessário criticá-la com base em um critério teórico, ou seja, é preciso apresentar razões teóricas para fundamentar a alegação de que a posição formalista acerca da responsabilidade objetiva é teoricamente equivocada.

A primeira razão discutida neste trabalho é que, do ponto de vista teórico, é possível observar semelhanças significativas entre responsabilidade com culpa e responsabilidade objetiva. Elementos que o próprio Weinrib destaca como fundamentais para a intelecção do direito privado ajudam a enxergar essas semelhanças como, sobretudo, o elemento da imediatidade da relação entre o agente causador do dano e a vítima.

A teoria formalista seria mais adequada para a compreensão da responsabilidade objetiva se a intelecção pela forma não estivesse atrelada ao pressuposto da inteligibilidade imanente. Weinrib atribui à inteligibilidade imanente um poder explicativo que o direito de família, os contratos e a responsabilidade objetiva desafiam.

A aplicação do método de conhecimento proposto de inteligibilidade imanente dos fenômenos jurídicos, combinada com a concepção estrita de coerência – tese da incomunicabilidade – pressuposta no formalismo, faz com que enxergar a dimensão distributiva dos contratos de seguro ou da responsabilidade objetiva equivalha a aplicar uma visão "externa" ao direito privado, impor critérios morais que provêm de fora de sua estrutura. Ao equiparar pelo mínimo todas as teorias que defendem premissas diferentes das duas supramencionadas, considerando todas elas, sem fazer distinções, versões do funcionalismo/ instrumentalismo que rechaça, Weinrib não fornece um bom critério para distinguir entre teorias que distorcem a descrição da natureza dessas relações privadas e não levam a sério o raciocínio e o discurso jurídico – como aquelas que desconsideram a relação que se forma entre autor e réu – e teorias que levam a sério as categorias, os conceitos e o discurso jurídico mas que procuram integrar a dimensão intencional e valorativa por trás de certas regras e princípios e consideram que a análise apenas sob o prisma das relações jurídicas individualizadas é demasiadamente restritiva.

No capítulo 5, concluí que a fonte desses equívocos remonta à premissa da inteligibilidade imanente – que contrariamente à pouco fundamentada tentativa weinribiana de diferenciar o formalismo do essencialismo, encerra uma visão essencialista do conhecimento do fenômeno jurídico – e à premissa da coerência como critério de verdade e da consequente adoção da tese da incomunicabilidade entre as formas da justiça corretiva e distributiva.

Forçar a conclusão de que responsabilidade objetiva é uma concretização (ou o arranjo jurídico, para usar a expressão preferida por Weinrib) incoerente com a forma da justiça corretiva, imanente ao direito privado, é um equívoco teórico somente sustentado à custa de ignorar que os arranjos jurídicos de responsabilidade objetiva estão enraizados na prática social contemporânea e que os indivíduos os compreendem como meios impostos ou disponibilizados pelo direito para a construção de esquemas de solidarização que têm algum grau de aceitação naquelas comunidades.

Insistir na abstração da natureza bipolar e imediata entre as partes faz com que o formalismo deixe de ser uma teoria que fornece condições de inteligibilidade desses fenômenos para se converter em uma teoria que impõe arbitrariamente um limite à inteligibilidade interna do direito privado, pois uma teoria que explica uma prática jurídica em completa desconexão com seu enraizamento social é uma teoria que não faz uma boa descrição do valor para o qual está orientada.

O direito cria muitas outras formas compulsórias de solidarização, como a previdência social e os seguros obrigatórios de veículos, comuns em vários países, inclusive no Brasil. A instituição, pelo direito, de regras de responsabilidade objetiva cria esquemas de solidariedade compulsória em razão da natureza da atividade envolvida. Essa escolha, feita por determinada comunidade para coordenar esforços coletivos, a lente do formalismo, focada sobretudo na relação jurídica entre autor e réu, deixa escapar, ao não atentar para a questão da autoridade do direito e da função das regras jurídicas como coordenadoras da vida social.

Por exemplo, no caso da responsabilidade objetiva do fabricante ou do vendedor, no direito do consumidor, afirmar que essa regra deve ser excluída do âmbito do direito privado, alegando que é incoerente com a forma da justiça corretiva, é negar a dimensão da moralidade, reconhecida por aqueles sujeitos à prática, é desenraizá-la da autocompreensão dos indivíduos que a entendem em função de uma determinada ideia de como a vida em sociedade deve se organizar, e não apenas sob o prisma da relação imediata entre autor e réu.

O principal limite da teoria formalista do direito é a falta de adequação com algumas instâncias de autocompreensão da prática jurídica, isto é, da compreensão do direito por um ponto de vista interno que não equivale à inteligibilidade imanente. Os contratos de seguro e a responsabilidade objetiva são bons exemplos desse limite: os indivíduos envolvidos nessa prática compreendem-na a partir de valores morais retirados da estrutura corretiva e da distributiva.

Todavia, eles não compreendem essa combinação como um erro ou um desvio, pois, ao contrário de Weinrib, que enxerga o mundo jurídico exclusivamente pela lente da relação jurídica entre autor e réu, levada a ser resolvida pelo poder judiciário, os membros da comunidade veem o direito por uma perspectiva mais ampla. São capazes de compreender, por exemplo, que existe uma dimensão e uma estrutura que representa o contrato de seguro individualmente considerado e uma dimensão e uma estrutura distinta que representa os contratos de seguro de mesmo tipo considerados em conjunto. O mesmo processo de intelecção é aplicável à responsabilidade objetiva: quando ocorre o dano, a relação jurídica entre o fabricante de um produto e seu consumidor tem uma dimensão e uma estrutura distintas da compreensão do potencial danoso de um produto daquele fabricante consumido massivamente por vários outros consumidores, às vezes milhares ou milhões, conjuntamente considerados.

Weinrib apenas enuncia, mas não demonstra a necessidade de adotarmos seu critério de coerência como o único apto a permitir uma correta intelecção interna do fenômeno da responsabilidade civil, em particular, e do direito, em geral.

O formalismo jurídico, por fim, ao aderir às premissas da inteligibilidade imanente e da coerência sem ser bem-sucedido em provar sua necessidade teórica, acaba por fracassar em construir uma teoria que leve em consideração os interesses de bem-estar dos indivíduos vivendo sob a égide do direito.

Ao não apresentar uma exposição que explica as razões das combinações entre a justiça corretiva e a justiça distributiva, a teoria falha em ser uma teoria verdadeiramente justificatória. Seu autoimposto minimalismo, que atrela a dimensão justificatória da teoria apenas ao mínimo de racionalidade formal e, consequentemente, ao mínimo de justiça formal representada pela adesão coerente às formas da justiça, não é capaz de alcançar a amplitude explicativa e justificatória pretendida. O ponto de partida – a relação jurídica entre autor e réu – é demasiadamente restritivo, bem como a preocupação exclusiva com os critérios formais de avaliação. Muito do que o direito representa enquanto uma prática normativa fica de fora do escopo de considerações do formalismo.

Fletcher estava certo ao afirmar, em "Corrective justice for moderns" (1993), que o desafio que nós, teóricos modernos, enfrentamos é diferente do desafio que Aristóteles se propôs a enfrentar de definir como corrigir os desequilíbrios criados pelas injustiças e como retornar ao *status quo ante*. A tarefa da moderna teoria da responsabilidade civil não é decifrar os elementos internos e formais da prática, como propõe o formalismo, mas enfrentar o grande problema e tormentoso problema de fixar o critério para guiar a organização da vida social, definindo, assim, quem ficará mais rico e quem ficará mais pobre com o critério escolhido. E, para essa tarefa, o formalismo não fornece nenhuma ferramenta.

No caso da responsabilidade civil, a questão é decidir quando – e por quais razões – a sociedade resolve parar a cadeia causal e dizer que a partir de determinado ponto certa pessoa será responsável pelos fatos adversos que resultem daquela conduta. O ponto central é decidir como organizar a vida social para que, munidos de boas razões, os cidadãos, por algum processo político representativo ou diretamente expressando sua vontade, definam que determinada ação que causa determinado resultado – que chamaremos, então, de dano –, não mais será entendida como um fato da natureza, de um deus ou mero azar, mas sim como uma ação imputável a alguém.

Weinrib sabe que as relações privadas não ocorrem no vácuo, entre Tício e Caio isoladamente considerados, mas erra ao defender que o isolamento das relações jurídicas basta para uma correta explicação da normatividade implícita ao direito, que está dada por redes sociais informadas também pelos princípios de cooperação, solidariedade e distribuição equitativa (justiça distributiva). A justiça corretiva tem seu papel estrutural a desempenhar dentro do direito privado, mas não exaure tudo que se pode dizer a respeito das razões que atuam nesse campo do direito.

Isso significa que Weinrib não está de todo errado. A abordagem formalista da responsabilidade civil é uma descrição fenomenológica interessante e rica, apresentando duas categorias que elucidam as possíveis racionalidades subjacentes ao direito privado. Do ponto de vista descritivo, é uma teoria com certo potencial explicativo que não deve ser desprezado. Isso não significa que seja necessário aceitar seu lado prescritivo, pois se trata de uma teoria árida em termos das consequências normativas que impõe. Weinrib diria que é uma teoria que não faz concessões, apesar da "onda funcionalista" que coloniza o pensamento jurídico contemporâneo, e esse caráter radical do formalismo torna-o uma teoria das mais ricas e interessantes atualmente disponíveis no mercado de ideias jurídicas.

Com todos os possíveis problemas e contestações que a teoria formalista da responsabilidade civil pode sofrer, ela possui, ainda assim, o mérito de apresentar um modo distintivo de abordar a racionalidade jurídica – curiosamente, empregando ideias retiradas de um modelo que conta com mais de dois mil anos de história. A racionalidade jurídica formalista não enfatiza o papel que as regras jurídicas desempenham no raciocínio e no discurso jurídico e também não enfatiza o papel desempenhado pela autoridade do direito, ou seja, a ênfase não está na oposição entre o formal e o informal. A racionalidade jurídica, na teoria formalista, está assentada na distinção entre forma e conteúdo e entre o coerente e o incoerente.

O desafio que Weinrib lança aos teóricos instrumentalistas, especialmente à análise econômica do direito, deve ser levado a sério. Se o formalismo jurídico falha em adotar um critério estrito de coerência que impõe a adoção da tese da incomunicabilidade, ao menos se trata de uma teoria que leva a sério os discursos e as razões tidas como jurídicas e que procura enxergar a racionalidade própria ali inscrita.

O formalismo mostra quais são as estruturas justificatórias subjacentes ao direito privado, de maneira que, mesmo com os equívocos da adoção da tese da incomunicabilidade, é mais fiel à natureza da relação que liga ofensor e ofendido (autor e réu) do que concepções que enxergam as partes nessas relações como procuradores responsáveis por representar o interesse da comunidade em alcançar a eficiência econômica ou a maximização de bem-estar.

Weinrib explicita o erro da análise econômica do direito em ignorar que as relações jurídicas no direito privado têm um sentido em si mesmas e que o ofensor (réu) só assume essa posição porque causou uma injustiça – o dano – a um determinado ofendido que, por sua vez, também só é ofendido (autor) porque sofreu uma injustiça em função da ação daquele ofensor em particular. O formalismo esclarece a natureza da relação entre autor e réu no direito privado, que estão em conexão porque ligados por uma mesma injustiça, embora isso não explique outros níveis de relações mediatas.

Weinrib traz uma contribuição inovadora para a compreensão da racionalidade jurídica, ainda que não esteja livre de críticas. Ademais, enquanto um teórico coerentista, embora nem o mais ilustre, nem o mais notório, elabora uma teoria que está em contato com um ponto importante do debate contemporâneo, que é a questão metodológica. Nesse debate metodológico, John Finnis e Ronald Dworkin podem até ser mais conhecidos e ter feito contribuições mais importantes para o avanço da discussão, mas nenhum deles foi tão longe quanto Weinrib na ligação entre uma teoria geral do direito conectada com o debate metodológico e o desenvolvimento de uma fundamentação completa do direito privado.

Assim, Weinrib se localiza em um rol de teóricos que deve ser lido e estudado com atenção. Antes de fornecer respostas indisputavelmente corretas, é capaz de elaborar as perguntas que devem ser respondidas pelo debate no qual estão inseridos. Trata-se de um teórico que auxilia na montagem de uma agenda das questões relevantes para a teoria do direito, em geral, e para o campo da fundamentação da responsabilidade civil, em particular.

A pergunta central que Weinrib propõe diz respeito à possibilidade de se elaborar uma teoria do direito, em geral, e de áreas particulares do direito que descreva a racionalidade própria ao direito, defina se este é informado por uma ou por várias racionalidades, se estas são coerentes entre si (e o que significa ser coerente) ou, se estão em conflito, que se esclareça como o direito resolve esses conflitos. Enfim, essas são questões metateóricas importantes no debate jurídico contemporâneo e o formalismo jurídico, com sua particular visão sobre a fundamentação do direito privado e da responsabilidade civil, se não responde satisfatoriamente a todas elas, nos lembra que é preciso continuar procurando as respostas.

REFERÊNCIAS BIBLIOGRÁFICAS

ADAMS, David M. Skepticism and the apologetics of law. *Canadian Journal of Law and Jurisprudence*, v. 3, p. 69-90, 1990.

ARISTÓTELES. *Ética a Nicômaco*. Tradução de Mário Gama Kury. Brasília: UnB, 1985.

BARBIERI, Catarina Helena Cortada. Determinação e indeterminação no formalismo de Ernest Weinrib. In: MACEDO JR., Ronaldo Porto; BARBIERI, Catarina Helena Cortada (Orgs.). *Direito e interpretação:* racionalidades e instituições. São Paulo: Saraiva, 2011. p. 243-258.

______. *Fundamentos teóricos da responsabilidade civil*. 2008. 144 f. Dissertação (Mestrado em Direito) – Universidade de São Paulo, São Paulo, 2008.

BENSON, Peter. Abstract right and the possibility of a nondistributive conception of contract: Hegel and contemporary contract theory. *Cardozo Law Review*, v.10, p. 1.077-1.198, 1989.

BIX, Brian. Teoría del derecho: tipos y propósitos. *Isonomía*, v. 25, p. 57-68, out. 2006.

______. Natural law: the modern tradition. In: COLEMAN, Jules; SHAPIRO, Scott (Eds.). *The Oxford handbook of jurisprudence and philosophy of law*. Oxford: Oxford University, 2002. p. 61-103.

______. *Jurisprudence: theory and context*. 2nd ed. London: Sweet & Maxwell, 1999.

______. *Law, language and legal determinacy*. Oxford: Clarendon, 1993.

BUSH, Robert A. Between two worlds: the shift from individual to group responsibility in the law of causation of injury. *UCLA Law Review*, v. 33, p. 1473, 1986.

CALABRESI, Guido. *The cost of accidents*. New Haven: Yale University, 1970.

CALABRESI, Guido; MELAMED, A. D. Properties rules, liability inalienability: one view of the cathedral. *Harvard Law Review*, v. 85, n. 6, p. 1.089-1.128, 1972.

COLEMAN, Jules. Epilogue to the risks and wrongs. *Yale Law School Public Law Working Paper n. 218 2010*. Disponível em: <http://ssrn.com/abstract=1679554>. Acesso em: 8 nov. 2010.

______. Methodology. In: COLEMAN, Jules; SHAPIRO, Scott. (Eds.). *The oxford handbook of jurisprudence and philosophy of law*. Oxford: Oxford University, 2002. p. 311-351.

______. *The practice of principle*: in defense of a pragmatist approach to legal theory. Oxford: Oxford University, 2001.

______. *Risks and wrongs*. Reimp. Cambridge: Cambridge University, 1995.

______. (Org.). *Private law theory*. New York: Garland, 1994.

COOTER, Robert; ULEN, Thomas. *Direito e economia*. 5. ed. Porto Alegre: Bookman, 2010.

DICKSON, Julie. Interpretation and coherence in legal reasoning. In: ZALTA, Edward N. (Ed.). *The Stanford encyclopedia of philosophy*. 2010. Disponível em: <http://plato.stanford.edu/archives/spr2010/entries/legal-reas-interpret/>. Acesso em: 14 mar. 2012.

______. *Evaluation and legal theory*. Oxford, MA; Portland, OR: Hart, 2001.

DIMOULIS, Dimitri. Sentidos, vantagens cognitivas e problemas teóricos do formalismo jurídico. In: MACEDO JR., Ronaldo Porto; BARBIERI, Catarina Helena Cortada (Org.). *Direito e interpretação*: racionalidades e instituições. São Paulo: Saraiva, 2011. p. 213-242.

______. *Positivismo jurídico*: introdução a uma teoria do direito e defesa do pragmatismo jurídico-político. São Paulo: Método, 2006.

DRESCH, Rafael de Freitas Valle. *Fundamentos da responsabilidade civil pelo fato do produto e do serviço no direito brasileiro*: um debate jurídico-filosófico entre o formalismo e o funcionalismo no direito privado. 2005. 155 f. Dissertação (Mestrado) – Universidade Federal do Rio Grande do Sul, Porto Alegre, 2005.

DWORKIN, Ronald. Hart's postscript and the character of political philosophy. *Oxford Journal of Legal Studies*, v. 24, p. 1-37, 2004.

______. *Levando os direitos a sério.*, São Paulo: Martins Fontes, 2002.

______. *Law's empire*. Reimp. Oxford: Hart, 1998.

EDMUNDSON, William A. Comments on coherence theory in the philosophy of law. *Social Science Research Network Working Paper Series*. May 1994. Disponível em: <http://ssrn.com/abstract=1147392>. Acesso em 24 mar. 2012.

ENGLARD, Izhak. *The philosophy of tort law*. Aldershot: Dartmouth, 1993.

EPSTEIN, Richard. A theory of strict liability. *The Journal of Legal Studies*, v. 2, n. 1, p. 151-204, jan. 1973.

FERRAZ JR., Tércio Sampaio. *Introdução ao estudo do direito*: técnica, decisão, dominação. 4. ed. São Paulo: Atlas, 2003.

FINNIS, John. *Natural law and natural rights*. Oxford: Clarendon, 1980.

FLETCHER, George P. *Basic concepts of legal thought*. New York; Oxford, MA: Oxford University, 1996.

______. Review: Corrective justice for moderns. Reviewed work: Risks and Wrongs, by Jules Coleman. *Harvard Law Review*, v. 106, n. 7. p. 1658-1678, 1993.

GARDNER, John. Review: The purity and priority of private law. *The University of Toronto Law Journal*, v. 46, n. 3, p. 459-493, 1996.

GODOY, Arnaldo Sampaio de Moraes. *Introdução ao movimento Critical Legal Studies*. Porto Alegre: Sergio Antonio Fabris, 2005.

GORDLEY, James. *Foundations of private law*: property, tort, contract, unjust enrichment. Oxford: Oxford University, 2006.

GREEN, Leslie. Legal positivism. In: ZALTA, Edward N. (Ed.). *The Stanford encyclopedia of philosophy*. 2009. Disponível em: <http://plato.stanford.edu/archives/fall2009/entries/legal-positivism/>. Acesso em: 30 mar. 2009.

HART, H. L. A. *O conceito de direito*. 4. ed. Lisboa: Calouste Gulbenkian, 2005.

INTELIGÍVEL. In: DICIONÁRIO Aulete. Disponível em: <http://aulete.uol.com.br/site.php?mdl=aulete_digital&op=loadVerbete&palavra=intelig%EDvel>. Acesso em: 17 nov. 2011a.

______. In: DICIONÁRIO Houaiss da língua portuguesa. Disponível em: <http://

houaiss.uol.com.br/busca.jhtm?verbete=intelig%EDvel&x=0&y=0&stype=k>. Acesso em: 17 nov. 2011b.

Kelsen, Hans. *Teoria pura do direito*. Tradução de João Baptista Machado. 6. ed. 2ª tiragem. São Paulo: Martins Fontes, 1999.

Kennedy, Duncan. Formalismo jurídico. Tradução de Sheila Stolz. In: Rodriguez, José Rodrigo (Org.). *A justificação do formalismo jurídico*: texto em debate. São Paulo: Saraiva, 2011. p. 15-24.

Kress, Ken. Coherence. In: Patterson, Dennis (Ed.). *A companion to philosophy of law and legal theory*. Oxford: Blackwell, 1996. p. 533-552.

_____. Coherence and formalism. *Harvard Journal of Law and Public Policy*, v. 16, n. 3, p. 639-682, 1993.

Kronman, Anthony T. Contract law and distributive justice. *Yale Law Journal*, v. 89, p. 472, 1980.

Kuhn, Thomas S. *A estrutura das revoluções científicas*. 5. ed. São Paulo: Perspectiva, 1998. (Coleção Debates).

Leiter, Brian. Beyond the Hart/Dworkin debate: the methodology problem in jurisprudence. *American Journal of Jurisprudence*, v. 48, p. 17-51, 2003.

______. Law and objectivity. In: Coleman, Jules; Shapiro, Scott (Eds.). *The Oxford handbook of jurisprudence and philosophy of law*. Oxford: Oxford University, 2002. p. 969-989.

______. Legal realism. In: Patterson, Dennis (Org.). *A companion to the philosophy of law and legal theory*. Oxford: Blackwell, 1996. p. 261-279.

Love, Jean C. Legal formalism from the perspective of a reasonable law professor. *Harvard Journal of Law and Public Policy*, v. 16, n. 3, p. 627-637, 1993.

Lucy, William. *Philosophy of private law*. Oxford: Oxford University, 2007.

MacCormick, Neil; Weinberger, Ota. *An institutional theory of law*: new approaches to legal positivism. Dordrecht: D. Reidel, 1986.

Macedo Jr., Ronaldo Porto. *Contratos relacionais e defesa do consumidor*. 2. ed. rev., atual. e amp. São Paulo: Revista dos Tribunais, 2007.

Macedo Jr., Ronaldo Porto. (Org.) *Teoria do direito contemporânea:* autores e temas. Curitiba: Juruá, 2017.

Michelon Jr., Cláudio. *Direito restituitório*: enriquecimento sem causa, pagamento indevido, gestão de negócios. São Paulo: Revista dos Tribunais, 2006.

Misfeasance. In: Black's law dictionary. 8th ed. St. Paul: Thomson/West, 2004.

Moore, Michael. *Educating oneself in public*: critical essays in jurisprudence. Oxford: Oxford University, 2000.

Muñoz, Maria Paula C. B. *Justiça e contrato*: entre comutar e distribuir. 2010. 300 f. Tese (Doutorado em Direito) – Faculdade de Direito, Universidade de São Paulo, São Paulo, 2010.

New Zealand. Introduction to the Accident Compensation Act. 2001. Disponível em: <http://www.legislation.govt.nz/act/public/2001/0049/latest/DLM99494.html?search=ts_act_injury+prevention+rehabilitation+compensation_resel>. Acesso em: 19 mar. 2012.

Nuisance. In: Black's law dictionary. 8th ed. St. Paul: Thomson/West, 2004.

Númeno. In: Lalande, André. *Vocabulário técnico e crítico da filosofia*. São Paulo: Martins Fontes, 1999. p. 741-742.

Owen, David. *Philosophical foundations of tort law*. Oxford: Clarendon, 1995.

Patterson, Dennis. *Law and truth*. Oxford, MA; New York: Oxford University, 1996.

______. Reviewed work: The idea of private law, by Ernest J. Weinrib. *The Modern Law Review*, v. 58, p. 916-917, Nov. 1995.

______. Foreword: the challenge of legal formalism. *Harvard Journal of Law and Public Policy*, v. 16, p. 579-582, 1993.

______. The metaphysics of legal formalism. *Iowa Law Review*, v. 77, p. 741-771, 1991.

PERRY, Stephen R. Hart's methodological positivism. *Legal Theory*, v. 4, p. 427, 1998.

______. Methodology in legal theory. In: MARMOR, Andrei. *Law and interpretation*. Oxford: Clarendon, 1995. p. 438.

______. Professor Weinrib's formalism: the not-so-empty sepulcher. *Harvard Journal of Law and Public Policy*, v. 16, n. 3, p. 597-626, 1993.

POSNER, Richard A. *Economic analysis of law*. Austin: Wolters Kluver Law & Business; New York: Aspen, 2007.

RABIN, Robert L. Review: Law for law's sake. *The University of Toronto Law Journal*, v. 46, n. 3, p. 2261-2283, June 1996.

RAZ, Joseph. Can there be a theory of law? In: GOLDING, Martin P.; EDMUNDSON, William A. *The Blackwell guide to the philosophy of law and legal theory*. Oxford: Blackwell, 2005. p. 324-342.

______. *Ethics in the public domain*: essays in the morality of law and politics. Oxford: Clarendon, 1994.

______. Formalism and the rule of law. In: GEORGE, Robert. *Natural law theory*: contemporary essays. Oxford: Clarendon, 1992. p. 309-340.

______. *Practical reasons and norms*. London: Hutchinson & Co, 1975.

RESTITUTION. In: BLACK's law dictionary. 8th ed. St. Paul: Thomson/West, 2004.

RODRIGUEZ, José R. (Org.). *A Justificação do formalismo jurídico*: texto em debate. São Paulo: Saraiva, 2011.

RORTY, Richard. *Philosophy and the mirror of nature*. Princeton: Princeton University, 1979.

ROSENVALD, Nelson; MILAGRES, Marcelo (Coord.) *Responsabilidade civil:* novas tendências. Indaiatuba: Foco Jurídico, 2017

SCHAUER, Frederick. Formalism. *The Yale Law Journal*, vol. 97, n. 4, p. 509-548, 1988.

______. Positivism as pariah. In: GEORGE, Robert (Ed.). *The autonomy of law*: essays on legal positivism. Oxford: Clarendon, 1996. p. 31-56.

SCHREIBER, Anderson. *Novos paradigmas da responsabilidade civil:* da erosão dos filtros da reparação à diluição dos danos. 5ª edição, São Paulo: Atlas, 2013.

STICK, John. Formalism as the method of maximally coherent, classification. *Iowa law Review*, v. 77, p. 773-803, 1992.

STONE, Martin. Formalism. In: COLEMAN, Jules; SHAPIRO, Scott. (Eds.). *The Oxford handbook of jurisprudence and philosophy of law*. Oxford: Oxford University, 2002. p. 166-205.

______. On the idea of private law. *Canadian Journal of Law and Jurisprudence*, v. 9, p. 235-277, 1996.

STRUCHINER, Noel. Indeterminação e objetividade: quando o direito diz o que não queremos ouvir. In: MACEDO JR., Ronaldo Porto; BARBIERI, Catarina Helena Cortada (Orgs.). *Direito e interpretação*: racionalidades e instituições. São Paulo: Saraiva, 2011. p. 119-152.

SUGARMAN, Stephen D. Doing away with tort law. *California Law Review*, v. 73, p. 559, 1985.

TAMANAHA, Brian Z. Como uma visão instrumental do direito corrói o Estado de Direito. Tradução de Thalia Simões Cerqueira e Rubens Glezer. In: RODRIGUEZ, José Rodrigo (Org.). *A justificação do formalismo jurídico*: textos em debate. São Paulo, Saraiva, 2011. p. 25-64.

______. *Law as a mean to an end*: threat to the rule of law. New York: Cambridge University, 2006.

TRESPASS. In: BLACK's law dictionary. 8th ed. St. Paul: Thomson/West, 2004.

UNGER, Roberto Mangabeira. The Critical Legal Studies Movement. *Harvard Law Review*, v. 96, n. 3 p. 561-675, Jan. 1983.

UNITED STATES. Vincent v. Lake Erie Transportation Co., Minnesota Supreme Court, 1910, v. 124, *North Western Reporter* (N.W.). p. 221.

WEINRIB Ernest, J. A teoria do formalismo jurídico. Tradução de Catarina Helena Cortada Barbieri. In: RODRIGUEZ, José Rodrigo (Org.). *A justificação do formalismo jurídico*: textos em debate. São Paulo: Saraiva, 2011. p. 259-270.

______. Can law survive legal education? *Vanderbilt Law Review*, v. 60, n. 2, p. 401-438, 2007.

______. The disintegration of duty. *Advocates' Quaterly*, v. 31, p. 212-256, 2006.

______. Corrective justice in a nutshell. *The University of Toronto Law Journal*, v. 52, n. 4, p. 349-356, 2002a.

______. Deterrence and corrective justice. *UCLA Law Review*, v. 50, p. 621-640, 2002b.

______. Correlativity, personality, and the emerging consensus on corrective justice. *Theoretical Inquiries in Law*, v. 2, n. 1, p. 107-160, 2001.

______. Legal formalism. In: PATTERSON, Dennis (Ed.). *A companion to the philosophy of law and legal theory*. Oxford: Blackwell, p. 332-342, 1996.

______. *The idea of private law*. Cambridge, MA: Harvard University, 1995.

______. The jurisprudence of legal formalism. *Harvard Journal of Law and Public Policy*, v. 16, p. 583-595, 1993a.

______. Formalism and practical reason, or how to avoid seeing ghosts in the empty sepulcher. *Harvard Journal of Law and Public Policy*, v. 16, p. 683-699, 1993b.

______. Thinking about tort law. *Valparaiso University Law Review*, v. 26, p. 717-722, 1992a.

______. Why legal formalism. In: GEORGE, Robert P (ed.). *Natural law theory*: contemporary essays. Oxford: Clarendon, 1992b. p. 341-364.

______. Aristotle's forms of justice. *Ratio Juris*, v. 2, n. 3, p. 211-226, 1989a.

______. Understanding tort law. *Valparaiso University Law Review*, v. 232, n. 3, p. 485-526, spring 1989b.

______. The special morality of tor law. *McGill Law Journal (Revue du Droit de McGill)*, v. 34, n. 3, p. 403-413, 1989c.

______. Legal formalism: on the immanent rationality of law. *Yale Law Journal*, v. 97, p. 949-1016, 1988.

______. The intelligibility of the rule of law. In: HUTCHINSON, Allan C.; MONAHAN, Patrick (Eds.). *The rule of law*: ideal or ideology. Toronto; Calgary; Vancouver: Carswell, 1987a. p. 59-84.

______. Law as a Kantian idea of reason. *Columbia Law Review*, v. 87, n. 3, p. 472-508, 1987b.

______. The insurance justification and private law. *The Journal of Legal Studies*, v. 14, n. 3, p. 681-687, Dec. 1985.

______. Toward a moral theory of negligence law. *Law and Philosophy*, v. 2, n. 1, p. 37-62, Apr. 1983.

ZIPURSKY, Benjamin. Civil recourse, not corrective justice. *The Georgetown Law Journal*, v. 695, p. 695-756, 2003.

ÍNDICE